고교학점제를 완성하는 진로 로드맵
의대·약대·바이오계열

고교학점제를 완성하는 진로 로드맵
의대·약대·바이오계열

펴낸날 2023년 1월 20일 1판 1쇄

지은이 안계정·정유희·배득중
펴낸이 김영선
편집주간 이교숙
책임교정 나지원
교정·교열 이라야
경영지원 최은정
디자인 박유진·현애정
마케팅 신용천

펴낸곳 (주)다빈치하우스-미디어숲
주소 경기도 고양시 일산서구 고양대로632번길 60, 207호
전화 (02) 323-7234
팩스 (02) 323-0253
홈페이지 www.mfbook.co.kr
이메일 dhhard@naver.com (원고투고)
출판등록번호 제 2-2767호

값 17,800원
ISBN 979-11-5874-176-1 (44370)

고교학점제를 완성하는 진로 로드맵

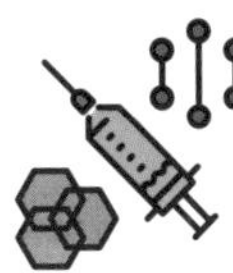

의대 약대 바이오 계열

안계정 · 정유희
배득중 지음

미디어숲

추천사

고교학점제가 시작되면서 고등학교를 진학하기도 전에 많은 학생들이 진로에 대한 고민을 하고 있습니다. 하지만 어렴풋이 진로를 결정하더라도 고등학교 생활을 어떻게 해야 할지 막막한 경우가 많습니다. 지금 대학에서는 학과별, 계열별에 따라 적합한 교과 선택과 다양한 활동들을 한 학생들을 원하고 있습니다. 이렇게 선발된 학생들은 대학 생활이나 사회 생활에 적극성을 가지고 활동하고 있습니다. 그래서 이 도서는 아직 진로 설계가 명확하지 않은 학생, 다양한 심화 활동을 하고 싶은 학생들에게 추천합니다. 구체적인 진로 로드맵 구성과 다양한 세특 사례 및 탐구보고서 주제까지 이 책 한 권으로 충분한 길라잡이가 될 것입니다.

경상국립대 물리학과 정완상 교수

〈진로 로드맵 시리즈〉는 구체적인 정보를 제공하여 입시 전문가들과 학부모들이 찾아보는 필독서가 되었다. 이번 시리즈 또한 계열에 관한 최신 정보를 소개하며 학생부 로드맵을 통해 많은 세특 자료와 탐구보고서 주제를 제공하여 자신의 진로를 이룰 수 있도록 도움을 제공하는 지도서가 될 것이다. 이 분야를 지원하는 학생들과 학부모, 그리고 진로, 진학 컨설턴트들에게 꼭 추천할 만한 책이다.

서정대, 한국전문대학교육협의회 국제협력실장 조훈 교수

『고교학점제로 완성하는 진로 로드맵』 시리즈는 지금까지 진로·진학·탐구보고서까지 다양한 책을 집필한 저자들이 고교학점제 시행으로 변화된 진로 로드맵 구성을 선보이고 있다. 이 책은 각 학과별로 관심 있는 주제를 시작으로 진로 로드맵과 세특, 추천도서와 탐구주제까지 다양하게 구성되어 있어 학생들이 어떤 활동을 하면 좋을지 확인할 수 있다. 또한 심화 탐구 주제를 찾고 싶은 학생들을 위해 학과별 키워드와 논문, 최근 동향까지 파악할 수 있어 시사적인 내용을 공부하기에도 좋다. 따라서 중·고등 학생들은 꼭 읽어보고 진로활동을 설계하면 많은 도움이 될 것이다.

영산대학교 사회복지학 정찬효 겸임교수

고교학점제가 시작되면서 대입을 위해 학생들의 과목 선택이 더욱 중요해졌을 뿐만 아니라 과목에 따라서 어떤 심화 탐구활동을 하느냐가 중요하게 되었습니다. 하지만 학생이나 학부모가 접할 수 있는 정보가 부족한 것도 사실입니다. 이러한 시기에 선택과목, 추천 도서, 심화 탐구주제 등을 자세히 소개해 주는 이 책은 학생들이 대입을 준비하는 데 큰 도움이 될 것입니다.

영남고 진로교육부장 김두용 교사

믿고 보는 진로 로드맵 시리즈는 꼭 필요한 것들만 쏙쏙 모아둔 정보 맛집과도 같은 반가운 도서입니다. 이번 책은 다가올 고교학점제 대비뿐만 아니라 트렌디한 미래기술과 역량까지 반영이 되어 있어 학생들 지도에 많은 도움이 될 도서입니다. 특히, 합격한 학생들의 진로 로드맵과 세특 사례, 탐구보고서 주제까지 제공하여 학생들이 나만의 진로 로드맵을 작성하는 데 길라잡이가 될 것입니다.

거창고 진로교육부장 손평화 교사

많은 진로·진학·입시와 관련된 도서들이 출간되어 시중에 나와 있지만 『고교학점제로 완성하는 진로 로드맵』 시리즈의 경우는 다른 도서들과 다르게 최근 트렌드에 맞게 학생들이 원하는 부분 분야로 잘 구성되어 있다. 최근 변화되고 있는 사회적 경향과 시사적인 내용들까지 포함하고 있어 학생들이 자신의 진로에 맞는 시대적 흐름을 읽을 수 있다. 또한 현장에서 제일 힘든 부분이 심화 활동 지도인데 다양한 심화 탐구 주제가 있어 학생들이 조금만 응용한다면 심화 보고서까지 쓸 수 있을 것이다. 자신만의 진로 플랜이 필요한 학생들은 꼭 이 책을 읽고 진로의 방향에 맞는 다양한 활동을 하면서 진로 관련 스펙을 만들어 대학 합격의 기쁨을 누렸으면 한다.

고성고등학교 생명과학 정재훈 교사

학교 현장에서 다양한 진로를 가진 학생들을 만납니다. 적극적으로 자신의 진로 설계를 하는 학생도 있지만 진로를 결정 못해 어려워하는 학생도 있습니다. 이 책은 두 학생 모두에게 권하고 싶은 책입니다. 진로가 결정되어 있는 학생에게는 탐구보고서 주제를 찾기 위한 학과 키워드와 교과별로 정리되어 있는 탐구보고서 주제를 활용하면 좋을 것 같습니다. 아직 진로가 결정되어 있지 않은 학생들이 이 책을 읽으면서 어떤 학과들이 있는지, 어떤 연구들이 진행되는지 확인하고 자신에게 맞는 진로를 결정해도 좋을 것 같습니다. 이 책은 진로에 대한 고민으로 힘들어하는 학생, 학부모, 교사 등 모든 이들에게 나침반 역할을 하기에 추천합니다.

김해분성고등학교 진로교육부장 정명희 교사

『나는 탐구보고서로 대학 간다』 책으로 진로 로드맵 저자들과 인연이 시작되었습니다. 앞서 출간된 많은 진로진학 도서나 칼럼으로 이미 다양한 정보를 제공받아 현장에서 많은 도움을 받고 있습니다. 이번 『고교학점제로 완성하는 진로 로드맵』 시리즈 또한 진로 로드맵 설계부터 심화 탐구보고서 주제까지 다양하게 구성되어 있어 고교학점제를 준비하는 학생들에게 큰 도움이 될 것 같습니다. 이 시리즈는 진로에 고민이 있는 학생들, 심화 활동을 하고 싶은 학생들, 진로지도를 하고 계시는 선생님, 중·고등학생을 둔 학부모님들까지 모든 분께 도움이 되는 책이라고 생각합니다.

대전괴정고등학교 진로교육부장 이정아 교사

이 책은 어떤 성향의 학생이 그 계열에 적합한지를 알려주며 고등학교 기간 동안 자율활동, 동아리활동, 진로활동에서 무엇을 어떻게 해야 하는지 세부적으로 안내하고 있다. 또한 각 계열에서 읽으면 좋을 추천도서와 탐구주제를 제시하여 학생들이 탐구활동을 하는 데 안내자료로 활용할 수 있다. 이는 학생들이 어떻게 활용하느냐에 따라 황금알을 낳는 거위가 될 것이다. 또한 진로를 위해 무엇을 할지 모르는 학생들은 이 책에서 제시하는 대로 따라가다 보면 자신의 진로 로드맵을 세울 수 있게 되고 그것이 합격의 비결이 될 것이다.

전 가톨릭대학교 교육대학원 겸임교수, 전 서울 청원고등학교 배상기 교사

학생부종합전형에서 더욱 중요해진 학업 역량 기반의 진로 설계 로드맵은 현재 고교재학생들과 향후 2025년에 전면 도입되는 고교학점제 시행을 앞둔 시점에서 중등부 학부모님들에게도 매우 중요한 관심사로 보입니다. 특히 자소서 폐지와 학생부 기재 간소화로 학생부종합전형을 준비하는 학생들의 관심 학과별 비교과 창체활동과 이를 연계한 학년별 교과이수 및 풍부한 교과세특 예시들과 탐구주제 및 추천도서들은 대입 입시에 길잡이가 될 것이라고 확신합니다.

두각학원 입시전략연구소장 전용준

프롤로그

고교학점제, 어떤 과목을 선택하면 유리하고 무엇을 준비하면 좋을까?

우리나라는 전 세계 최저 출산율을 기록하고 있으며 인구수가 줄어들어 누구나 대학에 갈 수 있는 시대가 되었다. 따라서 대학 합격이 목적이 아닌, 취업이 잘 되는 대학이나 계약학과(반도체, 인공지능, 디스플레이, 배터리, 제약) 등의 합격을 목표로 하고 있다.

세계적인 기업들은 새로운 트렌드를 알고 이를 해결할 수 있는 역량 있는 인재를 선발하고자 한다. 그러므로 단순히 교과 지식만을 습득한 학생보다 "진짜 그럴까?", "다른 방법은 없을까?"라는 고민을 하면서 탐구하는 학생들이 학생부 종합전형에서 높은 평가를 받을 수 있을 뿐만 아니라 그 역량을 키워 기업에서 원하는 인재가 될 수 있다.

그렇다면 학생들은 무엇을, 어떻게 준비해야 할까? 학교에서 익혔던 지식을 검증하고, 비교하면서 탐구하고, 더 나아가 심화활동까지 할 수 있어야 한다. 이후 토론 및 발표 활동을 진행하면서 관련 내용을 세부능력 특기사항에 기록하는 게 중요하다. 이 과정을 이해하기 위해서는 합격한 선배들의 진로 로드맵과 세특, 탐구보고서 등을 참고하여 '나만의 진로 로드맵'을 작성해야 차별화할 수 있다.

'2015 개정 고등학교 교육과정'은 자신의 진로와 흥미에 맞는 과목을 선택할 수 있도록 진로선택 과목과 전문교과 과목을 세분화하여 다양한 기회를 제공하고 있다. 그런데 성취기준이 명확하지 않아 심층적인 이해를 위한 새로운 교육과정이 필요하게 되었다.

이에 따라 이 책은 '2022 개정 교육과정'을 통해 교과 내용의 양과 난이도를 적정화하였으며, 하나의 지식을 깊이 탐구하고 심층적으로 이해할 수 있도록 구성했다. 또한 이번 시리즈는 학생들의 진로에 대한 폭넓은 이해를 돕고자 더욱 세부적이고 전문적인 내용과 학과별 사례가 필요하다는 요청에 따라 이를 깊이 있게 반영하여 집필했다.

『고교학점제 완성을 위한 진로 로드맵_의대·약대·바이오계열』은 인공지능의 발전과 더불어 의학계열의 변화에 초점을 맞추어 이 계열을 희망하는 학생들에게 진로의 방향을 제시한다.

이 분야는 현재 굉장히 빠른 속도로 질병을 예측하고 분석하여 치료제를 만들어 100세 시대의 건강한 삶에 대한 연구를 하고 있다. 인공지능을 활용한 시뮬레이션을 통해 다양한 환경에서의 세포 행동을 예측하고 이제는 난치병 치료에도 도전하고 있다. 또한 AI 기반 이미지 판독으로 검진 정확도를 향상시켜 오진을 없애고, 로봇과 협업하여 정밀한 수술을 진행하고 있다. 이처럼 이 계열은 앞으로 하나의 학문을 연구하는 것이 아니라 여러 학과와 협업하여 하나의 프로젝트를 진행하기 때문에 대학 진학 전부터 많은 배경지식이 필요하고, 이렇게 쌓은 지식이 취업에도 많은 도움이 될 것이다.

계열별 진로 로드맵은 “합격자 선배들의 진로 로드맵과 세특”, “추천도서와 탐구 주제 찾기”, “핵심 키워드로 알아보는 학과”, “학과에서 수강하는 대표 과목”, “계열별 선택과목” 등을 살펴보면서 ‘나만의 진로 로드맵’을 작성할 수 있도록 돕는다. 또한 고교학점제에서 어떤 과목을 수강하면 좋을지, 관련 계열의 최근 시사를 엿보면서 세부적인 계획을 세우고 실천할 수 있도록 구성했다.

- 공학·미디어계열 진로 로드맵
- 의대·약대·바이오계열 진로 로드맵
- 교대·사범대계열 진로 로드맵
- 경영·빅데이터계열 진로 로드맵

고교학점제를 완성하는 진로 로드맵 4가지 시리즈는 학생들이 선택한 진로를 구체화하고 심층탐구 주제를 찾을 수 있도록 다양한 정보를 제공하였다. 따라서 학생들이 각 계열별 진로를 결정하는 데 도움을 줄 것으로 기대한다. 이 책을 통해 많은 학생이 어려움 없이 자신이 원하는 꿈에 이를 수 있기를 바란다.

저자 **안계정, 정유희, 배득중**

차례

의학·치의학·수의학·한의학계열 진로 로드맵

약학 & 제약계열 진로 로드맵

PART 3

유전 & 생명계열 진로 로드맵

간호 & 보건계열 진로 로드맵

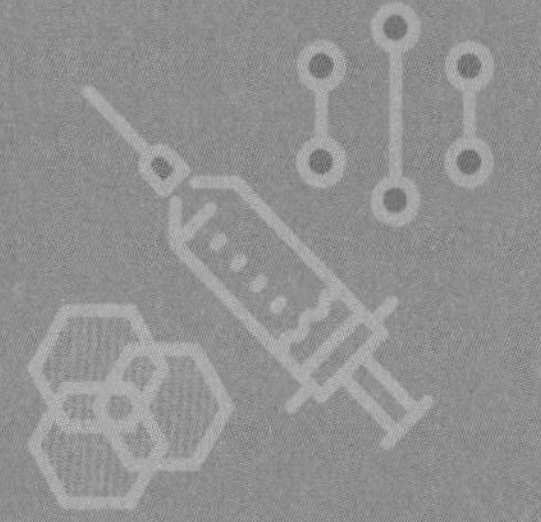

의학·치의학·수의학 한의학계열 진로 로드맵

어떤 성향이 이 계열에 잘 맞을까?

이 계열을 희망하는 학생들은 대부분 좋은 내신 성적을 가지고 있다. 하지만 생명을 다루는 일을 하기 때문에 적성에 맞지 않으면 도중에 그만두는 학생들이 많다. 우선 문제 해결이나 실험에 끈기를 가지고 도전할 수 있는 탐구형 인재가 되어야 한다. 세밀한 관찰력과 꼼꼼한 성격의 학생들이 이 직업군에 적합하며 환자를 대할 때 침착성과 인내력, 그리고 세심한 배려가 요구된다. 치밀하고 정교한 수술이나 치료가 필요한 경우가 있으므로 손재주가 뛰어난 학생들이 이 계열에 적합하다.

또한 최적의 진단을 내리기 위한 논리적 분석 능력이 필요하며, 위급할 경우 빠른 판단력과 함께 치료 결과를 의학적으로 분석할 수 있는 분석력이 요구된다. 그리고 전문적인 의학 지식이 필요하며 최근에 연구되고 있는 전공 분야에 관심을 가질 수 있는 학구열이 필요하다. 만약 개인 병원을 개업하는 경우에는 경영관리능력도 필요하다.

이 성향의 학생들은 학교생활 중 많은 실험을 설계하고 진행하면서 변인들을 조작해 보며 자신의 탐구역량을 보여주는 경우도 많다. 최근에는 선행연구나 교재에 있는 실험을 그대로 하기보다는 그 실험을 바탕으로 실험군과 대조군을 변화시켜 다른 결과를 만들기도 한다. 대학에서는 실험 설계나 과정이 뛰어난 창의적인 실험들을 한 경우 면접을 통해 좋은 평가를 하기도 한다. 학생들은 또한 학교나 사회에 대한 문제점을 확인하고 분석하여 해결방법을 제시하여 실행하기도 한다. 그리고 많은 학생들이 봉사활동을 통해 타인에 대한 폭넓은 이해, 효과적인 의사소통 능력, 상담 능력을 향상시키기도 한다. 진로에 대한 전문적인 지식을 쌓기 위해 동아리 활동이나 멘토링, 또는 개인적으로라도 논문이나 학술지를 보면서 전공역량을 높이기도 한다.

[의학·치의학·수의학·한의학계열 진로 로드맵]

구분	중등	고등1	고등2	고등3
자율 활동	생명 토론 활동	학급 자유 주제 탐구활동, 사제동행 및 선후배 연합 탐구활동		
동아리 활동	의학 동아리 활동	의·생명 전문 실험동아리		
	수학주제 탐구활동	의·생명 시사 토론동아리		
진로 활동	전공진로 탐색활동	실험실/연구실 탐방, 직업인과의 만남		진로심화탐구
	의학 시사 스터디활동	서울대 생명과학 캠프, 지역 의·약학 대학 캠프		생명 윤리 함양
특기 활동	수학/과학 영재교육원 이수, 요양원 및 병원 봉사활동	의료학 주제 중심 융합 독서, 공동실험실 및 바이오센터 실험실 견학, 아동센터 및 요양원, 병원 안내 보조요원 봉사활동		

본 계열의 학생들은 대부분 내신성적이나 모의고사 성적이 좋은 편이다. 그러다 보니 다른 학생들과의 차별화를 위해 학생부종합전형을 추가로 준비한다. 학종으로 지원할 경우 어떤 활동을 할지, 그리고 고등학교 진학 전 어떤 활동을 하면서 준비했는지가 중요하다. 특히 의학·치의학·수의학·한의학의 경우는 고등학교 입학 전 진로가 결정된 학생들이 많다. 그렇기 때문에 미리 학업역량과 탐구역량을 쌓을 수 있다. 앞에서 제시한 것처럼 영재교육원에서 수학·과학 프로젝

트를 진행하면서 실험을 통해 다양한 경험을 하는 경우가 많다. 또한 영재교육원에서 과고생이나 대학생 멘토와 함께 프로젝트를 진행하면서 진로를 구체화하는 친구들도 많다. 대학에서 주최하는 캠프를 통해 진로를 결정하는 친구들도 있기 때문에 고등학교 진학 전에 많은 경험을 해 볼 것을 추천한다.

본 학과를 학생부종합전형으로 지원하는 경우, 교과성적 외에도 어떤 교과목을 선택했는지, 어떤 세특이 구성되었는지도 중요하다. 서울대학교에서 발표한 모집단위별 고교 권장과목을 보면 의예과나 수의예과의 경우에는 생명과학II, 미적분, 확률과 통계, 기하를 권장하고 있다. 이 과목들은 되도록 수강하여 교과 심화활동이나 진로와 관련된 최신 시사를 탐구하는 것도 좋다. 특히, 확률과 통계를 활용해서 사회현상을 분석하여 표본을 구성한 후, 신뢰도를 구하거나 편차를 활용하여 결과를 도출하고 문제 해결 방안을 제시하는 것도 좋다. 고등학교 2학년이 되면서 교과목이 많아지므로 미리 예습하는 것도 하나의 전략이다.

그 외에도 공동교육과정이나 온라인교육과정을 통해 생활과 과학이나 융합과학을 수강하며 일상생활 속에서의 과학적 원리를 탐색하거나 현대과학의 발전사를 공부하기도 한다. 또한 전문교과 과목인 심화수학I, 심화수학II를 듣고 자연과학, 공학, 의학 응용 분야의 기초역량을 미리 엿볼 수도 있다. 이를 통해 창의 융합적인 인재로 나아갈 수 있는 발판을 마련할 수 있다. 화학 실험이나 물리학 실험을 듣고 교과에서 배운 내용을 활용하여 의학계열에 진학했을 때 필요한 실험 및 탐구역량을 기를 수 있다.

교과 수업과 더불어 자신의 진로에 맞는 활동을 심화시킬 필요가 있다. 예전과 달리 최근에는 상위권 학생들의 학생부 활동들이 다양하고 심화되어 있음을 알 수 있다. 1학년 때는 의학에 대해 다양한 관심사를 보이고, 2~3학년 때는 많은 활동보다는 2~3가지의 심화활동이 필요하다. 심화활동이 너무 많이 나열되어 있으면 그 학생이 어떤 연구를 하고 싶은지 드러나지도 않고, 교과에 투자할 시간도 많이 빼앗기기 때문이다. 그리고 의학계열 입시에는 수능 최저도 중요한 몫이기 때문에 시간을 잘 활용할 필요가 있다.

선배들의 진로 로드맵 엿보기

의학 진로 로드맵

의학 합격자 선배들의 진로 로드맵과 세특

의대를 졸업하고 병원에서 환자를 진료하는 임상의사가 있다는 것은 누구나 잘 알고 있다. 최근에는 의사 과학자를 꿈꾸며 연구하고 싶은 의사들이 많아지고 있고, 정부나 대학에서도 의사 과학자를 양성하는 계획을 발표했다.

의사 과학자는 의과대학을 졸업한 의사로서, 환자를 진료하거나 해당 분야의 질병을 연구한 결과를 관련 분야의 과학기술과 연결하여 실제로 사용될 수 있는 단계까지 실용화시킬 수 있는 연구의사이다.

최근 질병 연구에 있어 동물실험 결과가 성공적이더라도 인간과 동물의 대사, 생리, 병리학적 차이로 인해 임상에서 실패하는 경우가 많아지고 있다. 또한 다수 기존 질병 연구에 사용되던 실험 동물모델로는 인간의 질병을 설명하는 데 한계가 있어 '인간 중심' 연구로 패러다임이 변화되고 있다. 이러한 결과로, 인간 중심 연구 중에서도 기초연구 성과를 임상에 적용·개발하는 중개 연구의 가치와 중요성이 부각되어 의사 과학자들의 가치는 더 높게 평가된다.

우리나라의 경우, 의대 혹은 의학전문대학원 졸업생은 연간 3,300명 정도이며, 이 중 기초 의학을 진로로 선택하는 졸업생은 30명 정도로 1% 미만이다. 대부분 기초의학자보다 임상의사로 진로를 선택하기 때문이다. 현재 의사 과학자는 의과대학원 박사학위 과정의 의사(MD) 지원자가 매우 부족하여, 대부분 자연과학 또는 공과대학 졸업생으로 충원되고 있다.

현재 KAIST, POSTECH, UNIST에서 전문 의사 과학자를 양성하고 있다. KAIST는 이공계 특성화대학으로는 처음으로 의과학원을 설치해 의사 과학자를 양성 중이며 현재는 더 나아가 과학기술의학전문대학원 설립과 부속 병원 설립을 추진하고 있다. POSTECH은 2023년 융합대학원 소속 의과학전공 대학원 과정을 설립해 신입생 20명을 모집하였고, 더 나아가 의과대학 설립을 목표로 하고 있다. 또한 스마트병원 설립을 추진하여 지역책임병원의 방향성을 가지고 지역사회 연계 클러스터를 조성하겠다고 밝힌 바 있다. UNIST의 경우, 2023학년 2학기 의과학원을 설립하고 울산의대 학생들과 공학 전공자 중심의 원생도 선발한다고 한다. 아직 정확한 정원은 발표되지 않았지만 50명 정도 예정하고 있다. UNIST는 과기부에 스마트헬스케어 연구단과 차세대 항암 연구단, 유전체 활용 연구단, 신약 개발 연구단 등 4개 연구단을 구성하여 제안했다.

의사과학자는 커리어패스에 따라 '기초의사 과학자'와 '임상의사 과학자' 2가지 유형으로 구분된다. 기초의사 과학자는 의사면허를 보유하고 주로 기초의학 연구 및 교육 업무를 수행하는 의사 과학자이고, 임상의사 과학자는 의사면허를 보유하고 풍부한 임상 경험(전문의)을 토대로 다양한 연구를 수행하는 의사 과학자이다.

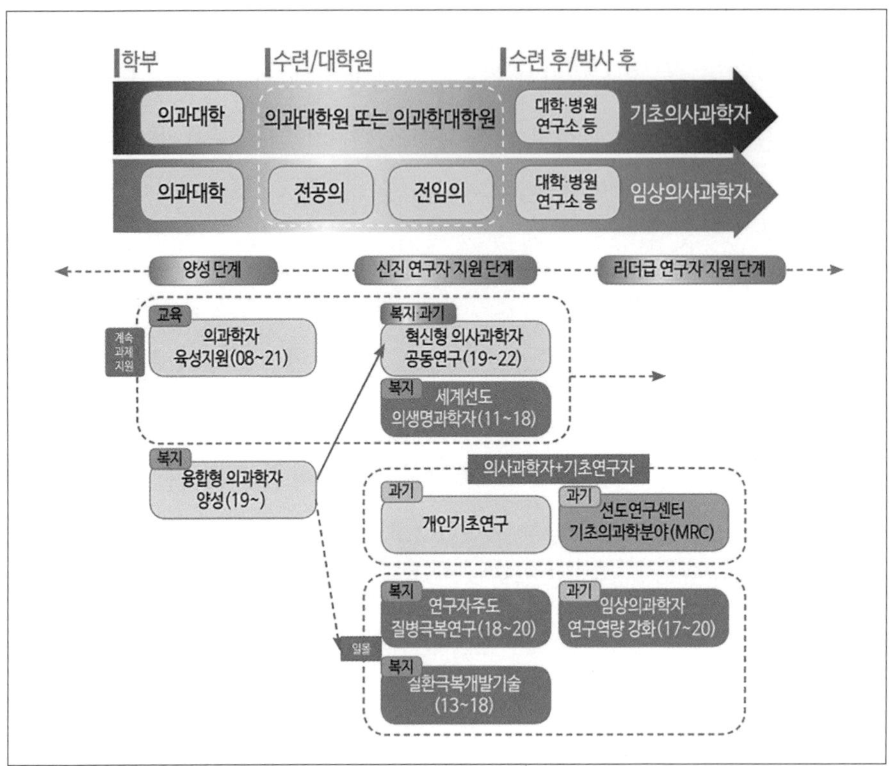

출처 : 보건산업브리프(의사과학자 현황 및 육성을 위한 제언)

[의사과학자들의 사례]

▶ **의사(MD)-과학자(Ph.D) 융합인재** : 임상지식+기초과학연구 ⇨ 2020년 노벨 생리의학상

- C형 간염 바이러스 발견에 공헌한 하비 올터(M.D, 미국), 마이클 호턴(Ph.D, 캐나다), 찰스 라이스(Ph.D,미국) 수상

▶ **미국 사례** : 국립보건원(NIH)에서 1964년부터 의사과학자 육성프로그램(MSTP, Medical Scientist TrainingProgram) 운영

- 전체 의대생의 4% 규모(전국 43개 대학, 연간 170명)에게 장학금·연구비 등 지원
- 동 프로그램에서 최근 15년간 14명의 노벨상 수상자 배출

▶ **국내 의사과학자(M.D-Ph.D) 주요 사례**

- 서○○ 서울대 공대 교수 (의사 + 의공학) → 시각장애인용 인공시각장치 개발
- 양○○ (주)메디포스트 대표 (의사 + 임상병리학) → 제대혈/줄기세포치료제 개발

[의학 진로 로드맵]

구분	고등1	고등2	고등3
자율 활동	간부수련회를 통해 리더의 자질을 함양하고 의사소통 능력과 의견수렴 능력을 키움.	학급특색활동에서 유전자지도에 대한 심화활동을 진행	2학년 멘티들의 식물세포를 이용한 게놈 DNA 분리실험의 멘토 역할을 맡음.
동아리 활동	(자율) 건강 및 보건에 관련된 과학기사를 교지에 기고	자가면역질환 중 류머티즘 관절염에 관심을 가짐.	유전 가계도를 이용하여 동아리 구성원들의 유전 여부를 조사
진로 활동	'동물세포 DNA 추출 실험'을 주제로 동아리 부스 활동을 진행	비특이적 면역반응에 관심을 가지고 오픈강의(K-MOOC)를 통해 능동적으로 학습	'정치와 도덕을 말하다(마이클 샌델)'를 읽고 건강한 공동체주의에 관해 토론
특기 활동	시사문제에 관심을 가지고 최신 기사를 재구성하여 신문과 교지에 기고	교내 공간 재활용을 통해 건축디자인을 배운 후 응급실 동선을 재구성함.	환경과 개인위생의 중요성을 인식하여 관련 캠페인을 진행

[창의적 체험활동]

구분		창의적 체험활동상황
2학년	동아리 활동	plasmid DNA와 제한효소, 인체의 구조 및 체계 등 다양한 분야의 주제를 탐구함. 자가면역질환 중 류머티즘 관절염의 발표를 통하여 **'자신을 지켜야 할 면역계가 도리어 자신을 공격할 수도 있다'**는 사실을 접한 후 자가면역질환에 관심을 가지고 1형 당뇨병에 대해 과학적 탐구를 진행함. 특히, 청소년기 당뇨의 인슐린 과다 투여로 인한 '글리코겐 침윤 간병증' 발생에 대해 문제점을 제기하고 탐구함.
	진로 활동	생명과학 수업 시간에 배운 비특이적 면역반응 중 특정 항원에 대해 과민성 면역반응을 일으키는 알레르기 반응에 대해 관심을 가지고, 알레르기가 발생하는 과정을 탐구하고 오픈강의를 통해 알레르기의 종류, 진단 방법, 치료 방법, 예방법까지 능동적으로 탐구함. 이후 **'알레르기 솔루션'**을 읽고 관련 청소년들에게 많이 발생하는 비염에 대해 설문조사를 실시하고, 계절별 비염의 문제점과 완화치료법을 설명함.
3학년	자율 활동	2학년 멘티들의 식물세포를 이용한 딸기, 바나나로부터 **게놈 DNA 분리 실험의 멘토 역할**을 맡음. 예전에 실행한 DNA 추출실험과 생명과학Ⅱ 유전 파트의 실험 중 하나인 '브로콜리를 통한 DNA 추출실험'을 토대로 멘토링을 진행함. 이전 실험에서 미숙했던 세제의 양 조절, 에탄올 보관방법 및 저온 유지, DNA 용액과 에탄올 층을 분리하는 과정 등을 상세히 멘티들에게 설명함. 생명과학Ⅱ의 세포 소기관의 구조와 인지질 특성 부분을 연결지어 세제의 핵막 제거의 이유를 설명해 멘티들의 의문점을 해소함으로써 멘토로서 뛰어난 역량을 보임.

3학년	동아리 활동	2학년 때 배운 유전 가계도의 특성을 이용해 8명의 동아리 구성원들의 머리카락이나 눈동자색, 혈액형, 왼손잡이 여부 등 신체적 행동적인 특징의 유전 여부에 대해 조사함. 다양한 특징들을 선정해 3대의 가계도를 그려서 이러한 특징들이 유전적인 특징인지 환경적인 요인에 의해 발현되는 것인지에 대해 탐구함. 동아리 구성원들과 그들의 가족들의 비염 여부를 조사해 **알레르기성 비염의 유전 여부**에 대한 조사를 진행하고 비염이 상염색체 우성으로 유전된다는 것을 통해 비염의 발생 확률을 계산함.
	진로 활동	인문학 진로 북콘을 통해 **'정치와 도덕을 말하다'**를 읽고 민주사회에서 도덕의 중요성에 대해 정리하여 설명함. 특히, 코로나로 인한 복지와 거리두기 정책, 재난 지원금에 대해 논리적으로 설명함. 코로나-19를 빨리 해결하기 위해서는 국민들의 건강한 공동체 의식이 필요하다고 언급함.

[교과 세특]

구분		세부내용 및 특기사항
1학년	사회	의료법에 관심이 많아 독서 수행평가에서 **'김영란의 법치주의'**를 선택해 읽음. 법의 역사에 대해 알게 되어 현대 의료법의 특성과 단점을 분석하고 의료법이 시대에 따라 진보한 과정을 한눈에 보기 좋게 정리함. 또한 인권 보장과 헌법을 배우고 의사의 기본 덕목이 환자의 인권에 맞춰져야 한다는 걸 인지하게 되었음.
2학년	생명과학 I	유전학과 생태계를 학습한 후, **생물종의 멸종 이유와 해결법**을 고민하는 모습이 인상적임. 특이적인 업적을 이뤘음에도 인정받지 못한 한타바이러스 백신을 개발한 이호왕 박사를 조사하여 한타바이러스의 감염경로와 치료법에 대해 조사하여 발표함. 이후 한타바이러스 유전체 서열을 연구한 다중 프라이머 유전자 증폭반응 기반-차세대 염기서열 분석법을 조사함.
	고급 생명과학	광합성 단원에서 **'C3 식물의 잎에서는 엽육세포에서만 광합성이 일어나지만, C4 식물의 잎에서는 엽육세포와 유관속초가 광합성에 관여한다'**를 주제로 C4식물의 광합성 탄소축적 과정에 대한 모둠활동을 함. PEP에 의한 카복실화 반응과 탈카복실화 반응에 의한 캘빈회로 작용을 조사하고, 조사한 내용을 바탕으로 C4식물이 광호흡으로부터 벗어날 수 있는 방법에 대해 토론함. 이어지는 발표수업에서 엽육세포와 유관속초세포의 자세한 구조와 각각의 세포에서 사용되는 효소들의 기능을 바탕으로 C4식물의 특징에 대해 친구들 앞에서 발표함.
	개인별 세특	도서 **'사피엔스'**를 읽고 그중 제4부 과학혁명에 대해 흥미를 느끼고 과학 발전을 통한 인간 문명의 비약적 발달에 대한 자신의 생각을 논리적으로 구술함. 특히, 길가메시 프로젝트에 관심을 가지고 연금술이 화학의 발전을 이룬 것처럼, 길가메시 프로젝트로 인해 기대수명과 평균수명이 증가하여 의학이 발전을 이뤘다는 생각을 논리정연하게 발표하며 찬성의 입장을 보임.

3학년	사회문제탐구	범죄와 그에 따른 사회적 윤리에 대해 학습하며 **의학적 딜레마**에 대해 조사함. 자율성 존중의 원칙과 충분한 설명에 근거한 동의 등에 주안점을 두고 토의를 진행함. 토의를 진행함으로써 미래 의료인이 되었을 때 이런 딜레마를 어떻게 해결할지 고민하는 시간을 가졌다고 함. 또한 **지역적 의료 불균형**에 대해 조사함. 의사와 간호 인력 및 의료기관의 지역적 편차가 심해 생명과 밀접한 필수 중증 의료 분야의 심각한 차이가 존재한다는 점을 알게 됨. 이를 정부에 정책을 제시하며 의료인의 노력의 필요성을 언급함.
	생명과학 II	유전자 발현과 생명공학 기술과 인간생활을 학습하며 바이러스에 흥미를 느낌. **바이러스의 분류기준과 종류 및 특징**에 대해 조사하고 코로나-19가 RNA바이러스이기 때문에 유전자 재조합, 재편성 과정에서 변이가 증가한다는 것을 발표함. 이후 1형 당뇨병이 엔테로바이러스 즉, RNA바이러스와 연관이 있다는 것을 보고서로 제출함.

의학계열 추천도서와 탐구 주제 찾기

[의학 추천도서]

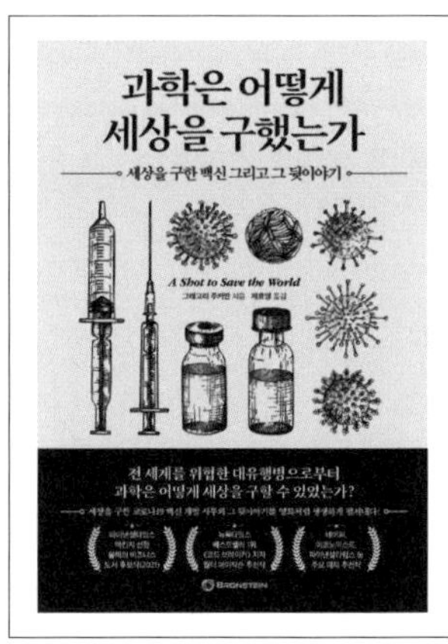

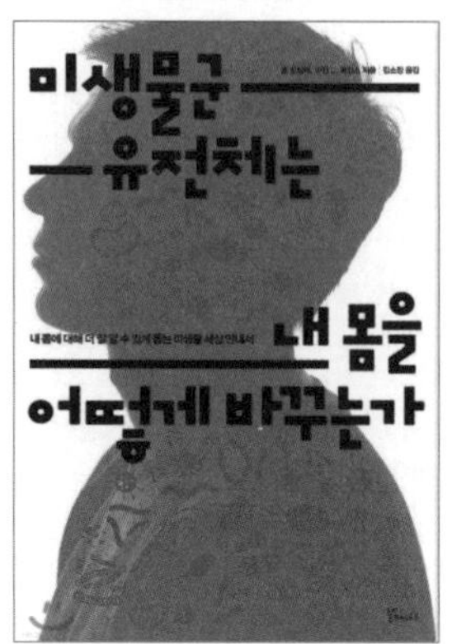

[의학 탐구 주제 찾기]

과목	단원	탐구 주제
통합 사회	행복한 삶을 실현하기 위한 조건	도덕적 실천으로써의 의학 탐구
	교통·통신의 발달과 지역의 공간 변화	GIS로 분석한 의료취약지 탐구
	인권 문제의 양상과 해결	건물의 주거권 침해와 빛 공해로 인체에 영향을 준 사례 탐구
	정의의 의미와 실질적 기준	의사윤리 강령과 개정된 배경 탐구
	정의의 의미와 실질적 기준	뇌과학자의 정의론 탐구
통합 과학	자연의 구성물질	DNA 구조를 활용하여 AC-motif 발암 유전자 탐구
	생명시스템	바이러스의 종류와 특징을 알아보고 변이바이러스 탐구
	생명시스템	수분함유량과 전해질 농도의 관계를 살펴보고, 다양한 종류의 이온 음료 성분 확인, 적절한 섭취 방법 탐구
	생명시스템	유전자 이상에 의한 유전병, 낫모양 적혈구 빈혈증이 말라리아에 안 걸리는 이유 탐구
	화학변화	항산화제의 작용 원리와 종류 탐구
	화학변화	체내 산·염기 조절이 세포대사에 미치는 영향 탐구
	생물의 다양성 유지	항생제 내성 세균 실험

수학	도형의 방정식(평면좌표)	내분과 외분을 활용한 비트루비우스 인체도 탐구
	함수(여러 가지 함수)	심전도 그래프의 주기성과 삼각함수 심화 탐구
	경우의 수(경우의 수와 순열)	DNA에서 RNA로 전달되는 생명시스템 유전정보 경우의 수 탐구

핵심 키워드로 알아보는 의학

생명체, 불치병, 유전학, 안락사, 해부학, 생명체, 성상, 세포, 존엄성, 물질대사, 배아, 복제, 수술, 육안해부학, 태동, 유전법칙, 임상, 국소, 인공, 유전자발현, 마이크로바이옴, 임상실험, 약물기전, 메타게놈

ⓐ DBpia에서 가장 많이 검색된 논문

㉠ 크리스퍼 유전자가위와 인공유전자회로를 이용한 질병의 진단과 치료, 한국생물공학회

㉡ 유전자편집 기술의 발전에 대응한 인간배아 유전자치료의 규제방향, 한국생명윤리학회

㉢ 인공지능(AI : Artificial Intelligence)시대, 보건의료 미래 전망, 대한의사협회 의료정책연구소

㉣ '수술실 CCTV 의무화'는 공공의 이익을 포기하는 것이다, 대한의사협회 의료정책연구소

㉤ 신경과 호르몬으로 살펴 본 소화, 로얄에이알씨 주식회사

ⓑ 시사를 활용한 탐구활동

출처 : 사이언스on(KISTI)

논문	장내 마이크로바이옴과 치매 (2021) 구강 미생물 채취법 및 치주염 치료법에 따른 구강 마이크로바이옴 분석 (2022) 아토피 피부염 환자의 약물 투여에 의한 장내 마이크로바이옴 메타게놈 연구 (2022)
특허	면역 모니터링을 위한 마이크로바이옴 진단 키트 (2021) 신생아 마이크로바이옴 보충 (2016) 피부 마이크로바이옴 조절용 화장료 조성물 (2021)
보고서	우리 몸 안에서 스스로 진화하는 장 마이크로바이옴 (2018) 마이크로바이옴을 접목한 난치성 질환 COPD의 새로운 치료 전략 모색 (2020) 대장내의 미생물대사와 인간 건강 연구 (2014)
동향	인공혈액 만들고 난치병·암 치료할 마이크로바이옴 기술 개발 (2022) “인류, 10만 년 전부터 전분 풍부한 음식 먹었다 (2021) “장내 미생물군, 노화와 장수에도 영향 (2021)

출처 : 사이언스on(KISTI)

의학에서 수강하는 대표 과목

[의학과 대학에서 이수하는 교과]

교양필수	의사학, 의학개론, 의학심리학, 일반생물, 일반생물실험, 의학적소통법, 의료사회복지론, 의학물리학, 일반화학, 일반화학실험, 의용생체공학, 의학을 위한 신기술, 생명과 윤리, 의료정보학 및 실습, 인간심리학, 사회와 의료 등
전공필수 및 전공선택	의약화학, 고급영어 회화, 세포생물학1, 생명물리학, 통계학개론, 의학영양학, 복지사회의 이해, 비교해부학 및 실습, 의학용어학1, 세포생물학2, 유전학, 한의학개론, 의학실무영어, 의학개론, 인체구조기능학, 의학용어학2, 올바른 건강관리 등

[의학과 진학에 도움이 되는 교과]

교과영역	교과(군)	공통과목	선택 과목	
			일반선택	진로선택
기초	국어	국어	화법과 작문, 독서, 문학, 언어와 매체	
	수학	수학	수학Ⅰ, 수학Ⅱ, 미적분, 확률과 통계	실용수학, 기하, 수학과제 탐구, 인공지능 수학
	영어	영어	영어Ⅰ, 영어Ⅱ, 영어 독해와 작문	
	한국사	한국사		
탐구	사회	통합사회	생활과 윤리, 윤리와 사상, 정치와 법, 사회문화	사회문제탐구, 사회과제연구
	과학	통합과학 과학탐구 실험	생명과학Ⅰ, 화학Ⅰ	생명과학Ⅱ, 화학Ⅱ, 융합과학, 고급화학, 고급생명과학, 화학실험, 생명과학실험, 과학과제연구, 인체구조와 기능, 생활과 과학
생활 교양	기술·가정		기술·가정, 정보	인공지능 기초
	교양		철학, 심리학, 보건	

※ 별색 : 핵심 권장 과목

➡ 치의학 합격자 선배들의 진로 로드맵과 세특

치아는 영구치가 나오고 나서는 평생 그 치아로 살아야 하므로 관리와 치료가 매우 중요하다. 따라서 치대의 인기는 항상 일정하게 유지되고 있다. 현재 치의학에서는 칩을 이용하거나 충치 예방을 위한 연구들이 진행되고 있다.

'칩 위의 치아'는 치아 내부를 구성하는 소성결합조직 세포의 기능을 보다 쉽게 이해할 수 있도록 고안되었다. 치아 손상과 치료에 따른 치아의 형성과정을 볼 수 있기 때문에 '칩 위의 치아'를 통해 질병 발생의 원인을 연구할 수 있다. 또한 환자에게 효과적인 충치 치료법을 개발할 수 있다. 치아에 칩을 장착한 후 실제 환자들의 어금니를 기부받아서 특정 환자의 치아 치료와 구강 미생물에 대한 조사를 환자 맞춤형 방식으로 진행할 수도 있다.

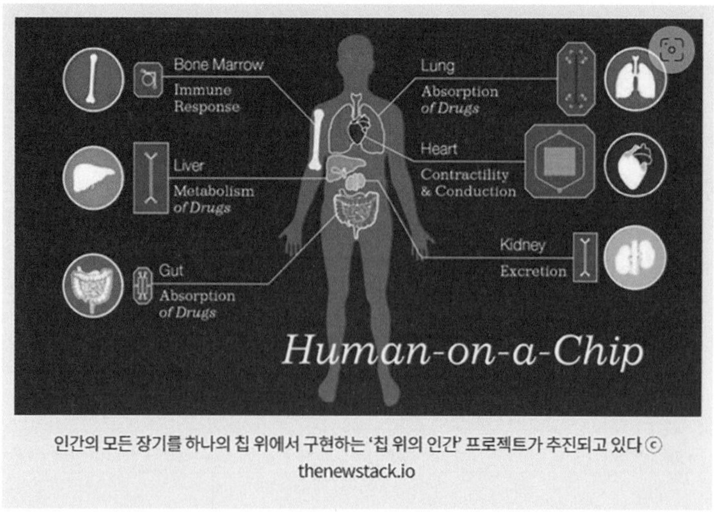

인간의 모든 장기를 하나의 칩 위에서 구현하는 '칩 위의 인간' 프로젝트가 추진되고 있다 ⓒ thenewstack.io

출처 : The Science Time

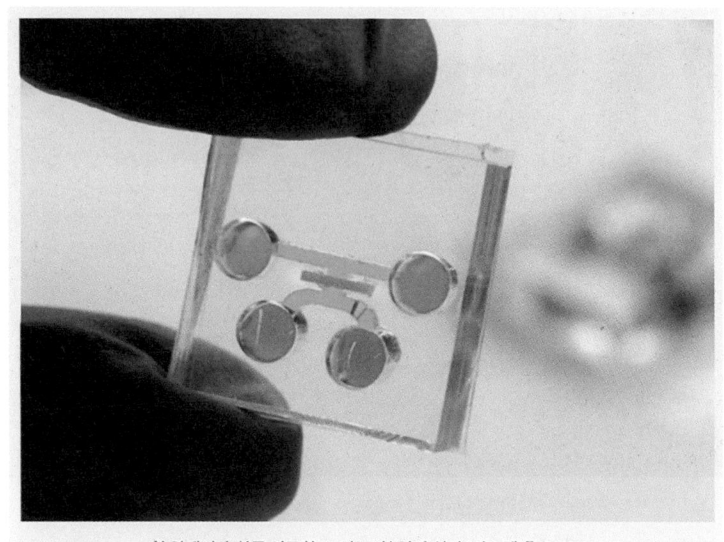
칩 위에서 충치를 연구할 수 있는 '칩 위의 치아' 시스템 ⓒ OHSU

출처 : The Science Time

치아의 구성성분인 에나멜(enamel)은 다른 신체 조직들과는 달리 두 번 재생할 수 없는 물질이다. 그렇기 때문에 충치 예방을 위해서는 에나멜이 부식되지 않도록 관리하는 것이 무엇보다 중요하다. 에나멜이 치아 유지 및 신체 건강에 영향을 미치다 보니, 이를 재생시키는 방법을 연구하여 실제 에나멜과 흡사한 인조 에나멜 코팅 방법 개발했다. '인산칼슘클러스터(clusters of calcium phosphate)'라는 물질을 적용하여 에나멜의 결정 성장을 유도하는 원리를 적용하였다. 기존의 충치 치료는 인공수지를 활용하고 있어 부작용이 많이 발생한다. 만약 인조 에나멜 개발이 성공하여 상용화된다면 충치 예방뿐만 아니라 치료도 부작용 없이 할 수 있다.

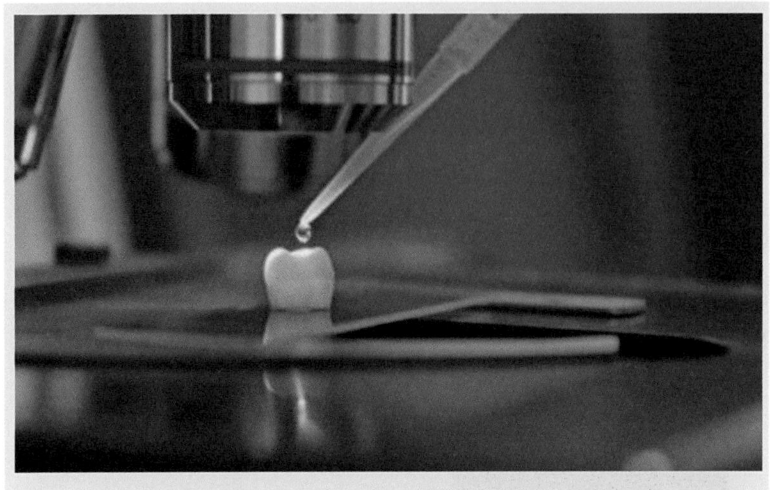

재생 불가능한 에나멜을 인위적으로 만드는 방법이 개발됐다 ⓒ Zhejiang.edu

출처 : The Science Time

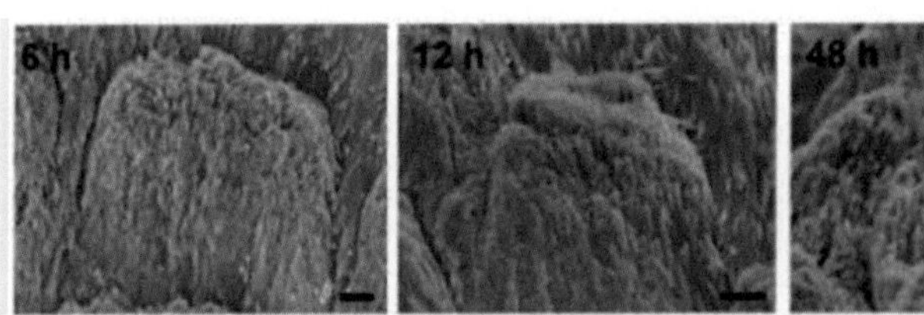

파란색은 천연 에나멜이고 초록색은 인조 에나멜이다. 시간이 갈수록 인조 에나멜로 복구 영역이 확장되고 있다 ⓒ Zhejiang.edu

출처 : The Science Time

[치의학 진로 로드맵]

구분	고등1	고등2	고등3
자율 활동	학급특색 독서활동에 참여하여 '치과의사가 말하는 치과의사'를 읽고 치과의사 인터뷰를 진행함.	실생활 속 자료 분석 활동 중 '시험 기간의 학생들의 생활습관 변화'를 탐구함.	미세먼지 교육이수 후 미세먼지와 치주질환의 관계를 설명하고, 양치질의 중요성을 홍보함.

동아리 활동	근육테이핑 방법을 배우고 농구 수업 시 활용, 근육의 움직임과 위치에 따라 다름을 알게 됨.	입속 미생물에 관심을 가지고 치주유발세균에 대해 탐구함, 전염병에 대한 치과 위생의 중요성을 인식함.	치주질환과 치매와의 관계를 탐구함, 임플란트 삽입 시 생기는 치주질환 탐구함.
진로 활동	미래 사회 변화 트렌드 활동에서 질병과 환경오염, 비만의 관계를 창의적으로 분석하고 유전학적 연구의 필요성 어필함.	실생활 과학 프로젝트에서 천연구강제 만들기 활동을 진행, 시중에 판매되는 구강제와 천연구강제 효과 비교·분석	진로탐색활동에서 구강 내 미생물의 문제점 주제탐구 진행, 구강 내 미생물의 불균형의 원인과 영향을 탐구함.
특기 활동	중화반응 실생활 사례 연구와 천연 지시약 연구	'고카페인 음료가 치아에 미치는 영향' 탐구	미세먼지와 치주질환의 관계 탐구

[창의적 체험활동]

구분		창의적 체험활동상황
2학년	자율활동	학급특색활동 진로탐색 시간에 **'저작이 힘든 노인들을 위한 틀니와 임플란트의 비교 분석'**이라는 주제로 탐구활동을 진행함. 틀니의 단점 보완방법과 기존 임플란트 시술의 문제점을 조사함. 이후 임플란트의 문제점을 보완해 줄 무절개 임플란트 기술의 시술 과정, 시술 기간, 고통의 정도 등을 조사하여 치과의 미래 전망 가능성을 예측함.
	동아리활동	입속 미생물에 관심을 가지고 치주유발세균에 대해 탐구함. **'입속에서 시작하는 미생물 이야기'**를 읽고 구강 박테리아에 대해 알게 되어 관련 내용을 조사함. 또한 구강세균이 치아와 잇몸 외에 식도암과 위암을 일으키는 니트로사민를 촉진하고, 대장암, 췌장암, 뇌와 심장까지 영향을 미친다고 설명함. 'P 진지발리스균', 'A.액티노미세템코미탄스' 등 치주질환에 영향을 미치는 박테리아를 자세히 조사하는 열정을 보임.
	진로활동	실생활 과학 프로젝트에서 **천연구강제 만들기 활동**을 진행함. 먼저 시중에 판매되는 구강제와 천연구강제의 효과를 비교하고 분석하여 보완점을 제시함. 시중 제품의 경우, 충치에는 효과적이지만 정상세균총을 방해하는 성분이 있어 구강보호나 면역에는 효과가 약하다는 것을 알게 됨. 이후 목단피, 황금, 울금, 강황, 후박을 이용하여 천연 구강세정제를 만듦.
3학년	자율활동	미세먼지 교육 이수 후 **미세먼지와 치주질환의 관계**를 설명함. 미세먼지 속 이물질이 구강 속 세균의 농도를 높이고 충치와 치주염이 생기는 원리를 시각적으로 표현하여 급우들의 이해를 도움. 이후 청소년들이 교정기 착용 시 입으로 호흡하는 경우 발생하는 문제점을 인식하고 임플란트가 자연치아보다 미세먼지 노출 시 치료가 더 힘들다는 사실을 조사함. 이 과정에서 임플란트용 전문 치약의 필요성을 어필함.

3 학 년	동아리 활동	'감염 가설(infection hypothesis)'을 확인하고 치주질환을 일으키는 '포르피로모나스 진지발리스균'에 대해 조사함. **바이러스균과 치매의 연관성**을 정리한 자료를 분석하여 부원들에게 수치를 발표함. 연구에는 직접적인 영향이 없다고 하지만, 치매 환자들의 저작작용이나 구강 위생의 문제도 생길 수 있다는 지적을 하면서 자신의 생각을 정리하여 보고서를 제출함.
	진로 활동	진로탐색활동에서 구강 내 미생물의 문제점과 주제탐구를 진행함. **구강 내 미생물의 불균형의 원인과 영향을 탐구**함. 구강작열감증후군과 구강미생물총 사이의 연관성을 분석한 자료를 정리함. 구강미생물총이 연구된다면 장내미생물총보다 채취가 더 쉽기 때문에 의학 연구에 더 큰 발전이 될 것이라는 소감을 발표함.

[교과 세특]

구분		세부내용 및 특기사항
1 학 년	과학	산과 염기 반응을 배운 후 산염기 지시약의 기원을 찾아보고, 천연 지시약을 조사함. 사프라닌 용액이 산화 환원 색소에 의해 환원당으로 검출됨을 알고 그 원리에 관심을 가짐. 중화반응의 생활 속 사례 중 **제산제에 대해 탐구하고 중화반응을 활용하여 설명**함. 또한 반딧불의 불빛반응을 중화반응으로 설명하여 친구들의 호응을 받음.
2 학 년	물리Ⅰ	물리 교과의 상대성 이론 부분과 파동을 배우면서 빛의 영역에 관심을 가지고 가시광선 외 빛에 대해 탐구함. 다양한 빛의 종류 중 많이 사용하는 X선의 원리와 활용사례 중 치과에서 사용하는 **엑스레이에 대해 심층 조사**를 진행함. 발표과정에서 자신은 치과에 갈 때마다 파노라마 사진을 보았는데, 혹시 다른 사진을 본 친구가 있는지 확인하면서 학생들을 집중시키는 모습을 보임. 파노라마, 치근단, CBCT 등 여러 가지 엑스레이 종류를 영상자료와 함께 설명하는 모습이 인상적임. 이후 의료영상 분석에 대해 관심을 가지고 핵의학에 대한 공부를 하고 싶다는 포부를 밝힘.
	고급 생명과학 실험	생명과학에 대한 흥미가 높아 이론적으로 학습한 내용을 실험으로 확인해 보기 위해 소인수 과목을 신청했다고 함. **초파리를 이용한 호르몬 실험, PCR실험, 미생물배양 실험** 등 다양한 심화된 생명과학실험을 진행한 후 실험보고서를 성실히 작성함. 특히, 실험 결과와 이유를 추론하며 과정을 꼼꼼히 따지는 모습이 인상적임. 특히, PCR 전기연동 실험에서는 실험의 반응이 뚜렷하게 나타나지 않아 그 원인을 분석하기 위해 대학 교재와 여러 자료 및 실험보고서를 분석함. 이후 문제를 해결하는 과정까지 추가 보고서로 작성함.
	개인별 세특	수업 유연화 활동으로 일상생활 속 문제점을 다루는 활동에서 청소년들이 많이 복용하는 카페인의 문제점을 인식하고, 다량 복용 시 발생하는 문제점을 UCC로 촬영하여 홍보함. 또한 **'고카페인 음료가 치아에 미치는 영향'**에 대해 일주일 동안 설문과 탐구를 진행함. 특히, 칼슘 흡수 방해와 과다한 당분의 문제점을 들어 영유아 청소년기의 치아에는 치명적이라는 결론을 내려 관련 대학 자료나 학술지를 분석함.

3 학년	융합과학	신소재와 광물 단원을 공부하면서 **임플란트 소재**에 대해 조사하여 발표함. 또한 생물 모방 사례로 멍게의 갈산성분이 타액의 칼슘 성분과 결합해 골 성분을 만든다는 내용을 확인하고 치아에 활용할 방법을 모색하는 모습이 인상적임. 인류의 과학적 건강관리를 학습하면서 흡연 시 치아에 발생하는 문제점, 흡연과 음주로 인한 구강암에 대해 조사하여 잘 알려져 있지 않은 구강암에 대한 지식을 확장하는 능력을 보여줌.
	생명과학 II	생명과학의 발전사 정리하기 활동에서 **'충치가 생기는 원인'**에 대해 탐구함. 충치가 생기는 원인을 이해하기 쉽게 표현하여 발표함. 많은 당뇨병 환자들이 치아 우식증을 앓고 있는 이유에 대해 스스로 조사하여 보고서를 제출함. 특히, 치수괴사가 일어난 경우의 치료법에 대해 자세히 설명함. '폴리알케노에이트 시멘트(PAC)'의 경우 손상된 치아 치료가 가능하며 zPAC의 경우 골조직의 재광화가 보다 쉽게 이뤄질 수 있다는 내용을 조사함.

치의학계열 추천도서와 탐구 주제 찾기

[치의학 추천도서]

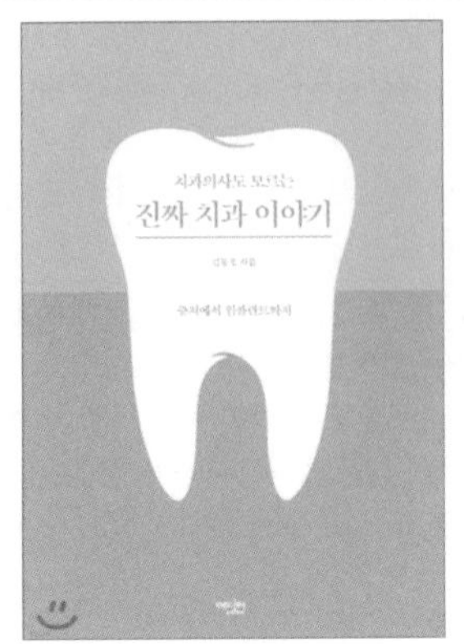

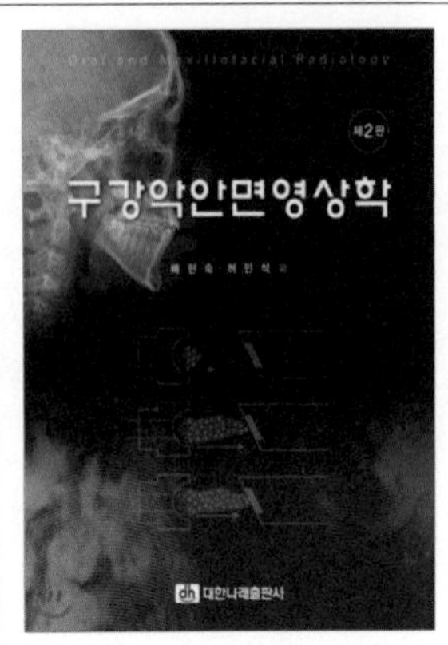

[치의학 탐구 주제 찾기]

과목	단원	탐구 주제
통합 사회	교통·통신의 발달과 정보화에 따른 변화	지역사회 치과의 특징을 조사하여 치과 지도 작성
	정의의 의미와 실질적 기준	치과 과잉 치료 사례를 조사하고, 과잉 치료를 하지 않기 위한 대책 기준 탐구
	미래와 지속 가능한 삶	노인 인구들을 위한 임플란트 가격 정책
통합 과학	자연의 구성물질	치주염을 일으키는 바이러스의 단위체와 구조적 특징 탐구
	자연의 구성물질	보철 치료에 사용되는 신소재 탐구
	화학변화	치아의 대사성 산증과 대사성 염기증 탐구
	화학변화	치약의 중화반응 탐구
	화학변화	구강 호흡할 때 입 안 산성도 변화에 대해 알아보고, 마스크로 인해 충치가 늘어난 이유 탐구
	지질시대의 환경과 생물	야생 동물이 인간보다 충치에 걸릴 확률이 낮은 이유를 알아보고 충치 예방 방안 탐구
수학	함수(여러가지 함수)	고카페인이 치아에 미치는 영향을 그래프로 표현하여 분석 탐구
	도형의 방정식(도형의 이동)	CBCT 엑스레이 영상을 누적하는 방법 탐구
	경우의 수(조합)	치주염 치료를 위한 항생제 경우의 수 탐구

➔ 핵심 키워드로 알아보는 치의학

치주감염, 치주질환, 구강, 향상성, 종양, 치아, 생화학, 감염, 치아형태학, 구강조직, 대립유전자, 치내치

ⓐ DBpia에서 가장 많이 검색된 논문

㉠ 구강병원균에 대한 편백 피톤치드의 항균작용, 대한안면통증구강내과학회

㉡ 음료수 종류 및 섭취 시간이 치아부식에 미치는 영향, 대한치과재료학회

㉢ 구강조직유래 유도만능줄기세포-생체재료 복합체의 재생의료 동향, 대한치과의사협회

㉣ 흡연이 구강 건강에 미치는 영향 : 구강 위생이 양호한 집단의 장기적 연구를 위한 예비 평가, 대한안면통증구강내과학회

㉤ 구강 질환 유발 미생물에 대한 항생작용을 갖는 천연물 추출물 검색, 미생물학회지

ⓑ 시사를 활용한 탐구활동

출처 : 사이언스on(KISTI)

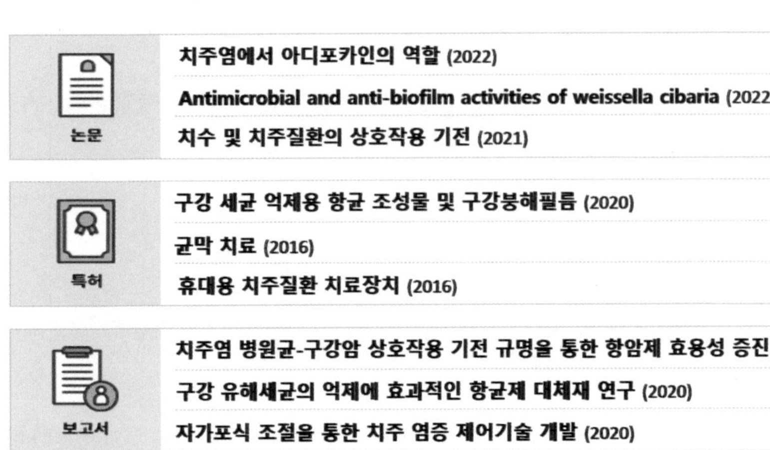

출처 : 사이언스on(KISTI)

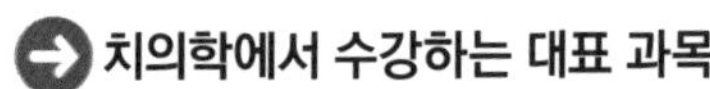

치의학에서 수강하는 대표 과목

[치의학과 대학에서 이수하는 교과]

교양필수	화학, 생물학, 발생학, 물리학, 기초물리화학, 유전학, 세포분자생물학, 치의학개론, 기초유기화학 등
전공필수 및 전공선택	구강해부학, 구강생리학, 치아형태학, 구강악안면외과학, 국소의치의제작, 근관치료학, 안면동통학, 악안면성형외과학, 임상교정학실습, 임상보존학실습, 임상보철학실습, 치주병학, 치료교정학, 전신마취학, 치과면역학, 치과약물치료학, 치아매식학 등

[치의학과 진학에 도움이 되는 교과]

교과영역	교과(군)	공통과목	선택 과목	
			일반선택	진로선택
기초	국어	국어	화법과 작문, 독서, 문학, 언어와 매체	
	수학	수학	수학Ⅰ, 수학Ⅱ, 미적분, 확률과 통계	실용수학, 기하, 수학과제 탐구, 인공지능 수학
	영어	영어	영어Ⅰ, 영어Ⅱ, 영어 독해와 작문	
	한국사	한국사		
탐구	사회	통합사회	생활과 윤리, 윤리와 사상, 정치와 법, 사회문화	사회문제탐구, 사회과제연구
	과학	통합과학 과학탐구 실험	생명과학Ⅰ, 화학Ⅰ	생명과학Ⅱ, 화학Ⅱ, 융합과학, 고급화학, 고급생명과학, 화학실험, 생명과학실험, 과학과제연구, 인체구조와 기능
생활 교양	기술·가정		기술•가정, 정보	인공지능 기초
	교양		철학, 심리학, 보건	

※ 별색 : 핵심 권장 과목

수의학 진로 로드맵

➔ 수의학 합격자 선배들의 진로 로드맵과 세특

오늘날에는 동물실험 대신 AI가 효능을 판별할 수 있다. 동물실험 없이 골다공증 치료를 위한 신약 후보물질의 효능을 검증할 수 있는 뼈 모사칩이 개발되었다. 콜라겐 물질인 하이드로겔을 뼈세포와 함께 배합해 실제 뼈와 유사한 구조를 만든 것이다. 이렇게 만들어진 뼈 모사칩은 세포 기반의 스크리닝 장비와 결합해 고품질의 광학 이미지를 생산할 수 있다. 골다공증 약물이 처리된 뼈는 모사칩에서 세포 증식·분화, 유전자 발현을 조절하는 베타-카테닌 세포의 핵 이동 과정을 고속 촬영한다. 이렇게 만들어진 이미지를 AI가 분석해 약물의 효능을 99.5% 정확도로 판별할 수 있어 동물실험을 하지 않고, 질병 모델과 신약 평가 플랫폼에 적용할 수 있다.

출처 : 뼈 모사칩 이미징 분석 개념도(한국기초과학지원연구원)

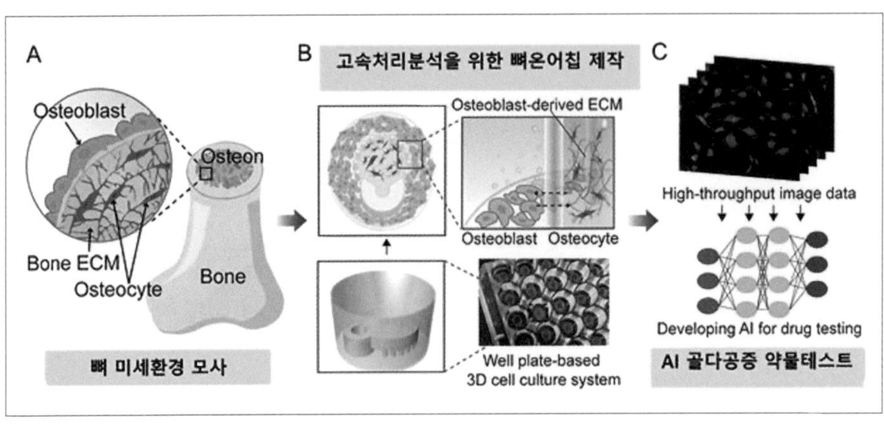

출처 : 뼈 모사칩 플랫폼(한국기초과학지원연구원)

동물실험을 통해 '역분화 줄기세포 기반 혈관 세포치료제' 치료 효능이 검증되었다. 컴퓨터 시뮬레이션을 통한 최적의 무전원 '3D 스페로이드' 세포배양칩을 공동으로 연구 중인데 이 연구는 환자 맞춤형 혈관세포를 생산해 적용할 수 있다는 것이 강점이다.

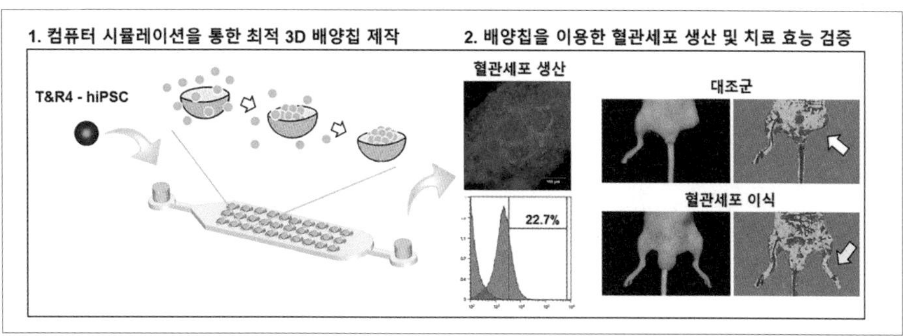

출처 : 3D 배양칩 제작 및 동물실험 효능 검증(티앤알바이오팹)

3D 바이오프린팅을 활용한 인공 간 동물 이식실험도 성공했다. 프린팅 한 번으로 혈관이 포함된 간의 실제 구조를 구현하고, 3D 바이오프린터를 활용해 세포 응집체 형태로 대량생산이 가능하다. 또한 동물 체내 이식 후 기존 대비 체내 기능 유지 능력이 향상됨을 확인할 수 있다. 연구를 통해 간 관련 세포를 혈관내피세포로 감싸면 혈관이 함께 형성돼 프린팅된 세포응집체가 체내에서 오랜 기간 유지될 뿐만 아니라, 간 관련 단백질 및 효소 분비 기능 또한 향상돼 인체의 간에 한층 더 근접한 것으로 확인되었다.

특히, 동물실험으로 개발된 응집체를 이식한 결과, 주변 혈관들이 응집체와 연결돼 세포 이식체의 생착에 도움이 되는 것을 관찰했다. 3D 바이오프린터를 이용하기 때문에 균일한 모양의 세포응집체를 빠르게 생산할 수 있어 대량생산에 의한 상업화에도 용이할 것으로 기대된다.

동물용 의약품은 동물용으로만 사용함을 목적으로 하는 의약품으로 크게 가축을 위한 '축산의약품'과 반려동물을 위한 '반려동물 의약품'으로 구분된다. 동물용 의약품은 박테리아, 곰팡이, 기타 감염 유발 유기체의 성장을 억제하거나 죽이는 항감염제, 백신, 약용 사료 첨가제와 같이 다양한 형태로 존재한다. 동물병원, 동물약국에서만 구매할 수 있으며 인터넷을 통한 판매는 금지되어 있다. 1인 가구의 증가와 고령화의 가속화, 그리고 코로나-19로 인한 재택근무의 증가로 사회 환경이 변화하면서 국내 반려동물 양육 가구의 수가 크게 증가했다. 농림축산식품부 발표에 따르면, 2020년 기준으로 반려동물을 기르는 국내 가구는 638만 가구로 약 1,500만 명이 넘는다. 이와 함께 반려동물을 가족이나 친구 같은 인격체로 인식하는 펫 휴머니제이션(Pet humanization) 트렌드가 확산되었다. 반려동물을 통해 우울감, 외로움을 치유받는 사람들이 늘어나고, 반려동물이 가족이라는 인식이 확산되면서 반려동물을 위한 의약품을 찾는 반려인도 함께 늘어나고 있는 것이다. 따라서 반려 가구의 지속적인 증가로 반려동물 의약품 시장의 앞날은 더욱 밝다고 할 수 있다.

[수의학 진로 로드맵]

구분	고등1	고등2	고등3
자율 활동	생명존중 특강을 통해 인간과 동물의 생명존중 및 복지 증진의 필요성을 느껴 비정부 기구(NGO)에 대해 조사	유기동물과 축산동물 문제에 관심을 가지고 동물의 복지 문제를 해결할 방법 및 동물보호법의 개정이 시급함을 어필	유전공학에 대한 윤리적 문제 토론 및 CRISPR-Cas9의 원리와 유전자 재조합 보고서 작성
동아리 활동	가축의 전염병에 관심을 가져 구제역, 조류독감의 원인과 발생과정, 인수공통감염병 등에 대하여 조사하여 발표	감염병에 대해 알아보는 활동을 통해 감기, 결핵 등 호흡기 감염병의 전파경로, 예방법, 치료법에 대해 조사 후 포스터를 만들어 발표	반추동물의 소화기관 및 미생물의 중요성, 효소의 작용 조사, 전자현미경으로 기관을 관찰한 후 보고서 작성

진로 활동	유전공학 및 생물공학에 관심을 가지고 4차 산업 이후 직업의 변화와 생명과학 연구분야 조사	유전자 치료를 위한 바이오 나노기술에 대해 탐구	원 헬스의 필요성 탐구 식품안전, 인수공통감염병, AMR 등의 보건분야 연구의 필요성 어필
특기 활동	유전암호 해독 방법 탐구	인수공통감염병과 바이러스의 변이에 대해 조사하고 발표, 원 헬스 탐구	란투스, 레버미어의 아미노산 서열 분석, 미카엘리스-멘텐식 유도

[창의적 체험활동]

구분		창의적 체험활동상황
2학년	자율 활동	생명존중 교육을 통해 생명의 중요성을 알게 되어 유기동물과 축산동물의 문제에 대해 조사함. 많은 유기견들이 안락사되고 축산동물의 사육환경이 열악하다는 것을 알고 **동물의 복지문제를 해결할 방법**을 고민함. **'살아있는 것들의 눈빛은 아름답다'**라는 책을 읽고, 다양한 동물들이 직면한 문제를 깊이 고민함. 동물보호법의 개정이 시급하며 행정적인 차원에서뿐만 아니라 국민의 인식적 차원에서도 많은 변화가 요구된다고 주장함.
	동아리 활동	코로나-19로 인해 변한 삶의 모습을 참고하여 진로에 대해 발표 시 **공중보건을 위해 힘쓰는 수의사**가 되고 싶다고 함. 코로나-19, 메르스와 같은 팬데믹이 발생하는 시대에 수의사의 역할이 더욱 중요하다고 이야기함. 감염병에 대해 알아보는 활동을 통해 감기, 결핵 등 호흡기 감염병의 전파경로, 예방법, 치료법에 대해 조사 후 포스터를 만들어 발표함.
	진로 활동	전문직업인과의 만남을 통해 수의사가 하는 일이 임상, 연구, 공중방역 등 굉장히 다양하지만 수의사의 수가 매우 적다는 것을 알게 됨. 대동물 수의사인 직업인의 강의를 통해 대동물 수의사가 힘들지만 보람되고 직업의 만족도가 높다는 것을 알고, 생명을 살리고 보람 있는 수의사가 되고 싶다고 희망함.
3학년	자율 활동	학급 특색활동에서 생명과학 분야가 진로인 학생들과 함께 진로에 관한 다양한 활동을 함. **'유전공학에 대한 윤리적 문제'**에 대한 토의를 계획하고 진행하며 유전공학의 윤리적 문제에 대한 다양한 의견을 알게 됨. 유전공학에 관심을 가지고 **'크리스퍼가 온다'**라는 책을 읽은 후 CRISPR-Cas9의 원리와 유전자 재조합이라는 주제로 보고서를 작성함으로써 흥미를 채우고 지식을 확장함.
	동아리 활동	멸치 해부 실험에서 유문수라는 장기를 처음 보고 조사를 진행함. 유문수는 소화효소 분비 및 영양물질 분해와 같은 작용이 일어나는 기관이라는 것을 알고, 다양한 동물의 소화기관에 흥미가 생김. 대동물 수의사를 희망하고 있어 소와 돼지, 닭 등의 산업 동물의 소화계와 영양 흡수에 대해서도 흥미가 생겨 탐구함. **반추동물의 소화가 특이하고 미생물이 매우 중요**하다는 것을 새로 알게 되었고, 영양대사에서도 다양한 효소의 작용 등을 자세히 알게 됨.

3학년	진로활동	진로 탐색 프로젝트에서 **'원 헬스'**를 주제로 탐구함. 준비 과정에서 **'수의정책 콘서트'**, **'원 헬스'**라는 책을 읽고, 배경지식을 넓힘. 원 헬스에 대해 관심이 커지고 있으며 원 헬스가 가장 필요한 곳이 식품안전, 인수공통감염병, AMR 등의 공중보건 분야라는 것을 논리적으로 설명함. 또한 사료의 생산 때문에 숲이 파괴되며 가축의 온실가스 배출, 축산폐수 문제 등 축산업이 다양한 방면에서 생태계를 위협하고 있고 변화가 필요함을 주장함.

[교과 세특]

구분		세부내용 및 특기사항
1학년	과학	유전정보로부터 단백질이 합성되는 과정인 전사와 번역, 그리고 모든 생명의 유전암호 해독 방법이 같은 것에 큰 관심을 보임. 세균에 사람의 유전자를 넣어도 같은 단백질을 생산하는 것을 알고, 그에 대한 예시로 인슐린이 있다는 것을 찾아보기도 하며 자신이 관심 있는 부분에 열정적인 모습을 보임.
2학년	수학II	창의인성과제 프로젝트 활동에서 보고서 작성 및 발표를 담당함. 함수의 극한을 이용하여 '만유인력 법칙'을 설명하고 평소 관심이 있던 감각세포의 자극 세기와 반응의 크기에 대해 탐구하여 발표함. 단일세포의 경우 일정 자극(역치) 이상의 세기를 보여야 반응하며 더 센 자극을 주어도 반응의 크기가 커지지 않는 것(실무율)을 그래프로 보여주고, 좌, 우 극한값이 달라 극한값이 존재하지 않음을 설명함. 또한 근육 전체의 경우 자극이 클수록 더 많은 세포가 자극을 받아 반응의 크기가 계속 커짐을 그래프로 보여줌으로써 반 친구들의 이해를 도움.
	윤리와 사상	**데카르트의 동물 기계론과 칸트의 동물권**에 대한 인식을 조사하고 이후 공리주의에서 발전한 동물의 권리에 대한 사상을 정리함. 벤담의 공리주의는 쾌락과 고통을 기준으로 동물도 가치 있는 존재로 여기기 시작함을 알게 됨. 현대 공리주의자 피터 싱어의 이익 평등 고려원칙을 통해 많은 사람에게 동물권에 대한 인식이 확산되고 있음을 알게 됨. 다수를 위해 소수가 희생되는 모순을 극복하기 위한 과정도 필요하다고 생각하는 모습을 보임. 동물의 권리에 대해 더욱 알고 싶어 **'동물해방'**이라는 책을 읽은 후 실험동물과 농장동물의 실태를 알리는 활동을 진행함.
	생명과학 I	교과 시간에 바이러스에 대해 배우고 알아보던 중 **'바이러스 쇼크'**라는 책을 읽고, 바이러스의 전염과 동물이 관련 있다는 것을 알고 인수공통감염병과 바이러스의 변이에 대해 조사하고 발표함. 인수공통감염병이 일어나기 위해 중간매개 동물의 변이가 필요함을 알고 조류인플루엔자, 사스 등 여러 사례의 매개동물, 출연환경과 기후에 대한 과제 탐구를 실시함. 원 헬스에 대한 호기심을 바탕으로 **'의사와 수의사가 만나다'**라는 책을 읽고, 동물과 인간의 의학을 융합해 하나로 보는 '주비퀴티'라는 개념에 대해 알게 됨. 주비퀴티의 개념과 그 예시로써 몸집이 큰 대형동물이 암에 잘 걸리지 않는다는 사실과 다양한 정신적 질환이 동물에서도 나타난다는 것을 수업시간에 발표함. 많은 질병을 동물을 연구함으로써 해결할 가능성이 있다고 생각함.

학년	과목	내용
3학년	생활과 과학	하브루타식 '초고층 빌딩 찬반 토론'에서 다른 친구들은 구조적, 기술적인 부분에 집중했으나 이 학생은 **초고층 빌딩이 동물이나 생태계에 미치는 영향**이 무엇인지에 대해 궁금해함. 초고층 빌딩의 설계에 반려동물들과 함께할 수 있는 디자인적 설계에 대해 이야기함. 전 세계적으로 새들이 유리 창문에 부딪히고 있고 이것을 막기 위해 뉴욕에서 안전비행 프로젝트를 하고 있다고 발표해 친구들의 공감을 얻음. 간단하게나마 새를 위해 유리에 자외선 무늬, 필름, 테이프 등을 붙이는 활동을 해야 한다고 역설함.
	고급 생명과학	20가지의 아미노산에 대해 학습한 후 당뇨병 치료에 사용되는 란투스, 레버미어의 아미노산 서열을 스스로 분석해 보며 실생활에 접목된 생화학을 몸소 느껴봄. 활성화 에너지를 낮추어 반응속도를 증가시키는 효소의 기능론적 측면뿐만 아니라 반응속도를 정량적으로 표현한 미카엘리스-멘텐식을 직접 유도해 보면서 생물에 사용되는 화학 원리를 알아냄. 투과전자현미경(TEM)에 대한 이론을 학습한 후 TEM의 분해능이 뛰어난 이유를 물리 개념인 회절을 통해 설명하며 융합적 사고를 보임.

수의학계열 추천도서와 탐구 주제 찾기

[수의학 추천도서]

[수의학 탐구 주제 찾기]

과목	단원	탐구 주제
통합 사회	환경 문제 해결을 위한 노력	탄소중립을 위한 가축분뇨의 에너지화 기술 탐구
	환경 문제 해결을 위한 노력	메탄가스를 줄이기 위한 '방귀세'와 친환경 방귀를 만들기 위한 기술 탐구
	인권 문제의 양상과 해결	유기견 문제를 분석하고 동물 인권을 탐구
통합 과학	자연의 구성물질	분자생물학을 활용하여 동물의 재조합 DNA 연구
	화학변화	동물의 호흡성 산증과 호흡성 염기증 탐구
	생물 다양성과 유지	외래종 유입으로 인한 생태계 변화 탐구
	생태계와 환경	환경의 교란이 종의 다양성과 구성에 끼치는 영향 탐구
수학	방정식과 부등식 (여러 가지 방정식, 여러 가지 부등식)	미세먼지가 동물에 끼치는 영향과 수학적 농도 탐구
	도형의 방정식(직선의 방정식)	반려동물의 나이와 사람의 나이를 비교하여 반려동물의 사회적 효과 탐구
	함수(여러 가지 함수)	축산동물로 인한 환경오염 IPCC 기준으로 탐구

핵심 키워드로 알아보는 수의학

동물학, 야생동물, 축산물, 반려동물, 동물역사학, 동물행동복지, 세포 생물학, 동물유전학, 수생생물, 동물 영양학, 생명유전학, 조류학, 동물 생태학, 유전자 가위, 합성생물학, 인수감염

ⓐ DBpia에서 가장 많이 검색된 논문

㉠ 인수공통감염병과 인류의 미래, 연구공동체 건강과 대안

㉡ 국내 학술 문헌에서 논의된 동물실험의 찬성과 반대, 한국실험동물학회

㉢ 유전자가위의 개발과 활용, 한국실험동물학회

㉣ 반려동물 보유세 도입에 관한 기본적 고찰, 서울시립대학교 법학연구소

㉤ 실험동물의 미생물모니터링, 한국실험동물학회

ⓑ 시사를 활용한 탐구활동

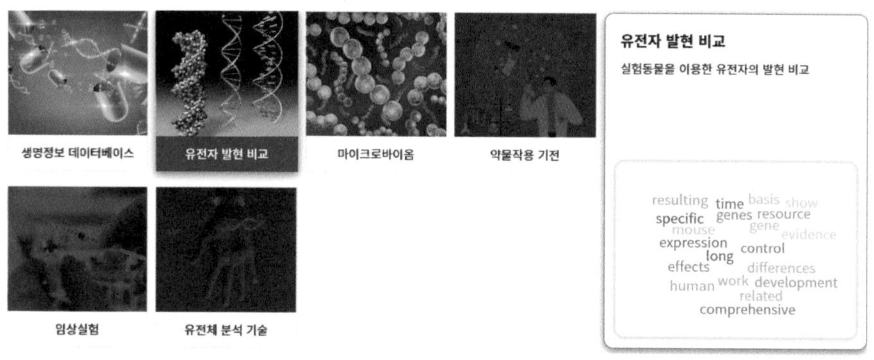

출처 : 사이언스on(KISTI)

논문	Gene Transfer and Gene Expression of Novel Recombinant Baculovirus Vector System (2013) 유전자 발현 영상기법 (2000) 위선암에서의 유전자 발현 (2002)
특허	인체 유래 유전자 발현 유도 모듈에 기반한 간 특이 유전자 발현 시스템 (2020) 유전자 발현 조절방법 (2006) 유전자 발현 조절방법 (2010)
보고서	유전자발현기작 (1990) Genomic structure analysis and tissue specific expression for human mitochondrial NADP-specific isocitrate deh··· 치아 및 치아주위조직 발생을 조절하는 새로운 후보 유전자군으로서 Odd-skipped related gene family에 관한 분자유전학적 ···
동향	5년 생존 9%인 췌장암, 아예 싹 자르는 예방 치료 가능할까 (2022) 신종 코로나는 못 들어가는데 뇌 조직은 왜 손상될까 (2022) 온도 변화에 대응하는 식물의 개화시기 조절 방법 (2021)

출처 : 사이언스on(KISTI)

수의학에서 수강하는 대표 과목

[수의학과 대학에서 이수하는 교과]

교양필수	수의학용어, 수의학개론, 수의역사학, 동물자원학, 동물유전학, 동물행동학, 동물사양학, 수의기초통계학, 수의윤리학, 동물성식품학, 수의분야직업탐구 등
전공필수 및 전공선택	수의해부학 및 실험, 수의생리학 및 실험, 수의생화학 및 실험, 수의미생물학 및 실험, 수의조직학 및 실험, 수의발생학 및 실험, 실험동물의학 및 실험, 발생공학 및 실험, 수의병리학 및 실험, 수의약리학 및 실험, 수의전염병 및 실습, 수의기생충학 및 실험, 수의독성학 및 실험, 역학인수공통질병학 및 실험, 조류질병학 및 실험, 수생동물질병학, 식품위생학 및 실험, 환경위생학, 조류질병학 및 실험, 수의내과 및 실습, 수의외과 및 실습, 수의산과학 및 실습, 수의영상진단학 및 실습, 수의임상진단학 및 실습, 수의임상병리학 및실습, 야생동물질병학 및 실습, 수의법규, 기초예방수의종합실습, 임상수의종합실습, 기초예방트렉, 임상트랙, 수의외과학특론, 고양이의학, 산업동물현장임상실험, 병상감정기법,응용미생물학, 동물실험방법론, 수의학연구방법론, 야생동물관리학 및 실습, 영상진단학특론, 수의외과학특론, 신경과학 등

[수의학과 진학에 도움이 되는 교과]

교과영역	교과(군)	공통과목	선택 과목	
			일반선택	진로선택
기초	국어	국어	화법과 작문, 독서, 문학, 언어와 매체	
	수학	수학	수학Ⅰ, 수학Ⅱ, 미적분, 확률과 통계	실용수학, 기하, 수학과제 탐구, 인공지능 수학
	영어	영어	영어Ⅰ, 영어Ⅱ, 영어 독해와 작문	
	한국사	한국사		
탐구	사회	통합사회	생활과 윤리, 윤리와 사상, 정치와 법, 사회문화	사회문제탐구, 사회과제연구
	과학	통합과학 과학탐구 실험	생명과학Ⅰ, 화학Ⅰ	생명과학Ⅱ, 화학Ⅱ, 융합과학, 고급화학, 고급생명과학, 화학실험, 생명과학실험, 과학과제 연구, 수의 보조, 애완동물 미용, 생활과 과학
생활 교양	기술·가정		기술·가정, 정보	인공지능 기초
	교양		철학, 심리학, 보건	

※ 별색 : 핵심 권장 과목

한의학 진로 로드맵

➔ 한의학 합격자 선배들의 진로 로드맵과 세특

한국한의학연구원과 미국 하버드 의대의 공동연구진이 뇌 영상 기술을 활용한 임상 연구를 통해 침 치료가 만성요통 환자의 뇌 구조를 변화시켜 증상을 개선한다는 사실을 밝혔다. 해당 연구는 한방 병·의원 등 임상 현장에서 만성통증 치료에 탁월한 효능을 보여온 침 치료의 과학적 근거를 마련한 연구이다. 손목터널증후군 질환을 치료하기 위한 침 치료 효능을 과학적으로 밝힌 기존 연구의 후속으로 진행돼 만성요통으로 고통받는 환자들에게도 희망을 준 것이다.

임상시험에는 78명의 만성요통 환자가 참가해 실제로 침 치료를 실시한 치료군 18명과 대조군 60명으로 나뉘어 진행됐다. 4주간 총 6회에 걸쳐 침 치료를 실시했으며 치료 전후 전체 피험자를 대상으로 허리부위 촉각 예민도를 측정하는 2점 식별검사[1)]를 수행했다. 검사 결과, 진짜 침 치료를 진행한 실험군은 치료 전보다 촉각 예민도가 약 18.5% 개선된 것으로 나타났다. 반면 가짜 침 치료군 및 일반치료군은 촉각예민도가 약 4.9% 둔감해진 것으로 나타나 침 치료가 만성요통으로 인해 둔감해진 허리부위 감각을 회복시킨다는 것을 확인했다.

MRI를 활용해 침 치료 시 만성요통 환자의 뇌 구조 변화를 확인했다. 먼저 fMRI를 이용해 허리 자극 시 뇌의 일차감각피질에서 활성화되는 영역(이하 허리영역)을 획정한 연구팀은, T1 강조영상[2)]을 통해 허리 감각이 둔해질수록 허리영역의 회백질 부피가 증가한다는 것을 확인했다. 4주간 6회의 치료 후 피험자의 뇌 구조를 관찰한 결과, 침 치료군만 허리의 감각이 회복되면서 허리영역의 회백질 부피가 함께 줄어드는 것으로 확인됐다.

태계혈 전기침 자극으로 알츠하이머를 앓고 있는 동물의 인지기능을 29% 향상한 실험 결과를 바탕으로, 전기침 치료의 작용기전을 확인하고자 알츠하이머 질환과 높은 상관성을 가지는 뇌 염증 변화를 확인했다. 단백질 분석법을 통해 확인한 결과, 대조군보다 실험군에서 염증 관련 단백질(GFAP, COX2) 생성량이 현저히(각각 32%, 36%) 감소한 것을 확인했다. 또한 뇌 염증반응에 주된 역할

---

1) 컴퍼스나 버니어캘리퍼스 등 도구를 이용해 피부 두 군데를 동시에 자극한 후 피험자가 느낄 수 있는 두 지점 사이의 가장 짧은 거리를 측정하는 검사. 감각예민도를 측정할 때 사용함.
2) 대뇌 회백질의 특성을 정량적으로 측정하기 위해 사용되는 MRI 영상기법

을 하는 미세아교세포 역시 대조군보다 실험군에서 47%가량 감소하는 것을 확인할 수 있었다. 즉, 전기침 치료가 뇌의 염증 반응을 감소시켜 알츠하이머 증상을 개선한 것이다. 추가로 알츠하이머 환자에게 발견되며 질환 발생에 주요 요인으로 알려진 베타아밀로이드 생성량을 조직면역염색을 통해 확인했다. 그 결과 대조군보다 실험군에서 베타아밀로이드 생성량이 30%가량 감소했다는 것을 확인했다. 이번 연구는 한의약 치료기술인 전기침의 효능뿐만 아니라 그 기전을 과학적으로 규명한 데 그 의미가 있다.

각종 비염 개선치료를 위해 한방추출물을 활용한 비염치료제가 개발되었다. 양약에서 비염의 치료제로 많이 사용하는 항히스타민제의 경우 졸음을 유발하는 문제를 가지고 있으며, 국소 스테로이드제의 경우 효과가 느리게 나타나며 비출혈 혹은 비중격 천공 등을 야기할 수 있어 환자들의 순응도가 낮다는 문제를 가지고 있다. 또한 소염진통제의 경우에는 단기간 사용에도 심혈관질환, 사망 등의 치명적인 부작용을 증가시킬 수 있으며, 청력 감소를 야기할 수 있는 등의 다양한 문제를 가지고 있다. 따라서 이러한 단점이 적은 한약 치료는 안전할 뿐만 아니라 부작용이 적다.

또 다른 케이스는 말린 누에를 이용한 파킨슨병 억제 효과다. 파킨슨병은 도파민 분비 신경세포가 사멸하면서 발생하는 신경성 질환이다. 몸 떨림, 경직, 느린 동작, 자세 불안정 등의 증세가 나타난다. 연구팀은 동의보감에도 실린 백강잠의 효능을 과학적으로 입증하기 위해 파킨슨병에 걸린 동물을 대상으로 실험을 진행했다. 동의보감에는 백강잠이 중풍, 간질 등 뇌 신경세 질환의 치료제로 사용된다고 기록돼 있다. 파킨슨병을 유도한 쥐에게 닷새 동안 백강잠 추출물을 투여한 뒤 회전봉에서 떨어지지 않고 운동을 계속하는 시간을 측정한 결과 백강잠을 투여하지 않은 대조군보다 3배 길었다. 기둥 위에서 바닥까지 내려오는 속도도 2배 이상 빨랐다. 실험군 쥐의 신경세포에서는 세포 손상을 억제하는 항산화 효소 '글루타치온'이 회복되는 모습이 확인됐다.

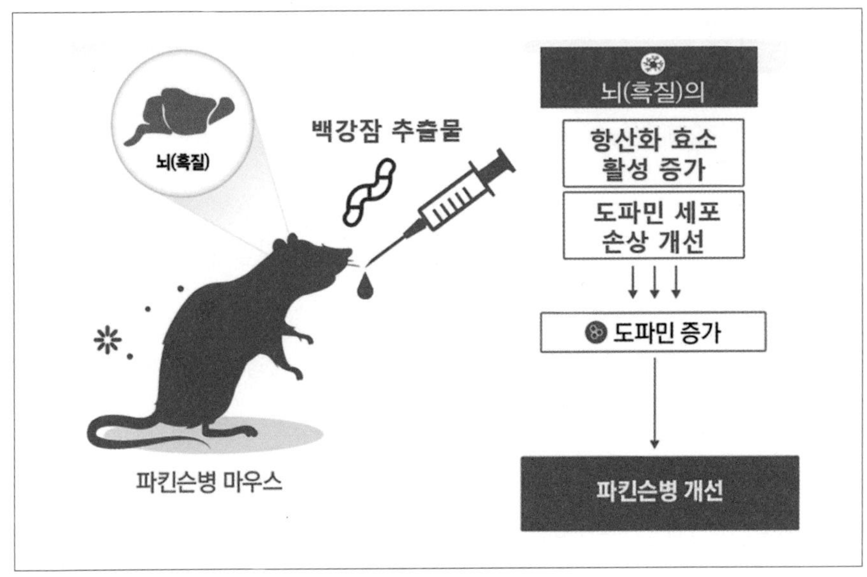

출처 : 한국한의학연구원_말린 누에 추출물의 파킨슨병 개선 기전도

[한의학 진로 로드맵]

구분	고등1	고등2	고등3
자율 활동	일회용품 사용 금지 캠페인 기획	'타임캡슐-미래의 나'의 활동을 통해 대학의 교과과정을 바탕으로 로드맵 작성	한의학과 서양의학의 차이점 탐구, 음양오행론과 '기'에 대해 조사
동아리 활동	동아리 체험 학습 후 침팬지에 대해 탐구, '상피세포 DNA 추출' 실험을 진행	친환경 제초제 만들기 프로젝트 진행, 생태계에 유용한 타감 물질에 대해 조사	세균을 배양하고 실험을 진행, 그람염색의 원리와 특징에 대해 조사

진로 활동	진로 시사 스크랩 활동을 통해 한약과 항암제를 동시에 복용하는 경우 항암효과가 커짐을 조사	한의학이 과학적 입증이 가능한지 토론 진행, 침의 활용도 설명	'의학오디세이'를 읽고 독후감을 작성, 조선시대 한의학의 발전과정 조사
특기 활동	'역사 속 인물 법정' 활동으로 흥선대원군 모의재판을 기획, '동의보감 속 사람' 주제 탐구	비타민C를 함유한 한약재 탐구, 중국의 의학 발전 조사	적외선 체온계의 원리 탐구, '효모의 알코올 발효 관찰' 실험 진행

[창의적 체험활동]

구분		창의적 체험활동상황
2학년	자율 활동	'타임캡슐-미래의 나'의 활동을 통해 미래의 자신의 모습을 그려보는 활동을 함. 한의학 전문가가 되어 예방의학 및 환경을 위한 한의사가 되고 싶다는 꿈을 가지고 미래 모습을 그려봄. 목표를 이루기 위한 OO대학교를 조사하고 교과 내용을 직접 글이나 그림으로 표현하여 로드맵을 작성하여 발표하는 시간을 가짐.
	동아리 활동	'외래종 식물들의 출현으로 생물의 다양성이 감소하고 생태계가 파괴된다'는 기사를 확인하고, 조원들과 **친환경 제초제 만들기 프로젝트**를 진행함. 동아리 시간에 강변 정화 활동을 하다가 돼지풀 근처에 식물이 자라지 않는 것을 보고 돼지풀 추출물의 활용 가능성을 확인하고, 농업기술원 연구원과 통화를 하여 추출방법을 알아낸 후 실험을 진행함. 대조군과 실험군을 설정하고 추출물을 넣은 브로콜리 씨앗이 잘 자라지 않을 거라는 가설과 달리 별 차이가 없어 타감물질 추출시간을 달리하여 실험을 했지만 효과가 없음을 알고 실험을 마무리함. 친환경 제초제로 돼지풀은 비효율적이라는 결과를 도출하고 생태계에 유용한 타감 물질에 대해 조사하여 조원들과 자료를 공유함.
	진로 활동	평소 한의학에 관심이 많아 한의학이 과학으로써 입증이 가능한지에 대해 의생명계열 팀과 토론을 진행함. 다양한 반대의견이 있었지만 찬성의 입장으로 토론에 참여하였음. 침으로 손목터널증후군 환자들의 증세 완화하고 자기공명영상기술로 뇌의 긍정적 변화를 가져온 사례를 자료를 통해 제시함. 또한 경색된 경혈 자리를 자극하여 증상을 완화하였다는 사례를 보며 '한의학은 과학'이라는 의견에 동조함. 전문적인 한의학 지식이 없고, 한의학을 조사할 수 있는 자료가 제한되어 있고, 자료의 출처의 신빙성을 따지지 못해 토론에 등장한 찬반 의견을 전부 수용하지 못한 점에 대해 아쉬움을 느낌.
3학년	자율 활동	생활 속 진로활동을 통해 한의학에 관심을 두고 서양의학과의 차이점으로 종합의료의학, 생명 현상학, 개체성을 중시하는 의학, 3가지를 중심으로 구분지어 보고서를 작성하고 발표함. 이를 계기로 **음양오행론과 '기'**에 대해 조사하고 기를 통해 인체 생명의 근원과 자연의 구성요소를 통일시킬 수 있음을 알고, 자연에 있는 모든 것은 한의학으로 연결할 수 있음을 발표함.

3학년	동아리 활동	미생물 배양을 위한 LB, PDA배지를 직접 제작한 뒤 여러 물건에 면봉을 묻혀 배지에 접종하여 세균 배양 실험을 진행함. 세균을 배양한 뒤 그람염색을 통해 각 세균들을 그람 양성균과 음성균으로 구분하여 분류함. 세균의 세포벽 구조에 따른 그람염색의 원리, 그람 양성균과 음성균의 병원성과 같은 특징에 대해 조사함.
	진로 활동	전공 독서활동 프로그램을 통해 **'의학오디세이'**를 읽고 독후감을 작성함. 이 책을 통해 동서양 의학의 역사와 발전과정의 순간들을 의학과 인문학적인 관점에서 풀어낸 내용을 토대로 의학이 주술과 종교로부터 벗어난 근대를 지나오면서 어떻게 발전했고, 서양 의학이 한국에 들어와 어떤 영향을 미쳤는지 등을 살펴보는 계기가 되었음. 이를 통해 조선시대 한의학의 발전과정을 이해하고 허준의 동의보감이나 사람의 선천적인 기질을 네 가지로 구분하여 사람마다 치료법을 달리하는 이제마의 사상의학에 대해 호기심이 생겼다고 함.

[교과 세특]

구분		세부내용 및 특기사항
1학년	한국사	'역사 속 인물 법정' 활동으로 흥선대원군 모의재판을 기획함. 흥선대원군에 대한 자료를 분석하고 마지막 대본을 수정하는 역할을 진행함. 연극 시 배역을 배정하고 총감독을 맡아 역사 지식을 전달하는 역할을 함. 이후 허준의 동의보감에 관심을 가지고 자발적으로 '동의보감 속 사람'이라는 주제로 동의보감을 활용하는 평민들의 삶을 연구하는 보고서를 제출함.
2학년	화학Ⅰ	기체 물질에 대해 학습한 후 밀도 비와 분자량 비가 같다는 내용을 논리적으로 설명함. 질문하는 친구들에게 개념을 설명하며 그 사실을 이해할 수 있도록 도와줌. **'강아지 구충제 펜벤다졸, 암 치료의 해결책'**이라는 기사를 보고, 의문점을 가지고 심화학습하여 비타민C가 항암효과가 있음을 알게 되어 보고서를 제출함. 또한 비타민C가 많은 청귤이나 다양한 한약재의 활용도를 조사하여 분석함.
	중국어	중국 문화신문 제작 프로젝트 활동에서 자신이 평상시 관심 있던 주제와 관련지어 중국의 의학 발전에 대해 알아보며 유전자 편집 아이가 탄생했다는 기사에 착안해 중국의 유전자 기술에 대해 자세히 조사함. 생명과학 교과에서 배운 후천성면역결핍증(AIDS)을 일으키는 HIV 바이러스의 감염을 막는 유전자를 제거해 처음으로 아이를 탄생하게 하였다는 사실이 신기해 조사하던 중 문화적인 차이를 이해함. 하지만 윤리적인 문제는 연구가 진행될 시 해결되었어야 하는 문제라고 생각하고, 지금 그 아이들이 어떻게 살고 있는지 궁금하다고 하며 발표를 마침.
	생명과학Ⅰ	주어진 조건에 맞게 변인을 통제하고, 실험을 설계하는 과정에서 가설설정과 변인통제를 훌륭히 수행하는 등 뛰어난 탐구 설계 능력을 보여줌. 가계도를 분석하여 구성원들의 유전자형을 올바르게 완성하고, 가계도를 통해 자손의 유전병 발병 확률을 예측하는 활동을 진행함.

학년	과목	내용
3 학년	생명과학 II	생명과학의 발달과정에서 광학현미경과 전자현미경, PCR 기계 등 다양한 기술적 발달과 생명과학 발달에 관심을 가지고 최근 사용빈도가 높아진 적외선 체온계에 대한 원리를 탐구함. 이후 체온 측정의 오류에 대해 측정 부위와 측정 거리를 각각의 조작 변인으로 설정하고 변인 통제를 적절히 고려하여 실험을 설계하고 진행함. 실험 결과를 바탕으로 등교 시 학생들의 이상적인 체온 측정을 위해 측정 부위나 서는 위치의 중요성을 보이고, 관련 방식을 제안하여 사회적 문제해결력을 보임.
	생명과학 실험	'효모의 알코올 발효 관찰' 실험을 진행하고 물질대사의 동화작용과 이화작용을 학우들 앞에서 발표함. 또한 암세포의 물질대사 활성의 억제 필요성을 알고 항암제에 대해 조사하는 활동을 진행함. 1세대인 화학적 항암제부터 4세대 대사 항암제의 특징과 작용 원리를 정리하여 보고서를 제출함. 한의학의 항암제에 관심을 가지고 암세포의 상피-중배엽전이(EMT) 과정을 한약 유래 성분(CRE)이 차단한다는 내용을 공부하였다고 함. **한약 유래성분(CRE)의 항암제** 가능성에 대해 조사함.

한의학계열 추천도서와 탐구 주제 찾기

[한의학 추천도서]

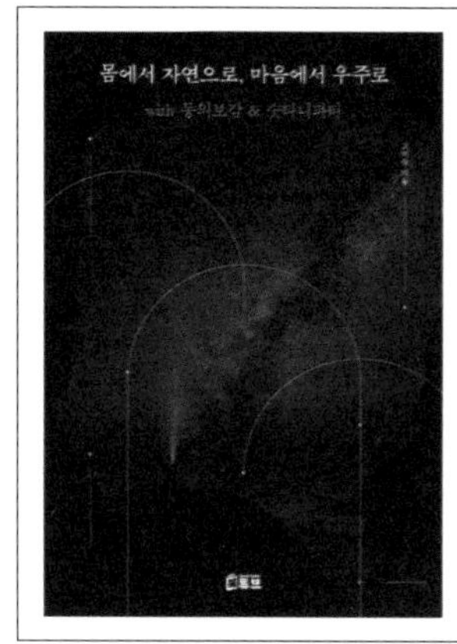

[한의학 탐구 주제 찾기]

과목	단원	탐구 주제
통합 사회	인간과 자연의 관계	생태중심주의 자연관에서 바라본 한의학 탐구
	자본주의와 시장 경제	질병에 대한 양약과 한약의 가격 분석 탐구
	세계의 다양한 문화권과 문화 변동	세계 속 한의학 변화 탐구
통합 과학	생명시스템	효소를 활용한 질병 예방법 탐구
	생태계와 환경	미세먼지가 인체에 끼치는 영향과 질병 탐구 및 한의학적 처방 탐구
	생물 다양성과 유지	약용식물의 성분 조사 탐구
	생물 다양성과 유지	유전자 검사를 통한 한의학의 사상의학 탐구
	역학적 시스템	무선초음파기기 내장형 배터리, 네트워크 탐구
수학	방정식과 부등식(여러 가지 방정식)	체온의 변화와 면역력과의 관계 및 한의학적 처방 탐구
	집합과 명제(집합의 뜻과 포함관계)	외래종 식물을 조사하여 분포도로 정리한 후 유해종 탐구
	경우의 수(조합)	뜸과 침술의 계량서지학적 분석법 탐구

핵심 키워드로 알아보는 한의학

인체 한방, 사상의학, 육안해부학, 예방의학, 음양오행, 동양의학, 강술, 주역, 동양학, 약재, 침술, 건강, 한약

ⓐ DBpia에서 가장 많이 검색된 논문

㉠ 알레르기성 비염의 韓方치료에 대한 고찰, 대한한의학회

㉡ 침술의 마약성 진통제 남용 해결을 위한 미국 의료정책 고찰, 대한한의학회

㉢ 한의학 기초이론의 현대화와 한의학 이론용어, 한의병리학회

㉣ 동서양 의학에서 바라본 몸과 마음의 상호관계, 한국정신과학학회

㉤ 보완대체의학의 정의 변화와 국내 관련 연구분석, 한국한의학연구원

ⓑ 시사를 활용한 탐구활동

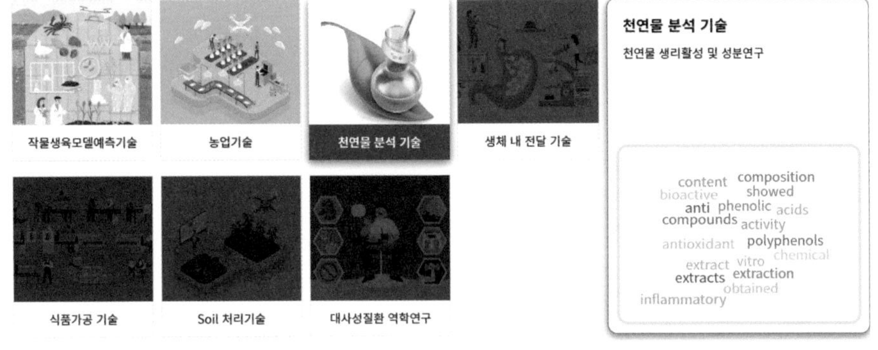

출처 : 사이언스on(KISTI)

논문	키토산과 잣잎, 잣껍질 추출물의 항산화 및 항균활성 (2013)
	추출방법을 달리한 달맞이꽃 추출물의 항산화 및 항균 활성 (2016)
	제주 자생 감국 꽃 추출물 유래 flavonoid 화합물의 항산화 및 항염 활성 (2019)
특허	프로폴리스와 참다래 추출물을 포함하는 것을 특징으로 하는 항균 및 항진균 천연물 조성물 및 이를 이용하여 제조되는 여성용 …
	드라이아이스를 이용한 천연물의 추출방법 및 이에 따라 수득된 추출물을 함유하는 조성물 (2020)
	오미자 추출물 및 복분자 추출물을 함유하는 항헬리코박터 조성물 (2008)
보고서	초고속 활성 천연물 발굴을 위한 cell extraction_LC/MS screening tool 구축 (2017)
	천연물을 이용한 기능성화장품에 대한 평가기술 개발 -탄닌 및 관련 페놀성 화합물을 이용한 미백 및 항산화 효능 기능성 화장품…
	재래귤 유래 항염증(anti-inflammatory) 천연활성물질 발굴 및 제품화 (2014)
동향	독버섯 '뱀껍질광대버섯'서 폐암 세포 억제물질 발견 (2021)
	버린 페트병이 바닐라 향으로 변신 (2021)
	"국내 첫 의료용 대마 원천기술로 소아뇌전증 치료제 국산화 (2021)

출처 : 사이언스on(KISTI)

한의학에서 수강하는 대표 과목

[한의학과 대학에서 이수하는 교과]

교양필수	경서강독, 기초중국어, 한의학개론, 한의학 한문, 한의학용어, 일반화학, 일반생물학, 일반화학실험, 일반생물학실험, 한의학원론, 한의철학 등
전공필수 및 전공선택	한의학원론, 중국어회화, 의학한문, 의사학, 생리학, 생화학, 생화학 및 실습, 발생학, 의학기공학, 본초학총론, 생화학 및 실습 의학통계학, 발생학, 생리학, 생리학실습, 본초학총론, 해부학, 해부학실습, 의학기공학, 한의학 정보학, 분자생물학, 의학유전학, 한의병리학, 경혈학 및 실습, 침구과학, 침구학 및 실습, 진단검사의학, 영상의학, 사상체질의학, 사상체질의학 및 실습, 한방재활의학 및 실습, 조직학 및 실습, 법의학, 보건법규 등

[한의학과 진학에 도움이 되는 교과]

교과영역	교과(군)	공통과목	선택 과목 I	
			일반선택	진로선택
기초	국어	국어	화법과 작문, 독서, 문학, 언어와 매체	
	수학	수학	수학 I, 수학 II, 미적분, 확률과 통계	실용수학, 기하, 수학과제 탐구, 인공지능 수학
	영어	영어	영어 I, 영어 II, 영어 독해와 작문	
	한국사	한국사		
탐구	사회	통합사회	생활과 윤리, 윤리와 사상, 정치와 법, 사회문화	사회문제탐구, 사회과제연구
	과학	통합과학 과학탐구 실험	생명과학 I, 화학 I	생명과학 II, 화학 II, 융합과학, 고급화학, 고급생명과학, 화학실험, 생명과학실험, 과학과제연구, 인체구조와 기능
생활 교양	기술·가정		기술·가정, 정보	인공지능 기초
	교양		보건, 철학, 심리학, 한문 I, 중국어 I	한문 II, 중국어 II

※ 별색 : 핵심 권장 과목

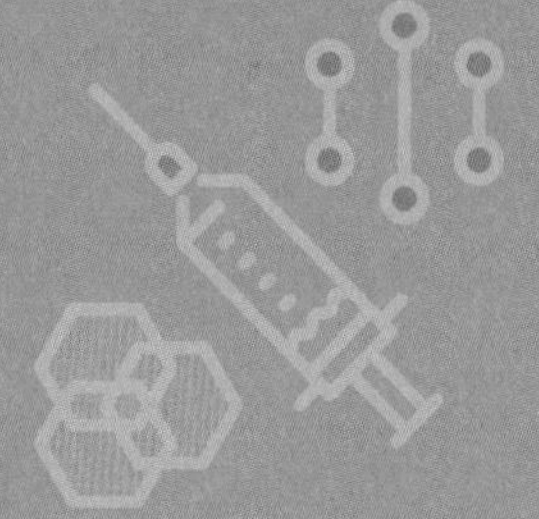

약학 & 제약계열 진로 로드맵

어떤 성향이 이 계열에 잘 맞을까?

이 계열을 희망하는 학생들은 사람보다 사물에 더 집중하며, 문제의 원인이 무엇인지 파악하고 해결하려는 성향을 가진 학생들이 많다. 우선 문제해결을 위한 실험에 끈기를 가지고 도전하는 탐구형 인재가 많다. 탐구력을 발휘하기 위해서는 세밀한 관찰력과 꼼꼼한 성격의 학생들이 적합하다. 또한 환자의 상태나 질병의 원인을 논리적으로 분석하고, 정확한 분석력으로 치료제를 개발해야 하기에 섬세한 손재주와 도구를 활용하는 능력도 필요하다. 여기에 더하여 최근에 연구되고 있는 전공 분야에도 관심을 가지고 조사할 필요가 있다. 특히, 창업을 희망한다면 경영관리능력도 필요하다.

이 성향의 학생들은 학교생활 중 많은 실험을 설계하고 다양한 조건으로 실험을 진행하면서 실험 결과를 얻어 결론을 도출한다. 교과서에 있는 실험이나 선행연구를 그대로 하기보다는 그 실험을 바탕으로 실험군을 변화시켜 다른 결과를 만들기도 한다. 이런 창의적인 실험들을 한 경우 대학에서는 실험설계나 과정이 뛰어나면 좋은 평가를 내리기도 한다. 또한 우리 주변에 있는 문제점을 확인하고 문제를 해결하기 위해 노력하는 모습을 보이는 것도 좋다. 성공과 실패를 떠나서 도전과정 속에서 얻는 것이 많기 때문이다. 특히, 진로에 대한 전문적인 지식을 쌓기 위해 동아리 활동이나 멘토링, 또는 개인적으로라도 논문이나 학술지를 보면서 전공역량을 높이는 것도 좋다.

[약학·제약계열 진로 로드맵]

구분	중등	고등1	고등2	고등3
자율 활동	생명 토론 활동	학급 자유 주제 탐구활동, 사제동행 및 선후배 연합 탐구활동		
동아리 활동	생명동아리 활동	약학 및 생명 전문 실험동아리		
	수학 주제 탐구활동	약학 및 생명 시사 토론동아리		
진로 활동	약학 시사 탐색활동	실험실/연구실 탐방, 직업인과의 만남		진로심화탐구
		서울대 생명과학 캠프, 지역 약학대학 캠프		생명 윤리 함양
특기 활동	수학/과학 영재교육원 이수, 요양원 및 병원 봉사활동	대학 연구실 및 바이오센터 실험실 견학		

본 계열의 학생들은 처음부터 약학을 준비하는 친구도 있지만, 의학 계열을 준비하다가 성적 저조로 약학이나 제약학으로 변경하기도 한다. 따라서 다른 계열의 학생들보다 다양한 활동을 통한 탐구활동을 하여 차별화 전략을 펼치는 것이 학생부종합전형에서 유리하다. 그리고 고등학교 때 다양한 수행평가가 있기 때문에 교과활동을 하면서 학종에 충분히 대비할 수 있다. 수행평가를 하기 전 진로가 결정되면 2~3가지의 진로를 심화시켜 탐구 활동할 수 있다.

앞에서 제시한 것처럼 영재교육원에서 수학·과학 프로젝트를 진행하면서 실험을 통해 다양한 경험을 하는 것도 좋다. 또한 영재교육원에서 과고생이나 대학생 멘토와 함께 프로젝트를 진행하면서 진로를 구체화하는 친구들도 많다. 따라서 고등학교 진학 전에 많은 경험을 해 보면서 진로를 결정할 것을 추천한다.

학생부종합전형으로 지원하는 경우, 교과성적 외에도 진로에 관한 교과목을 많이 이수하는 것과 교과 세특을 진로와 연계되도록 구성하는 것이 중요하다. 서울대학교에서 발표한 모집단위별 고교 권장과목을 보면 약학계열의 경우 화학Ⅱ, 미적분, 확률과 통계 과목을 권장하고 있다.

이 과목들은 되도록 수강하여 교과 심화활동이나 진로와 관련된 최신 시사를 탐구하는 것도 좋다. 특히, 확률과 통계를 통해 약효를 정확하게 분석할 수 있다. 대학에서는 R, SPSS 등의 통계프로그램을 통해 약효를 검증하는 활동을 하고 있다.

학교에서 개설하지 않아 이수하지 않는 것도 고교학점제에서는 감점을 받을 수 있다. 따라서 공동교육과정이나 온라인공동교육과정을 통해 관련 과목을 이수할 것을 추천한다. 또한 전문교과 과목인 심화수학Ⅰ, 심화수학Ⅱ를 듣고 자연과학, 공학, 의학의 응용분야의 기초역량을 미리 엿볼 수도 있다. 이를 통해 창의융합적인 인재로 나아갈 수 있는 발판을 마련할 수 있다. 화학실험이나 생명과학실험을 듣고 관련 지식을 쌓는 친구들도 많지만, 다양한 진단기기와 분석장비, 디지털 진단장비들을 이해하기 위해서는 물리학Ⅱ와 물리학실험 과목도 이수하면 좋은 결과를 얻을 수 있다.

활동을 나열하기보다는 1~2개의 활동을 오랫동안 깊이 있게 탐구하는 것을 추천한다. 시험이 끝난 후나 방학을 활용하여 탐구할 수 있기에 시간관리를 통해 내신 성적과 탐구활동을 같이 채울 수 있도록 진로 로드맵을 구성할 것을 추천한다.

선배들의
진로 로드맵 엿보기

약학 진로 로드맵

➔ 약학 합격자 선배들의 진로 로드맵과 세특

코로나-19이후 전문가들은 신종 바이러스가 지속적으로 발생할 것이라고 예상하고 있다. 코로나-19 발생 1년 만에 개발한 백신의 일등공신은 메신저리보핵산(mRNA)이다. mRNA 백신은 계속 진화하는 코로나 변이 바이러스에 가장 빨리 대응할 수 있는 대항마이다. 현재 한국도 mRNA를 활용한 K-백신과 치료제 개발에 뛰어들며 관련 기술을 확보하기 위해 노력하고 있다.

원형 mRNA는 선형 mRNA 대비 반감기가 길고 반복 투여가 가능하며 치료제 효능을 높이면서도 환자 투여 편의성을 개선할 수 있기 때문에 글로벌 시장에서도 차세대 치료제 플랫폼으로 주목받고 있다. 특히, 원형 mRNA 플랫폼에 NK cell engager을 적용해 혁신 면역항암제를 개발하였다. 원형 mRNA 플랫폼 기술은 다양한 치료제 개발에 유연하게 적용 가능하다는 특징을 가지고 있다. 이중항체 발현도 가능한 플랫폼 기술로 연구하고 있다.

mRNA 기반 암치료백신은 독성이 낮아서 전신상태가 나쁜 암환자의 사망률을 낮출 수 있고, 표적치료를 못 하는 암환자에게 유전자타겟으로 치료할 수 있다. 암 환자의 기대수명을 늘릴 수 있고, 적재적소 사용이 가능한 만큼 조기 기술개발이 필요하다. mRNA 플랫폼의 암백신은 종양 특이적 항원, 전달체 등의 기술로 활용 가능하며, 범용치료제로 개발하기 위한 연구도 진행하고 있다.

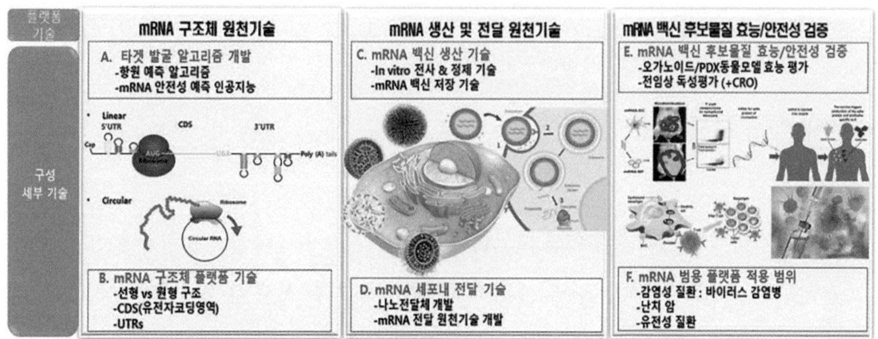

출처 : mRNA 기반 신약개발 플랫폼 구축(한국생명연구원)

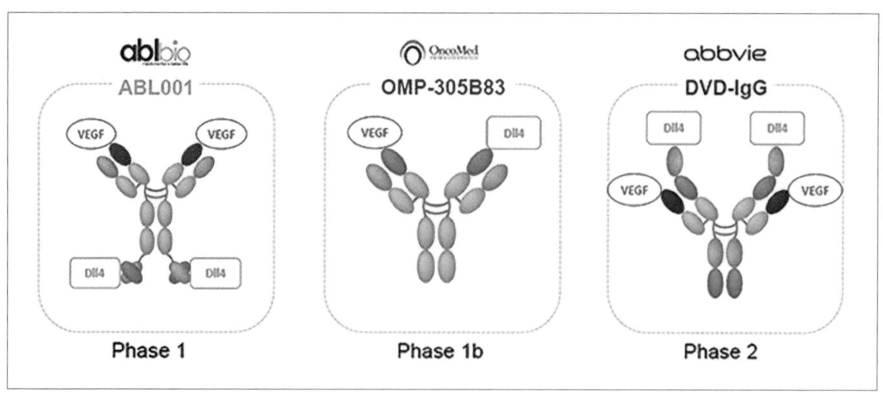

출처 : ABL바이오 이중항체 플랫폼

이중항체의 현재 이슈는 "어떤 플랫폼으로 어떤 타겟(target)을 결합(combine)할 것인가?"이다. 흔히 알려진 EGFR과 c-MET으로 이중항체를 많이 만들고 있다. 이중항체 플랫폼을 개발하는 이유는 여러 다국적회사가 만들어 놓은 약제와 병용요법으로 투여가 가능하기 때문이다.

현재 PD1과 PDL-1 관련 항암제의 반응률은 약 20%밖에 되지 않는데, 이중항체를 이용하면 약물 반응률을 높일 수 있다. 이중항체를 쓰면 적어도 특정 3개의 유전자 타겟(target)이 가능해진다.

바이러스 같은 병원체나 각종 유해 이물질은 혈액을 통해 뇌 조직 안으로 들어가기 어렵다. 선택적 투과성을 가진 '혈뇌장벽(BBB; Blood-Brain Barrier)'이 뇌척수액과 혈액을 분리해 이런 것들의 진입을 막기 때문이다. 혈뇌장벽은 뇌 모세혈관의 내피세포가 주변 세포와 밀착 연접한 구조로, 친수성 고분자 물질의 통과를 차단한다.

혈액에 섞인 고분자 물질이 혈뇌장벽을 통과하려면 별도의 이온 통로(channel)나 운반체가 필요하다. 이렇게 혈뇌장벽은 뇌 건강을 지키는 핵심 장치지만, 뇌신경 질환 치료의 장애가 되기도 한다. 알츠하이머병 같은 신경퇴행성 질환만 해도, 생물학적 유발 경로와 표적 치료제를 개발해 놓고 혈뇌장벽에 걸려 쓰지 못하는 경우가 적지 않다. 따라서 건강한 혈뇌장벽을 뚫고 효율적으로 약물을 전달하는 siRNA(짧은 간섭 리보핵산) 기반의 나노입자 플랫폼이 개발되었다. 21~23개 뉴클레오타이드로 구성된 siRNA는 타우 단백질 발현을 50% 억제해 유전자 발현을 방해했다.

이 플랫폼 기술을 적절히 활용하면 항생제, 항신생물질(종양) 제제, 신경펩타이드 등과 같은 약물을 뇌에 대량 전달할 수 있을 것으로 기대하고 있다.

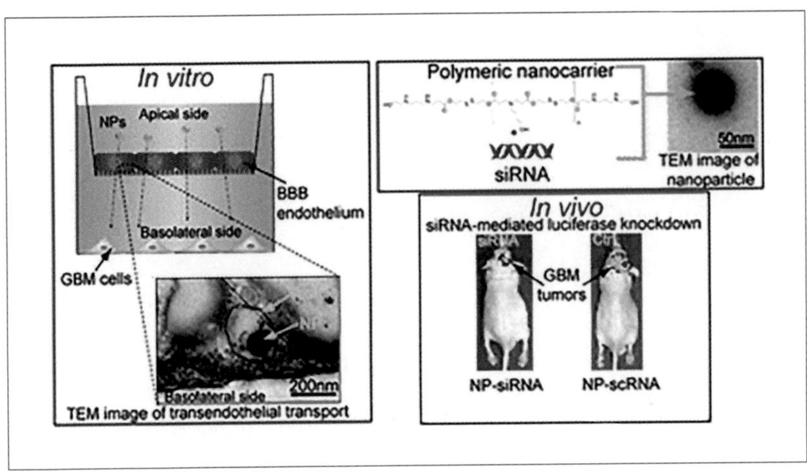

출처 : 악성 뇌종양에 대한 전신 siRNA 전달을 위한 조작된 나노입자(나노스케일)

[약학 진로 로드맵]

구분	고등1	고등2	고등3
자율 활동	학급 특색 탐구 활동으로 '카페인 음료와 이뇨작용의 관계'를 연구함.	'약물 오남용 및 함께 먹으면 위험한 약물' 탐구 후 캠페인 진행	세계 문제 해결 프로젝트를 위해 파푸니뉴기니를 조사
동아리 활동	복약순응도에 대해 탐구하고 교내 복약지식 실태를 조사하여 문제점 파악	'오르가노이드를 활용한 신경성 질환 치료법'에 대한 탐구, '인간 배아 유전자 편집 기술이 허용 가능한가'에 대한 토론 진행	지역특산물을 활용하여 '마를 이용한 소화제' 만들기, 복약순응도를 높이기 위한 난용성 약물 탐구
진로 활동	지역사회의 의료인 부족문제 탐구 및 보완대책 조사	예쁜꼬마선충의 Chemotaxis Index를 구하는 실험 진행 및 DNA 마커 배열 관찰	바이오시밀러 탐구, 제약회사의 상업적 문제점 조사 및 해결방안 제시
특기 활동	몸속 효소 작용 조사 및 인공세포막 제작 과정 조사	'아스피린 합성 원리와 활용에 대한 탐구'를 통한 에스테르화 반응 조사	'구리 나노입자의 항균작용'에 대해 탐구, 동물실험의 문제점 자료 조사 및 해결책 탐구

[창의적 체험활동]

구분		창의적 체험활동상황
2학년	자율활동	창의주제 활동시간에 **'약물 오남용 및 함께 먹으면 위험한 약물'**을 주제로 발표한 후, 발표 자료를 재정리하여 학급 게시판에 게시하여 친구들이 지속적으로 관심을 가질 수 있도록 하였음. 특히 화학 시간에 배웠던 산과 염기 반응을 활용하여 약물이 신체에 악영향을 미치는 원리를 상세하게 설명하였음.
	동아리활동	생명과학 시간에 신경계 관련 질환을 배우고 **'오르가노이드를 활용한 신경성 질환 치료법'**에 대한 탐구활동을 진행함. 오르가노이드에 대한 개념, 형성과정, 해당 환자에게 치료제로 적용하는 활용 방법에 대해 조사하고 발표함. 이후 인간 배아 유전자 편집기술에 관심을 가지고 **'완벽에 대한 반론'**를 읽은 후 **'인간 배아 유전자 편집 기술이 허용가능한가'**에 대한 토론 활동을 진행함. 찬성 입장으로 참가하여 유전질환 치료의 과학적 측면에 대한 자료를 근거로 제시함.
	진로활동	진로탐색 프로젝트에서 진행하는 인근 대학 진로 프로젝트에 참여함. 실험실에서 면역기관 관찰을 위해 쥐를 해부하여 신경계를 관찰 후, **센서를 활용한 MBL자극과 반응 실험** 등을 진행함. 예쁜꼬마선충의 주화성을 학습 후 Chemotaxis Index를 구하는 실험을 진행하여 예쁜꼬마선충이 메틸에틸케톤에 대해 양의 주화성을 나타냄을 알게 되었음. 또한 전기영동을 통해 얻은 DNA 마커 배열을 관찰 후 DNA 이동의 영향 요인들에 대한 내용을 보고서로 제출함.
3학년	자율활동	세계 문제해결 활동에서 물 부족 지역의 문제 해결을 위해 파푸니뉴기니를 조사함. 이후 항균 소독이 가능한 숯, 알긴산 거름망, UV 라이트 등의 저렴한 재료를 이용한 전자기 유도로 전기 생산 가능성을 설계함. **빗물수집장치를 설계**할 때 세균번식을 막기 위해 지하에 저장하는 방법을 구현함. 또한 정화되지 않는 식수로 인해 대장균이 증가하여 질병에 노출된 사례도 따로 조사하는 등의 열정을 보이며, 이후 개발도상국에서 해외 봉사를 하고 싶다는 의지를 보임.
	동아리활동	'지역발전프로젝트'에 참가하여 생명과학 시간에 소화과정를 배운 후 특산물 **'마를 이용한 위벽 보호제를 만들기'**를 진행함. 실험을 하던 중 마의 점액질이 음식물을 분해한다는 것을 알고, 위벽 보호제 대신 소화제를 만들기로 함. 마의 점액질 실험에서 소화제와 동일한 효과가 나오는 것을 확인하고 약 제조를 위해 약학대학 교수님의 자문을 얻음. 현재 학생의 수준으로 점액질로 약을 만드는 것은 불가능하기 때문에 마 분말을 이용하여 구현하라는 조언을 바탕으로 젤리형, 캡슐형 소화제를 구현했는데 녹말의 소화 결과가 잘못되었다는 선생님의 이야기를 듣고, 이후 문제 해결을 위한 팀 프로젝트를 진행함. 또한 **복약순응도를 높이기 위한 난용성 약물**에 관심을 가지고 투약 방법에 대한 보고서를 제출함.
	진로활동	진로 시사 활동에서 신약 개발의 중요성에 대해 탐구하면서 바이오 시밀러에 대해 호기심을 가짐. 바이오의약품이 복제약에 대한 내용을 사례와 함께 학급 친구들에게 소개하였으며 바이오 시밀러 의약품에 대한 의견을 공유함. 하지만 제약회사의 상업적 목적의 문제점을 언급하는 등의 분석적인 모습을 보임. 바이오 시밀러를 연구하여 값싼 약을 만들고 싶다는 본인의 의지를 밝힘.

[교과 세특]

구분		세부내용 및 특기사항
1학년	과학	교과에서 효소에 대해 배운 후, 몸속 효소작용에 대해 조사함. 포도당 산화효소가 있는 요검사지로 오줌 속에 포함된 포도당의 양을 측정하는 당뇨병에 대하여 조사함. 세포막의 기능을 학우들 앞에서 정확하게 설명하고 인공세포막 제작과정을 조사함. 특히 인공세포막과 신약 후보 물질, 독성물질에 대한 사례를 정리함. 또한 암세포가 전이되는 환경에 대한 연구를 학습하여 활동 평가지로 제출함.
2학년	화학Ⅰ	**'아스피린 합성 원리와 활용에 대한 탐구'**를 주제로 에스테르화 반응을 분자구조로 나타내어 합성과정을 PPT로 제작하여 학우들 앞에서 발표함. 아스피린의 효능과 활용을 정리하고 아스피린을 복용하지 말아야 하는 경우, 여기에 더하여 아스피린의 암 발병률을 낮추는 연구 결과를 추가로 찾아봄. 아스피린이 진통제로 작용하는 화학적 원리에 호기심을 가지고 강의를 청강함. 아스피린이 프로스타글란딘이라는 통증을 느끼게 하는 화학 물질의 생산을 억제한다는 것을 알고, 프로스타글란딘의 분자구조, 분자의 극성 등에 대한 내용을 심화 탐구함.
	물리Ⅱ	실생활 속 수학이 활용되는 사례를 조사하는 활동에서 **'혈류 역학'**에 대해 탐구함. 물리에서 배운 내용을 활용하여 혈액이 점성도를 가지고 있기 때문에 인력이 발생하여 층마다 액체의 속도가 다르다는 점을 확인하고, 층류를 발생시키는 점성도를 미분을 활용하여 계산함. 미분을 통해 구한 점성도를 활용하여 혈액에 있는 문제점을 분석하면 개인별 맞춤형 약 처방이 가능함을 알게 됨. 또한 미적분을 이용한 약물의 반감기 계산을 주제로 PPT를 제작하여 발표함. 농도 그래프를 미분하여 구해진 시간에 따른 농도의 변화 속도를 바탕으로 약물을 어느 정도의 양으로, 얼마만큼의 시간 간격을 두고 사용할지 알 수 있음을 자세히 설명하고, 질병의 치료 기간을 예측할 수 있다고 함.
	독서	진로탐색 독서활동에서 **'두 얼굴의 백신'**을 읽고 발표 활동을 함. 다른 급우들과는 달리 다양한 백신이 연구된다고 해도 공공의료의 수준이 높아지지는 않을 것이라는 자신의 의견을 이야기함. 이후 **'코로나 백신은 특허권을 보장 받아야 하는가'**라는 보고서를 작성함. 인문학적, 과학적인 방향으로 접근한 점이 인상적이며 조사를 통해 백신만 발견되면 질병이 해결될 것이라고 생각했던 자신이 부족했다고 반성의 내용을 보고서에 작성함.
3학년	미적분	교과 시간에 다양한 미분법을 배우고 미분방정식에 관심을 가지게 되었음. 미분방정식은 많은 변수들을 활용할 수 있고 시간 변화에 따른 예측이 가능하다는 것을 알고 실생활 탐구를 진행함. 많은 조건이 필요한 CT의 원리를 탐구함. CT 촬영 시 여러 각도에서 방사선이 투과되어 신체의 각 부분을 미지수로 하는 식이 필요한데, 변수가 다양한 연립방정식으로 표현되기 때문에 미분을 활용해야 함을 알게 되었음. 또한 미분방정식을 활용하는 사례로 감염병을 예측하는 SIR 모델 있음을 확인하고, 이후 개인별 탐구시간에 여러 가지 조건을 활용하여 종식일을 예측해봄.

3 학 년	생명과학 II	산화 환원반응을 배우고 **'구리 나노입자의 항균작용'**에 대해 탐구함. 구리 나노입자의 항균 원리와 항바이러스 기능이 항균 필름이나 마스크에 활용된다는 것을 조사함. 자유 주제 탐구활동에서 제약 연구에 쓰이는 **동물실험의 문제점**을 주제로 정함. 동물실험이 166% 증가한 자료를 제공하고 E등급의 고통에 이용된 동물의 비율이 44%에 이른다고 통계 자료를 제시함. 대안으로 컴퓨터 기반의 독성 예측, 빅데이터 분석, 오가노이드, 장기칩 기술에 대해 자세히 설명함.

약학계열 추천도서와 탐구 주제 찾기

[약학 추천도서]

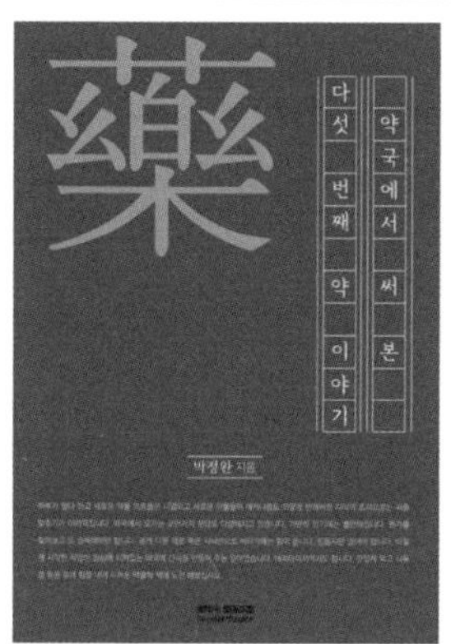

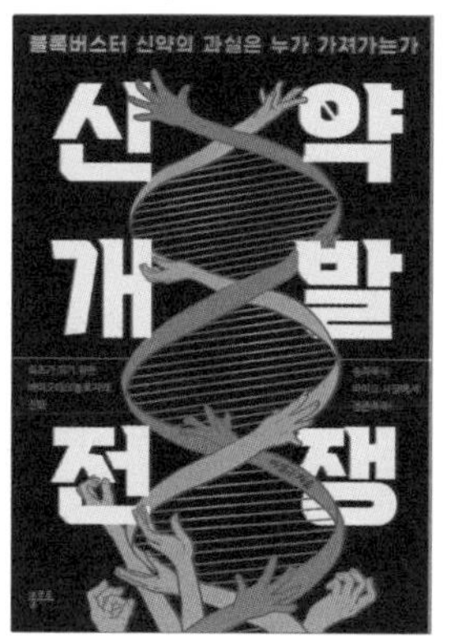

[약학 탐구 주제 찾기]

과목	단원	탐구 주제
통합 사회	인간, 사회, 환경을 바라보는 관점	'희귀질환에 대한 치료제 특허권을 보장해야 하는가?'를 주제로 토론 및 탐구
	자본주의와 시장경제	제약회사의 상업적 목적인 약품에 대한 시장경제 구조 탐구
	다양한 정의관과 불평등의 해결 노력	의무 백신 접종에 대한 다양한 정의관 탐구
통합 과학	자연의 구성물질	단백질 입체구조를 활용한 단백질 치료제 탐구
	생명시스템	재조합 백신과 바이러스 유사입자 백신 탐구
	생명시스템	삼투압을 이용한 약물 전달 디바이스를 알아보고, 다른 방법을 이용한 약물 전달 디바이스를 탐구
	화학의 변화	제산제의 원리와 시중 제산제의 효과 탐구
	생물 다양성과 유지	천연의약품의 성분과 효능을 조사하고 합성의약품과 비교·탐구
수학	방정식과 부등식(여러 가지 방정식)	CT에서 활용되는 다양한 변수와 수식 활용 탐구
	도형의 방정식(직선의 방정식)	약 복용량과 지속시간 비교 탐구
	함수(여러 가지 함수)	동물실험의 변화율을 분석하고 동물실험을 해결할 수 있는 방법 토론
	함수(유리함수)	유아와 성인의 약 투약량 비교 탐구

➔ 핵심 키워드로 알아보는 약학

미생물학, 약물재창출, 생체작용, 영향유전학, 효소, 일반생물학, 생태연구, 생화학, 생물학, 약품, 화학결합, 투약, 제형, 약학윤리, 생활건강, 유전학, 약학원리

ⓐ DBpia에서 가장 많이 검색된 논문

㉠ 고위험약물의 투약확인을 위한 스마트 폰 어플리케이션의 개발 및 효과, 한국간호학회

㉡ 코로나바이러스 백신 및 치료제의 최신 지견, 대한의사협회 의료정책

연구소

ⓒ 백신의 역사, 현황 및 미래에 대한 고찰, 한국생물공학회

ⓔ 바이오의약품 제형기술개발, 한국생물공학회

ⓜ 합성 mRNA 소개 및 백신으로서의 활용, 한국생물공학회

ⓑ 시사를 활용한 탐구활동

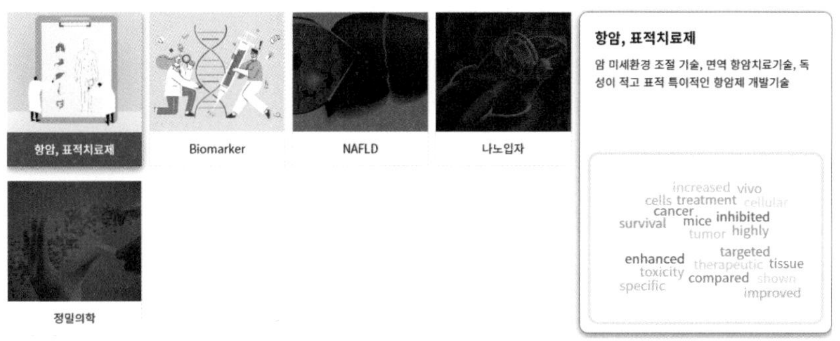

출처 : 사이언스on(KISTI)

출처 : 사이언스on(KISTI)

➔ 약학에서 수강하는 대표 과목

[약학과 대학에서 이수하는 교과]

교양필수	수학, 화학, 생물학, 물리학, 약학개론, 약용식물학 등
전공필수 및 전공선택	물리약학, 약화학, 약품분석학, 해부학, 약학컴퓨터개론, 생리학, 생명약학, 약품생화학, 해부생리학, 약품시험법, 약품유기학, 천연물약품학, 분자생물학, 생약학, 약품합성학, 약품미생물학, 법약학, 약물학, 약학실습, 약품기기분석학, 한방의약품, 암생물학, 예방약학, 동물의약품, AI기반 신약개발, 약물전달학, 조제학, 바이오의약품, 컴퓨터를 이용한 약물 설계, 약제학, 병원약국학, 병원실무실습 등

[약학과 진학에 도움이 되는 교과]

교과영역	교과(군)	공통과목	선택 과목Ⅰ	
			일반선택	진로선택
기초	국어	국어	화법과 작문, 독서, 문학, 언어와 매체	
	수학	수학	수학Ⅰ, 수학Ⅱ, 미적분, 확률과 통계	실용수학, 기하, 수학과제 탐구, 인공지능 수학
	영어	영어	영어Ⅰ, 영어Ⅱ, 영어 독해와 작문	
	한국사	한국사		
탐구	사회	통합사회	생활과 윤리, 윤리와 사상, 정치와 법, 사회문화	사회문제탐구, 사회과제연구
	과학	통합과학 과학탐구 실험	생명과학Ⅰ, 화학Ⅰ, 물리학Ⅰ	생명과학Ⅱ, 화학Ⅱ, 생활과 과학, 융합과학, 고급화학, 고급생명과학, 화학실험, 생명과학실험, 과학과제연구, 인체구조와 기능
생활 교양	기술·가정		기술·가정, 정보	인공지능 기초
	교양		보건, 철학, 심리학	

※ 별색 : 핵심 권장 과목

생명공학 합격자 선배들의 진로 로드맵과 세특

오가노이드는 줄기세포를 특정 신체 기관으로 유도해 체외에서 장기와 유사하게 재현해 낸 '장기 유사체'를 말한다. 신약개발과 질병치료, 인공장기 개발 등을 위해 오가노이드 기술은 꾸준히 발전해 오고 있다. 뇌 오가노이드로 아주 작은 '미니 뇌'를 만들어 의식이 생기기 전 단계에 해당하는 파장이 감지되는 수준까지 도달했다. '뇌 오가노이드 플랫폼'은 더 나아가 신생아 뇌 수준에 가깝게 성숙한 수준으로 크기도 기존보다 2배 이상 커졌다. 인간의 줄기세포를 우리 뇌의 전두엽 신경세포의 전구체 단계로 바꾼 뒤에 이 세포들이 눈 두 개와 유사한 둥글고 움푹한 컵 모양의 구조를 만들었다. 이 오가노이드는 빛에 노출되었을 때 전기활동을 보이며, '눈 소포(optic vesicle)'라고 불리는 이 볼록한 기관은 이후 수정체와 유리체에 의해 눌리고 점차 안쪽으로 밀려들어 가게 되면서 눈 술잔의 구조를 이루게 된다.

▼ 인공 귀를 이식한 쥐와 인간 세포로 만든 각막 인공 눈을 이식한 토끼 눈

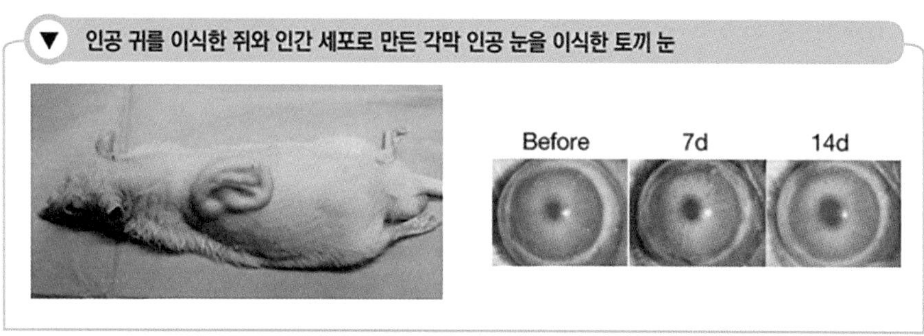

출처 : 오가노이드 활용 분야(융합연구정책센터 소아영)

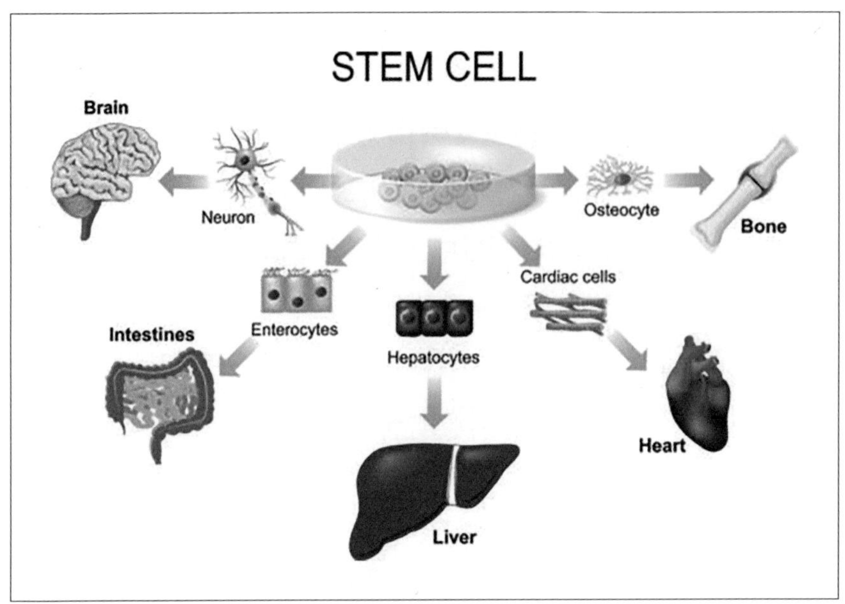

출처 : 오가노이드를 활용한 인공장기 생산(게티이미지뱅크)

오가노이드는 다양하게 조절된 환경에서의 줄기세포 분화 과정 연구를 바탕으로 유전정보나 전사체, 단백질 분석법을 결합하여 조직의 발생과 항상성 유지, 질병에 대한 결정적인 부분을 밝히는 데 기여한다. 사람 생체 내 조직 구성을 정확히 재현하는 오가노이드 형성과정은 기초 연구 도구에서부터 응용연구의 플랫폼까지 여러 분야 융합을 통한 다양한 적용이 가능하다.

목적	활용내용
질병치료	- 질병 모델링, 약물 효력 테스트, 장기 대체 치료법(organ replacement therapy) 등 - 희귀 질병 환자로부터 얻은 줄기세포로 형성한 오가노이드를 통해 생체 내 연구 한계로 파악하지 못한 질병 관련 메카니즘 연구 가능

약물효력 테스트	- 사람을 통한 약물 시험이 초래할 심각한 부작용 문제 또는 동물실험에서는 발견되지 못했던 유해성이 인간에게 유해하게 영향을 미칠 수 있는 기존 약물 효력 테스트의 한계 극복 가능
세포 또는 기관 자체를 대체	- 오가노이드를 형성시켜 체내에 이식(transplantation), 장기의 기능을 재현

출처 : 오가노이드 활용 분야(융합연구정책센터 소아영)

[생명공학 진로 로드맵]

구분	고등1	고등2	고등3
자율 활동	MBL 활용실험에 참가하여 MBL인터페이스와 센서 활용 실험 결과 도출, 합성생물학에 대해 탐구	바른 마스크 착용법 캠페인을 진행, 바이러스 감염력을 줄이는 마스크 연구를 조사	'모두 함께 모두 한 끼' 프로그램에 참여하여 변비 예방 식단 작성, 교내 변비의 발생 이유를 설문한 결과 분석, 비피더스균과 변비 탐구
동아리 활동	마데카솔의 센텔라이시아티카의 쓰임새가 여드름 수분크림으로 사용된다는 것을 알고 실험 설계, 환자에게 맞는 마취제 탐구	'변비해소를 위한 식물성 식자재 연구'를 주제로 과제연구를 수행, 박테리오파지 모형제작 및 바이러스 종류와 구조 조사	'변비와 장내 미생물' 탐구 후 관련 보고서 제출, 인간게놈편집 기사를 통한 생명공학기술의 문제점 토론
진로 활동	안면인식 장애, 얼굴인식 기술 강연 후 안면인식을 할 수 있는 콘택트렌즈 제안	'유전자는 어떻게 조절되는가?'를 읽고 유전자 발현 탐구	유전자 가위 탐구 후, '초정밀 유전자 염기 교정 기술' 개발에 대해 조사, '코로나 바이러스의 백신'을 주제로 모둠활동
특기 활동	'가타카'를 보고 유전자 조작의 문제점을 조원들과 토론	초파리 실험에 대한 자료를 조사, 감수분열, 염색체와 유전자의 관계 등을 대학 실험 동영상을 통해 확인	마이크로바이옴의 정의와 역할을 조사, 변비 해소를 위한 유산균 복용법을 홍보, 마이크로바이옴 검사방법인 NGS를 조사

[창의적 체험활동]

구분		창의적 체험활동상황
2 학 년	자율 활동	안전한 학교생활 활동 중 감염병 예방 활동에 참여함. 감염병 전파 원리에 대해 조사하고, 이를 통해 마스크의 중요성을 알고 바른 마스크 착용법 캠페인을 진행함. 또한 감염을 막기 위한 마스크를 조사하는 과정에서 직물에 전류를 흘려 정전기력이 없어져 **바이러스 감염력을 줄이는 마스크 연구**를 조사함.
	동아리 활동	수험생들이 변비로 인한 스트레스가 많다는 사실에 **'변비해소를 위한 식물성 식자재 연구'**를 주제로 과제연구를 수행함. 탐구의 선행조사로 변비의 정의와 원인, 변비에 대한 약물치료를 자세하게 조사함. 약물 치료 중 팽창성 하제에 초점을 맞춰 팽창성 하제로 작용할 수 있는 식자재를 선정함. 실험 변인을 정하고, 장 속 대변을 인공적으로 만들기 위해 탄수화물(감자 전분), 단백질(닭가슴살), 지방(돼지 지방)을 소화시키는 과정을 재현함. 실험 결과를 바탕으로 결과보고서를 작성하고 PPT를 제작하여 발표함.
	진로 활동	'생물학 명강2'의 **'유전자는 어떻게 조절되는가?'**를 읽고, 유전공학 전문가와의 만남에 참여함. 특정 유전자의 기능이 궁금하면 그 부분을 없애보고 발현이 비정상적으로 되는 부위를 살펴보면 된다는 것을 알게 되었음. 초파리의 유전자와 인간의 유전자가 60% 정도 일치해 사람의 유전자를 연구할 때 많은 도움이 된다는 것을 알게 됨. 강연을 통해 초파리 유전학 분야에서 6명의 노벨상 수상자가 나왔다는 사실을 새롭게 알게 되었고, '작고 보잘것없는 생명이 누군가에게는 도움이 되면 좋겠다'는 강연자의 말에 초파리를 단순히 쓸모없는 벌레로만 보아왔던 자신의 선입견을 바꾸는 계기가 되었음.
3 학 년	자율 활동	'모두 함께 모두 한 끼' 프로그램에 참여하여 친구들이 좋아하는 음식을 사전에 조사하여 성분을 분석하고, 변비를 예방할 수 있는 식자재를 추천하여 영양사 선생님과 의논함. **'OO지역 고등학생의 변비 실태 및 변비에 영향을 미치는 식생활 요인 조사'**를 참고하여 변비의 발생 이유를 설문한 결과, 짧은 수면시간과 가벼운 수준의 활동, 적은 식사 횟수, 적은 물의 섭취를 하고 있음을 통계화시켜 분석함. 또한 면류, 당류, 커피류의 높은 기호도와 섭취 빈도의 문제점이 있다고 판단함. 비피더스균은 변 속 수분을 흡수하고, 소변 중 세로토닌 농도를 감소시킨다는 내용을 조사함. 세로토닌은 장 연동운동도 시키기 때문에 비피더스균을 계속 먹으면 변비가 생긴다는 사실을 친구들과 공유함.
	동아리 활동	**'변비와 장내 미생물'** 관련 보고서를 준비하는 과정에서 미생물과 장, 뇌와의 관계에 대해 심화학습을 함. 자율신경계가 장까지 연결돼 있어서 장 신경계와 신호를 주고받거나, 장내 미생물이 생산하는 대사물이나 신경전달물질에 반응해 뇌 기능을 조절한다는 내용을 바탕으로 보고서를 작성함.
	진로 활동	반별 진로 특색활동 '기술 공학 속 나의 진로'에서 생명과학 기술 중 유전자가위의 개념, 발자취, 작동 원리 등을 탐구하여 발표함. 유전자가위에 관심을 가지고 특정 DNA 염기만 교정하는 **'초정밀 유전자 염기 교정 기술'** 개발에 대해 조사함. 진로 모둠활동에 참여하여 **'코로나 바이러스의 백신'**을 주제로 정함. 이후 '학이시습 콜로키엄' 활동을 통해서 코로나바이러스의 구조와 행태를 바탕으로 코로나바이러스가 우리 몸에 작용하는 원리에 대해 알아봄. 국내 코로나-19 백신이 개발되고 있다는 것을 알게 되었고, 백신 중에서 학생이 접종하는 화이자 백신인 mRNA 백신의 원리와 종류에 대해 조사함.

[교과 세특]

<table>
<tr><th colspan="2">구분</th><th>세부내용 및 특기사항</th></tr>
<tr><td>1
학
년</td><td>과학</td><td>유전자 조작과 관련된 영화 '가타카'를 보고 유전자 조작의 문제점을 조원들과 토론함. 이 활동을 통해 현재 유전자 조작기술은 식품, 환경, 의학 등 많은 분야에서 장점만 부각되고 있지만 유전자변이의 문제점에 대한 보도는 많이 없음을 알게 되었음. 과학 연구는 장점뿐만 아니라 부정적인 부분도 시사하는 바가 크기 때문에 연구 정보 공유의 중요성에 대해 자신의 생각을 어필함.</td></tr>
<tr><td rowspan="3">2
학
년</td><td>생명과학 I</td><td>수업 과정에서 코로나-19 바이러스의 변이가 잘 일어난다는 교사의 말에 의문을 가져 스스로 조사한 내용을 급우들과 공유함. 코로나-19 바이러스는 RNA를 핵산을 보유하고 있기 때문에 이중가닥의 DNA 바이러스에 비해 돌연변이 발생 확률이 높아 치료가 어렵다는 내용을 작성함. 추가로 작용 범위가 넓은 '키메라 백신'의 치료 가능성을 설명하고, 헤마그루티닌의 줄기부분의 항원성이 약해 돌연변이가 발생하지 않는 점을 이용해 치료제 개발에 관심을 가지게 되었다는 소감을 밝힘.</td></tr>
<tr><td>확률과 통계</td><td>중복순열에 흥미를 가지고 이를 응용한 인간 게놈 프로젝트에 대해 조사함. 4개의 염기 중 3개의 염기가 한 조를 이루어 유전정보를 이루는 염기 배열인 3염기 조합에서 4개의 염기 중 중복을 허용하여 3개를 택하는 중복순열이 사용된다는 것을 알게 됨. 인간 게놈 프로젝트의 목적과 주요 연구성과, 전망 등을 알아봄. 미국과 영국의 '표준게놈' 지도와 'Korea 1K'를 비교한 결과, 한국인 게놈에서 총 3902만 5362개의 변이가 발견된 사실에 흥미를 느낌. 이후 'Korea 1K'를 활용한 연구를 더 조사한 결과, 암 조직 특이 변이 예측의 효용성이 좋다는 사실을 알게 되었고 이 부분에 멘델의 유전법칙도 활용됨을 알게 되었다는 보고서를 제출함.</td></tr>
<tr><td>개인별 세특</td><td>유전자 연구에 도움이 되는 초파리에 관심을 가지고 초파리 실험에 대한 자료를 조사함. '고등학교 유전 실험 재료인 초파리의 배양 배지 및 마취방법의 개방'이라는 논문을 참고하여, 초파리 포획방법 및 배지 제작, 배양 조건을 확인하고 저온충격에 의한 초파리 마취 및 교배 방법을 알게 됨. 이후 교과에 나오는 감수분열, 염색체와 유전자의 관계 등을 대학 실험 동영상을 통해 확인함.</td></tr>
<tr><td rowspan="2">3
학
년</td><td>생명과학 II</td><td>유전자 발현 단원을 학습하고, 생명과학 연구성과 조사하기 활동에서 '유전적, 후천적 질환들을 치료하는 유전자 치료'를 주제로 탐구하여 보고서를 제출함. 발표 시간에 유전자 치료를 체세포 유전자 치료법과 생식세포 유전자 치료법으로 나누어 설명하고, 유전자 치료의 기본적인 문제인 미세주입, 수용체 매개법, 리포좀 사용법과 레트로바이러스나 아데노바이러스 등의 바이러스 사용법을 자세하게 설명함. 어려운 내용을 학우들이 이해하기 쉽게 시각적 자료를 활용하였고 관련 도서와 기사를 소개하는 등 발표의 이해를 돕기 위해 신경쓰는 모습이 돋보임.</td></tr>
<tr><td>개인별 세특</td><td>'변비 해소를 위한 식물성 식자재 연구'를 주제로 실시한 과제연구에서 변비를 위한 예방법과 치료법을 조사하는 과정에서 장내 미이그로비이옴에 대해 일게 됨. 이후 마이크로바이옴의 정의와 역할을 조사한 후, 마이크로바이옴의 균형을 유지하는 방법과 섭취하면 좋은 음식에 대해서 알아봄.</td></tr>
</table>

3학년	개인별 세특	이를 통해 변비약을 섭취해 단기간만 변비를 해소하는 것이 아닌 마이크로바이옴이 포함된 유산균을 꾸준히 복용하여 장내 밸런스를 맞추는 방법도 있다는 것을 알고 변비 해소를 위한 유산균 복용법을 홍보함. 또한 마이크로바이옴은 유익균과 유해균이 생성되는 원리와 질병 간의 연관성 등을 분석할 수 있어 신약개발 및 불치병 치료법 연구에 폭넓게 활용할 수 있다는 것을 알게 됨. 마이크로바이옴 검사방법인 NGS를 조사하고 기존 생어 염기서열 분석과 비교함. 마이크로바이옴의 유전자는 사람의 유전자보다 200배 이상 크고, 사람마다 성분의 변화 패턴이 다르다는 것을 이 활동으로 알게 되었음.

➔ 생명공학계열 추천도서와 탐구 주제 찾기

[생명공학 추천도서]

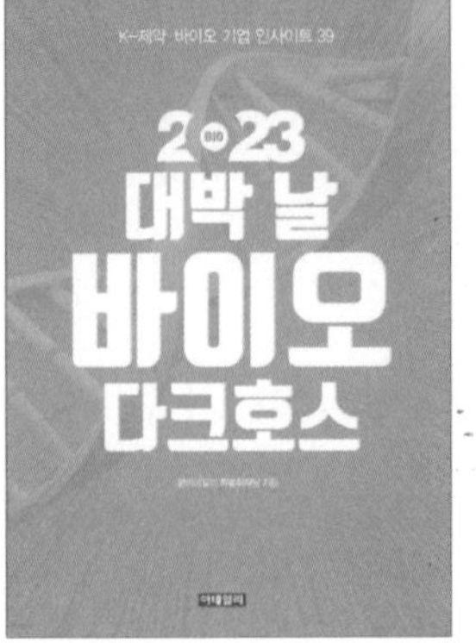

[생명공학 탐구 주제 찾기]

과목	단원	탐구 주제
통합 사회	인간, 사회, 환경과 행복	감염병을 줄이기 위한 방법을 홍보하는 캠페인 및 연구
	자연환경과 인간 생활	천연 항생제의 역사적 배경과 원리 탐구
	사회 정의와 불평등	'유전자 염기 교정기술 어디까지 허용 가능한가?'를 주제로 토론 및 탐구
통합 과학	자연의 구성 물질	지질의 종류와 구조 탐구
	자연의 구성 물질	생체모방기술을 활용하여 만들 수 있는 신기술 탐구
	생명시스템	PCR 검사의 원리 탐구
	생명시스템	초파리의 스트레스 물질 탐구
수학	방정식과 부등식(복소수)	허수의 활용과 양자역학을 이용한 세포의 미세구조를 관찰 가능한 전자현미경 탐구
	집합과 명제 (집합의 뜻과 포함관계)	변비 해소를 위한 다양한 식자재를 설문 조사 후 분석하고, 관련 자료를 바탕으로 식단 탐구
	경우의 수(경우의 수와 순열)	아미노산을 만들기 위한 최소한의 염기배열 경우의 수 탐구

➔ 핵심 키워드로 알아보는 생명공학

생명공학기술, 나노공학기술, 생물학, 첨단의료, 예방치료, 융합생명기술, 생물정보학, 동물학, 생화학, 생리학, 혈통유전학, 육종학, 미생물학, 유전자치료, 면역치료제, 대체의약, 바이오공학, 환경생물학

ⓐ DBpia에서 가장 많이 검색된 논문

㉠ 크리스퍼 유전자가위에 의한 인간 생식세포 유전체 편집의 윤리적 프레이밍, 국가생명윤리정책원

㉡ 우울증의 후성유전기전: BDNF 유전자의 히스톤 변형 및 DNA 메틸화의 역할, 한국생명과학회

ⓒ 암 치료를 위한 항체치료제에 대한 고찰 : 면역항암제, 한국생물공학회

ⓓ 인간 내성 리트로 바이러스(HERV)와 인간 면역 결핍 바이러스(HIV)의 상관관계, 한국생명과학회

ⓔ 감염병 치료 및 예방을 위한 의약품의 생산 및 비축 그리고 조달 시스템 구축의 재검토-RNA 바이러스(=RNA virus)에 대한 백신(보조제)을 중심으로, 홍익대학교 법학연구소

ⓑ 시사를 활용한 탐구활동

출처 : 사이언스on(KISTI)

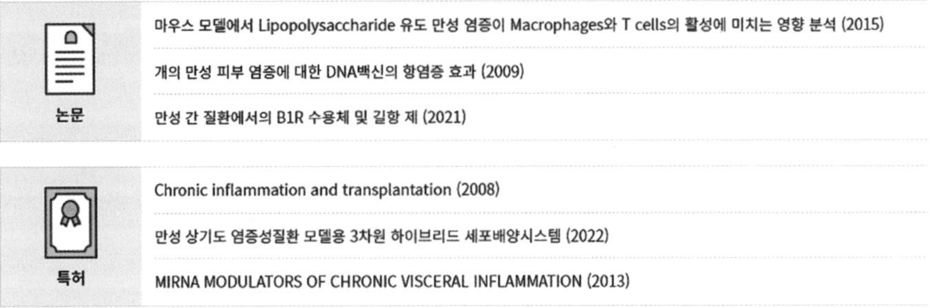

논문

- 마우스 모델에서 Lipopolysaccharide 유도 만성 염증이 Macrophages와 T cells의 활성에 미치는 영향 분석 (2015)
- 개의 만성 피부 염증에 대한 DNA백신의 항염증 효과 (2009)
- 만성 간 질환에서의 B1R 수용체 및 길항 제 (2021)

특허

- Chronic inflammation and transplantation (2008)
- 만성 상기도 염증성질환 모델용 3차원 하이브리드 세포배양시스템 (2022)
- MIRNA MODULATORS OF CHRONIC VISCERAL INFLAMMATION (2013)

보고서

만성염증질환연구센터 (2012)

공액리놀렌산(CLA)에 의한 만성장염 제어 모델 연구 (2016)

염증성 만성질환에서 C8orf4 (TC1) 유전자의 유전체-생물학적 분석 (2011)

동향

류머티즘 관절염 환자 건망증·기억감퇴 개선 실마리 찾았다 (2022)

난치 배뇨장애 줄기세포로 치료 가능할까? (2022)

포항공대 연구팀, 알츠하이머성 치매 치료 가능성 열어 (2022)

출처 : 사이언스on(KISTI)

생명공학에서 수강하는 대표 과목

[생명공학과 대학에서 이수하는 교과]

교양필수	공학수학, 일반물리학, 일반화학, 일반생물학 등
전공필수 및 전공선택	생화학, 미생물학, 분자생물학, 바이러스학, 면역학, 바이오합성, 단백질공학, 유전공학, 대사공학, 발효공학, 효소학, 생물공정공학, 생체재료공학, 생물고분자공학, 조직공학, 약물전달학, 생물유기화학, 생물물리화학, 생물기계분석학, 바이오창업론 등

[생명공학과 진학에 도움이 되는 교과]

교과영역	교과(군)	공통과목	선택 과목 I	
			일반선택	진로선택
기초	국어	국어	화법과 작문, 독서, 문학, 언어와 매체	
	수학	수학	수학 I , 수학 II, 미적분, 확률과 통계	실용수학, 기하, 수학과제 탐구, 인공지능 수학, 심화수학 I , 심화수학 II, 고급수학 I , 고급수학 II,
	영어	영어	영어 I , 영어 II, 영어 독해와 작문	
	한국사	한국사		

탐구	사회	통합사회	생활과 윤리, 윤리와 사상, 정치와 법, 사회문화	사회문제탐구, 사회과제연구
	과학	통합과학 과학탐구 실험	생명과학Ⅰ, 화학Ⅰ, 물리학Ⅰ	생명과학Ⅱ, 화학Ⅱ, 물리학Ⅱ, 생활과 과학, 융합과학, 고급화학, 고급생명과학, 화학실험, 생명과학실험, 과학과제연구, 정보과학, 융합과학탐구, 생태와 환경, 인간과 환경
생활 교양	기술·가정		기술·가정, 정보	공학일반, 인공지능 기초
	교양		보건	

※ 별색 : 핵심 권장 과목

제약공학 진로 로드맵

➔ 제약공학 합격자 선배들의 진로 로드맵과 세특

바이오의약품은 가이드라인을 통해 제시된 규격에 적합하도록 유사성(similarity)을 확보해야 하는데, 오리지널의 경우에도 생산 로트(lot; 1회에 생산되는 특정수의 제품단위)마다 똑같을 수는 없지만 이를 기반으로 유사성을 확보하고 있다. 바이오의약품은 가격이 고가인 탓에 동등성을 가진 바이오 시밀러 시장이 더욱 성장하고 있다. 초대형 기업들의 참여로 바이오 시밀러 사업은 점차 규모의 경쟁으로 변모되고 있지만, 신기술을 접목하여 기존 바이오의약품의 가치를 제고시킨 바이오베터(biobetter)의 등장은 또 다른 사업 기회를 제공하고 있다. 의약계의 관심은 오리지널 의약품을 단순히 카피하는 게 아니라 효능, 안전성, 편의성 등의 기능성을 개선한 개량신약의 개념으로 옮겨가고 있는데 이와 같은 더 나은 효능을 보이는 바이오의약품의 개량신약을 '슈퍼 바이오 시밀러' 혹은 '바이오베터'라고 표현하고 있다.

바이오베터는 원천 특허에 영향을 받지 않는 항체 의약품으로, 타겟(target)으로 삼는 단백질은 같지만 의약품이 효능을 발휘하는 경로가 달라 기존 특허에 영향을 받지 않는 것이 특징이다. 바이오베터를 가능하게 만드는 기술은 항체 엔지니어링, 세포주 기술, 제조기술 등 크게 세 분야로 나뉠 수 있다. 항체 엔지니어링과 같은 항체 및 단백질 디자인 변경 기술은 효과를 개선시키고 반감기를 연장시킬 수 있으며, 이런 신기술을 통해 지적재산권을 취득하고 독점을 누릴 수 있다는 장점도 있다.

바이오베터는 신약 수준의 높은 수익성을 지니면서 이미 오리지널 제품을 통해 기술적·사업적 성공 가능성이 입증되어 있어 신약 개발에 비해 사업 리스크가 적은 장점이 있다.

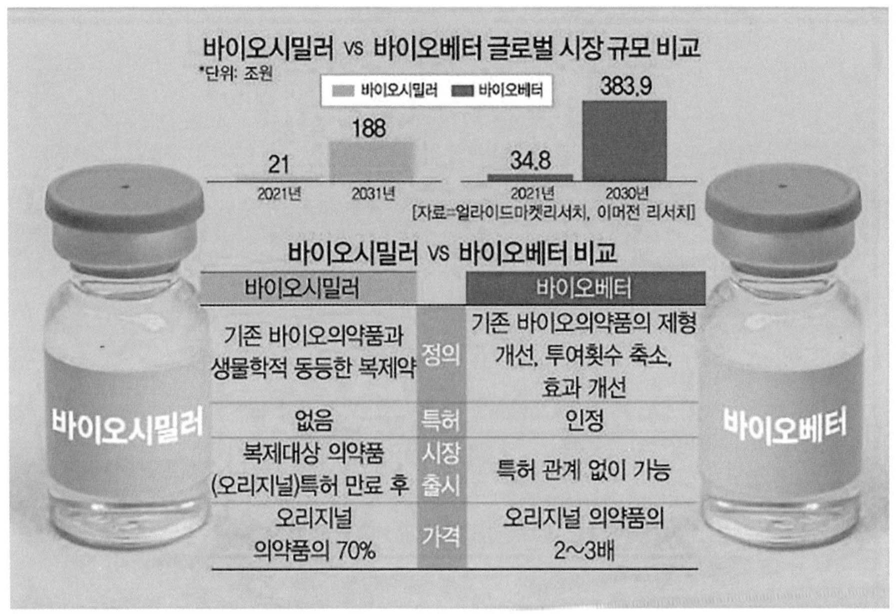

바이오시밀러 vs 바이오베터 비교

바이오시밀러		바이오베터
기존 바이오의약품과 생물학적 동등한 복제약	정의	기존 바이오의약품의 제형 개선, 투여횟수 축소, 효과 개선
없음	특허	인정
복제대상 의약품 (오리지널)특허 만료 후	시장 출시	특허 관계 없이 가능
오리지널 의약품의 70%	가격	오리지널 의약품의 2~3배

출처 : 기능 개선된 '바이오베터' 뜬다(아주경제)

[제약공학 진로 로드맵]

구분	고등1	고등2	고등3
자율 활동	청소년의 마약 문제점 탐구, 심폐소생술 교육, 유전자 재조합 및 핵이식 탐구	향교 인성교육, 면역세포를 이용한 항암 치료제 탐구	'홍차나 녹차를 철 성분이 들어 있는 약과 같이 마시면 안 된다'에 대한 주장이 사실인지 확인하기 위해 실험을 설계
동아리 활동	치킨을 활용한 닭 뼈 맞추기, 소 눈 해부실험, 약물 오남용의 부작용 사례 조사	혈구 관찰 및 혈액형 판정실험, 혈구 삼투압 실험, 의약품 올바른 폐기 캠페인	바이오세라믹을 조사하여 장단점에 대해 알아보는 활동을 진행
진로 활동	진로독서활동 (아픔이 길이 되려면), 질병의 원인 탐구, 효소의 의미와 원리 및 특징 탐구, 약품의 역사 및 면역세포치료제, 면역관문억제제 탐구	'생물학 명강1'을 읽고 후성유전학 탐구, 약 제조 시 부작용 관련 문제조사	'생활 속 항암 치료'를 주제로 된장 추출물의 항암효과 탐구
특기 활동	효소의 의미와 특징 및 작용 환경 탐구	면역치료제 조사, 아스피린의 부작용을 개선한 의약품인 아세트아미노펜에 관해 조사	아미노산의 구조 탐구, 루이스 구조식 나타내기

[창의적 체험활동]

구분		창의적 체험활동상황
2학년	자율 활동	면역세포를 이용한 항암 치료제에 관심이 많아 **면역세포의 종류와 특징**에 대해 조사함. BIO동아리에서 진행한 혈구 관찰 실험을 바탕으로 면역 반응 관련 문제들을 해결함. 이후 인체의 면역시스템에 관심을 가지고 **인체 면역학 교과서**를 읽은 후 자연살생세포를 탐구하여 보고서를 제출함.

2학년	동아리 활동	혈구 관찰 및 혈액형 판정 실험 준비에 밤늦게까지 남아 예비실험을 진행하며 실험 시 발생할 수 있는 문제를 미리 정리함. 채혈 과정에서의 위생 문제, 프레파라트 세척 시 주의사항, 혈구 종류 파악하기 등을 정리하여 조원들이 성공적인 실험을 할 수 있도록 도움. 이후 혈구와 고장액과의 농도 차 관계를 확인할 수 있는 혈구 삼투압 실험을 제안함. 실험보고서에 혈액을 얇게 펼 때의 미숙한 점, 이론에서 소개한 용액의 이름이 실험실 현장에서는 다르게 표현되었던 점들을 기재하면서 반성하는 모습을 보임.
	진로 활동	진로독서발표회에 참가하여 **'생물학 명강1'**을 읽고 후성유전학에 관심을 가지고 유전자 발현을 후천적으로 조절하는 메커니즘에 대해 발표함. DNA 주위의 단백질과의 상호작용으로 유전자 발현이 조절되는 원리를 그림과 사진 자료를 이용해 전달함. 또한 DNA 염기서열의 유전암호 해석의 중요성을 어필하며, 유전체와 후성유전물질의 관계 파악이 개인별 치료제를 만드는 데 필요할 것이라는 자신의 생각을 잘 전달함. 이후 **'바이오 사이언스의 이해'**, **'제약 회사들은 어떻게 우리 주머니를 털었나'**를 읽고 제약 관련 부작용을 정리하여 발표함.
3학년	자율 활동	학급특색활동으로 기사에서 본 **'홍차나 녹차를 철 성분이 들어 있는 약과 같이 마시면 안 된다'**에 대한 주장이 사실인지 확인하기 위해 실험을 설계함. 여러 문헌을 참고하여 조사한 결과, 홍차나 녹차에 들어있는 탄닌 성분이 철의 성분과 결합해 탄닌산철이 생성되어 약의 흡수를 방해한다는 것을 보고 실험설계 과정에서 탄닌철이 생성되는 것을 확인할 수 있는 방법을 선생님과 의논함. 탄닌과 철이 결합하면 검은색을 띤다는 것을 알고 관련 실험을 설계하여 진행함. 여러 번의 시도 끝에 실험을 성공하고 철분제 희석 용액의 농도를 맞추는 것과 체내 환경과 비슷하게 온도 맞추기, 염산 희석 용액 사용량 등의 어려움을 조원들과 나누며 활동을 마무리함.
	동아리 활동	OO세라믹기술원에 견학하기 전, 자신의 의문점을 미리 조사하여 견학에 임하는 모습을 보여줌. 세라믹을 단순 소재로만 생각했는데 자료조사 중 생활 속에 광범위하게 사용된다는 것을 알게 되었음. 또한 화장품 속 기능성 소재로 세라믹이 활용되는 사례를 듣고, '의약학 분야에서도 사용 가능하지 않을까'라는 의문을 가짐. 이후 **바이오 세라믹을 조사**하여 장단점을 알아보는 활동을 진행함.
	진로 활동	항암에 관심을 가지고 **'생활 속 항암 치료'**를 주제로 된장 추출물의 항암효과를 다룬 대학 자료를 읽고, 환류 냉각기, 0.05% trypsin-0.02% EDTA 등의 실험재료에 대한 설명과 함께 실험을 설계함. 된장 성분 추출, 인체 암세포 배양, 암세포 성장 저해 효과와 DNA 합성 저해 효과 확인의 3단계의 실험과정을 정리하고, **여러 된장 추출물들의 항암효과를 비교 대조**하여 대학 자료를 자신만의 방법으로 해석함. 된장 추출물들이 항암효과 면에서 편차가 존재하는 이유를 농도, pH 등 환경적 요인과 관련지어 보고서를 작성함. 대학 자료에 제시된 된장 추출물이 항암효과를 보이는 구체적인 원리에 대한 설명이 부족하다고 판단해 추가로 조사하여 호르몬의 화학적 구조를 자료로 제시하며 호르몬과 구조가 유사한 된장 성분이 암의 잠재적 원인인 호르몬을 대체하는 방식으로 항암효과를 보일 수 있음을 발표함. 이 과정에서 비판적 사고능력과 과학적 호기심이 뛰어남을 알 수 있음.

[교과 세특]

구분		세부내용 및 특기사항
1 학년	과학	교과서의 효소에 관한 부족한 설명을 보충하기 위해 스스로 효소의 의미와 특징 및 작용환경 등을 다양한 책을 통해 공부하여 친구들에게 발표하고 활용 방안에 대해 탐구하는 모습을 보임. 생명의 물질대사 중 광합성을 배운 후 **광합성을 응용한 다른 사례**를 찾아보고, 광합성 세균의 폐수 처리 능력에 주목하여 OO학술제에 참가함. 대학자료를 바탕으로 조원들과 결과를 분석하고 적용할 수 있는 폐휴지를 이용하여 스스로 실험을 설계하여 진행하고 발표함.
2 학년	생명과학 I	인간의 면역부분을 학습한 후, 면역반응에 관심을 가지고 **면역치료제**에 대해 조사함. 교과 심화학습을 통해 암을 치료하는 데 쓰이는 의약품에 대해 발표함. 전체적인 생명과학에 대한 이해도가 높으며 생명과학 관련 진로를 선택하면 많은 발전이 있을 것으로 예상됨.
	화학 I	화학이 우리 건강에 미치는 영향에 대해 학습하고 아스피린의 부작용을 개선한 의약품인 아세트아미노펜에 관해 조사함. **아세트아미노펜 제형에 따른 혈중 농도와 용량에 따른 평균 진통 수치에 대한 데이터**를 바탕으로 그래프를 그리고 이를 해석하는 모습이 인상적임.
	기하	원 위의 서로 다른 세 점에 대하여 시점과 종점이 세 점 중 두 점인 두 벡터의 내적의 최솟값을 구할 때 두 점을 잇는 선분의 중점을 좌표축에 지나도록 놓아 계산을 간단히 만드는 모습에서 기발한 아이디어를 엿볼 수 있었음. 또한 공간기하의 정리들을 당연하게 받아들이지 않고 논리적으로 증명하는 모습에서 수학을 전공해도 좋을 것 같다는 생각을 함.
3 학년	심화수학 I	다항함수와 삼각함수의 곱으로 표현된 함수의 극값 계수를 구하는 문제에서 함수 $f(x)$의 증감표를 통해 그래프의 개형을 그린 후 그래프가 y축 대칭을 이루는 것을 이해하고, 양의 영역에서만 계수를 구한 다음 조건에 맞는 전체 계수를 구함. 부등식의 성립조건과 관련된 문제를 풀 때 분수 꼴로 표현된 식에서 분모에 들어있는 미지수의 영역을 구분하여 분수 형태로 변형한 후 문제를 해결해야 하는데, 이런 불편함을 제거하기 위해 제곱을 이용해서 양의 영역으로 만든 다음 분수 형태를 다항식 형태로 만들어 문제를 해결함.
	화학 II	아미노산에 관심을 가지고 여러 가지 아미노산의 구조식을 조사하고, 아미노산이 아미노기와 카르복시기를 모두 가지고 있어 **양쪽성 물질**로 작용할 수 있다는 점을 알게 되었음. DNA의 상보적 염기배열이 수소결합에 의해 일어난 것을 알고, 수소결합의 정의를 알고 염기구조에서 수소결합이 일어나는 곳을 점선으로 표현함. 또한 다중결합이 여러 개 포함된 탄화수소에 대해 조사하여 그것들의 이성질체들을 루이스 구조식으로 나타내보는 등 화학 학습에 엄청난 열정을 보임.

➔ 제약공학계열 추천도서와 탐구 주제 찾기

[제약공학 추천도서]

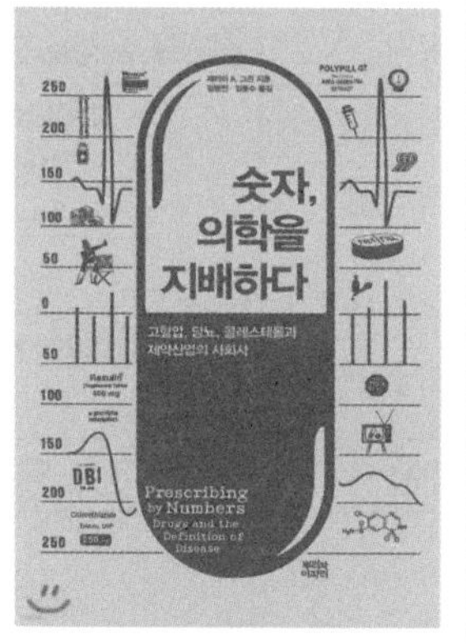

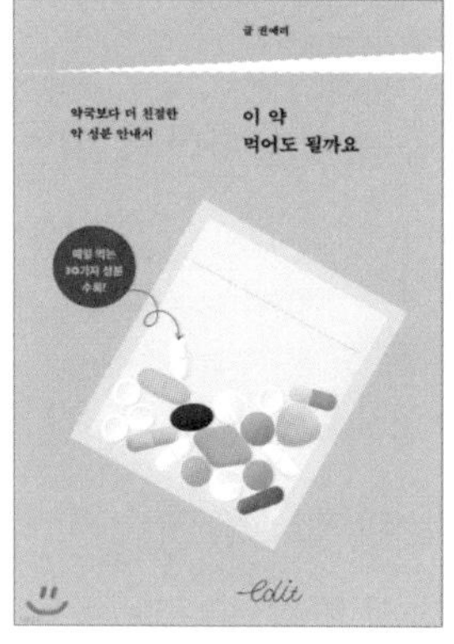

[제약공학 탐구 주제 찾기]

과목	단원	탐구 주제
통합 사회	인간, 사회, 환경과 행복	카페인, 마약 등 중독성 물질이 청소년에 미치는 영향
	자연 환경과 인간	천연 항생제, 면역제, 항암제 탐구
	미래와 지속 가능한 삶	미래 제약 연구 동향 조사 및 바이오세라믹 탐구

통합 과학	자연의 구성물질	아스피린의 구조식을 확인하고, 몸에 흡수되는 과정 탐구
	생명시스템	혈구 관찰 및 혈액형 판정실험, 혈구 삼투압 실험 후 혈구 이상으로 인한 질병 탐구
	생명시스템	된장 및 천연재료를 이용한 항암효과 탐구
	생물의 다양성과 유지	천연물 신약을 분류하고, 천연물 신약 개발 동향 탐구
수학	다항식의 연산, 집합의 연산	K팝 속 수학이 활용된 사례 탐구 (세븐틴의 'Network Love', 스트레이키즈의 'I am YOU', 온앤오프의 '나 말고 다' 등)
	집합의 뜻과 포함관계, 함수	청소년의 카페인 섭취량 및 종류를 설문하고 그래프 분석 및 탐구
	함수(여러 가지 함수)	약 복용 시 지속시간 탐구

핵심 키워드로 알아보는 제약공학

신약 연구, 제약산업, 제조공정, 생물화학적, 일반생물학, 생화학, 유기화학, 동식물배양

ⓐ DBpia에서 가장 많이 검색된 논문

㉠ 딥러닝을 이용한 약물 화학 구조 예측, 한국정보과학회

㉡ 한국 신약개발의 기술적 역량 진단과 개선방안, 과학기술정책연구원

㉢ 의약(醫藥)에 관한 특허법의 통합적 검토 : 유전자원(遺傳資源)의 문제를 포함하여, 한국법학원

㉣ 합성 mRNA 소개 및 백신으로서의 활용, 한국생물공학회

㉤ 제약산업의 기술혁신 패턴과 발전 전략, 과학기술정책연구원

ⓑ 시사를 활용한 탐구활동

백신

장내미생물 군집

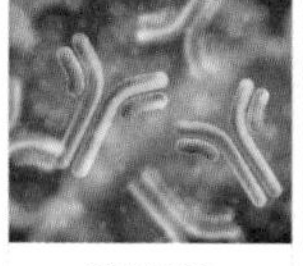
항체 치료제

바이러스

백신

백신 제작을 위한 기술

higher protection vaccines responses epitopes immunization vaccine cross antibody response strain induced specific immune animals vaccination cell compared elicited lower

출처 : 사이언스on(KISTI)

논문

- 방사선 기술을 이용한 백신 개발 및 면역학적 특성 연구 (2022)
- RSV F-단백질의 백신과 단일클론항체에 의한 RSV 감염 조절 (2015)
- 분열가능 및 분열불능 다양한 재조합 VHSV 제작, 특성 분석 및 백신 효과 (2022)

특허

- 전기천공에 의해 전달되는 D N A 백신에 의해 유도되는 항체의 생산 방법 (2010)
- VACCINE, METHOD OF VACCINATION AGAINST CLOSTRIDIUM DIFFICILE (2019)
- T CELL IMMUNE RESPONSE INHIBITOR (2005)

보고서

- 신종 대유행 인플루엔자 백신 제조 및 품질관리에 관한 연구 (2009)
- 황색포도상구균 백신 대량생산 공정 및 효능검증 연구 (2019)
- 신종 인플루엔자 DNA 백신 제조와 비임상 연구 (2018)

동향

- 영화 '컨테이전'이 현실로? 이런 바이러스도 약점 있다 (2022)
- 식물체 기반 돼지열병 백신 세계 최초 출시…안전성 높아 (2021)
- 예측 기반 백신 개발 : 미래 바이러스 전쟁의 첨단 무기 (2021)

출처 : 사이언스on(KISTI)

제약공학에서 수강하는 대표 과목

[제약공학과 대학에서 이수하는 교과]

교양필수	수학, 일반화학, 일반화학실험, 생물학, 일반생물학실험, 물리학, 약학개론 등
전공필수 및 전공선택	물리약학, 약화학, 약품분석학, 약학사, 생명약학, 생리학, 약품방사성화학, 생화학, 유기화학, 제약개발학, 첨가제학, 약품분석학, 약품미생물학, 제제공학, 약품분석실험, 약제학, 품질관리실험, 기기분석, 약물학실험, 제공공정실험, 의약품제조관리, 약전 및 품질관리, 자원생약학, 약학세포유전학, 의약화학, 의약품정보과학 등

[제약공학과 진학에 도움이 되는 교과]

교과영역	교과(군)	공통과목	선택 과목Ⅰ	
			일반선택	진로선택
기초	국어	국어	화법과 작문, 독서, 문학, 언어와 매체	
	수학	수학	수학Ⅰ, 수학Ⅱ, 미적분, 확률과 통계	실용수학, 기하, 수학과제 탐구, 인공지능 수학, 심화수학Ⅰ
	영어	영어	영어Ⅰ, 영어Ⅱ, 영어 독해와 작문	
	한국사	한국사		
탐구	사회	통합사회	생활과 윤리, 윤리와 사상, 정치와 법	사회문제탐구, 사회과제연구
	과학	통합과학 과학탐구실험	생명과학Ⅰ, 화학Ⅰ, 물리학Ⅰ	생명과학Ⅱ, 화학Ⅱ, 생활과 과학, 융합과학, 고급화학, 고급생명과학, 화학실험, 생명과학실험, 과학과제연구, 생태와 환경, 인간과 환경
생활 교양	기술·가정		기술·가정, 정보	공학일반, 인공지능기초
	교양		보건	

※ 별색 : 핵심 권장 과목

한약학 합격자 선배들의 진로 로드맵과 세특

2010년대 초반까지 국내 천연물 신약 개발 붐이 일어나며 제품들이 우후죽순 발매됐지만, 안전성, 유효성 논란과 함께 개발 열풍이 줄었다. 애엽(쑥) 성분으로 만든 스티렌을 중심으로 벤조피렌 등 유해물질 검출, 유효성 미진 등이 주된 이유였다. 또 2015년 1급 발암물질로 분류되는 벤조피렌이 검출되면서 매출이 급격하게 감소하기 시작했다. 이에 플로팅 기술을 적용한 스티렌투엑스를 출시해 시장 점유율을 회복하는 듯 보였으나, 2018년 특허 무력화로 인해 제네릭이 대거 출시되는 등 매출이 주춤하고 있는 상황이다.

식품의약품안전처에 따르면 천연물 의약품 및 추출물 시장은 연평균 18.3%의 성장률을 보여 2025년 매출액은 약 2730억달러로 예상되며, 아시아권이 최대 시장을 형성할 것으로 분석하고 있다. 특히, 합성 화학 의약품의 부작용 및 항생제 내성에 대한 우려, 건강한 삶 등에 대한 관심 증가로 천연물에 대한 선호가 확대될 것으로 전망하고 있다. 현재 일본은 심각한 고령화로 인해 천연물 관련 제품 소비가 증가하고 있고, 서구권은 박테리아 의약품의 내성으로 부작용이 덜한 천연물 의약품을 선호하는 추세이다. 이에 국내에서도 천연물 의약품의 부활을 위해 천연물에서 유래한 의약품을 체계적으로 관리하고자 '천연물안전관리원' 설립을 추진하고 있다.

현재 우리나라는 천연물 의약품 특성에 맞게 허가제도를 개선하고 제조·품질관리 체계를 합리회해 안전하고 효과적인 제품이 신속히 개발될 수 있는 규제환경을 개선하고 있다. 또 식약처는 업계와 적극적으로 소통해 안전·건강과 직결

되지 않은 절차적 규제는 과감히 개선하는 등 천연물 의약품 개발이 활성화될 수 있도록 지원하겠다고 밝혔다. 합성신약보다 개발 비용이 적게 들고 천연물 성분이라는 특성으로 인해 안전성 측면에서도 유리하다는 장점으로 미래 먹거리를 고민하는 제약사에게 블루오션이 될 수 있다.

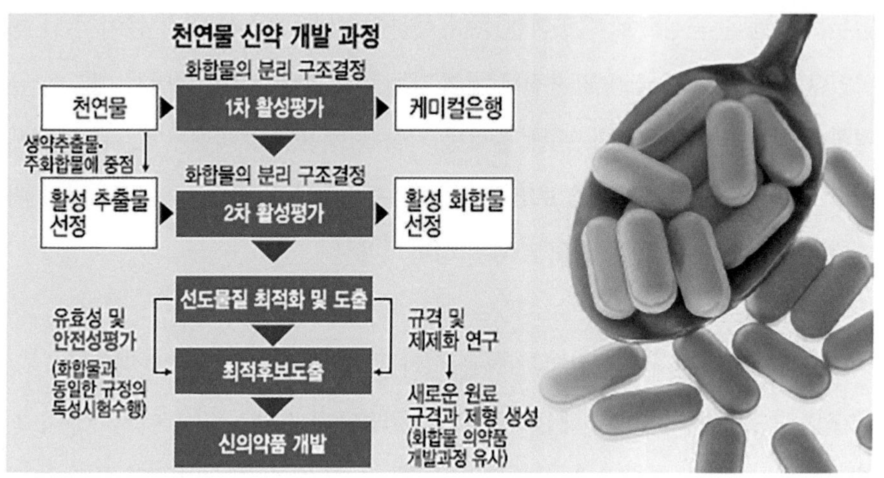

출처 : 천연물 신약 허가 기준(국민일보)

천연물 의약품 시장이 다시 활성화되면서 해당 의약품을 보유하고 있거나 개발 계획이 있는 제약사들의 움직임도 바빠지고 있다. 은행잎 추출물 성분을 활용한 뇌기능 개선제를 갖고 있는 SK케미칼의 기넥신을 살펴보자.

기넥신은 혈액 점도 저하, 혈관 확장, 혈류 개선의 3대 혈액순환 작용을 통해 우리 몸의 말초동맥 혈액순환을 개선시키는 약물이다. 기억력 감퇴, 집중력 저하, 현기증 등을 개선시키는 주요 효능을 갖고 있다. 특히, 주요 뇌기능 개선제들이 유효성 입증에 실패하고 있는 만큼 대체제로써도 부각되고 있어 기대를 모으고 있다.

DA-9801는 2018년 미국 제약사 뉴로보에 라이센스아웃(L/O)한 바 있다. 뉴로보는 미국 보스턴에 위치한 신경과학 기반의 천연물 의약품, 코로나-19 치료제 개발 회사로 현재 나스닥에 상장돼 있다.

지텍(육계건조엑스)은 녹나무과 육계나무의 줄기 껍질을 말린 약재인 육계에 종근당이 자체 개발한 신규추출법을 적용해 위염에 대한 효능을 최초로 입증한 천연물 의약품이다. 전임상에서 항염증 효과와 위에서 점액분비를 촉진시키는 방어인자 증강작용 등을 확인하고 본격적으로 임상에 착수해 임상2상에서 위약 및 기존 합성의약품, 천연물 의약품 대비 우수한 위염 개선 효과를 확인했다.

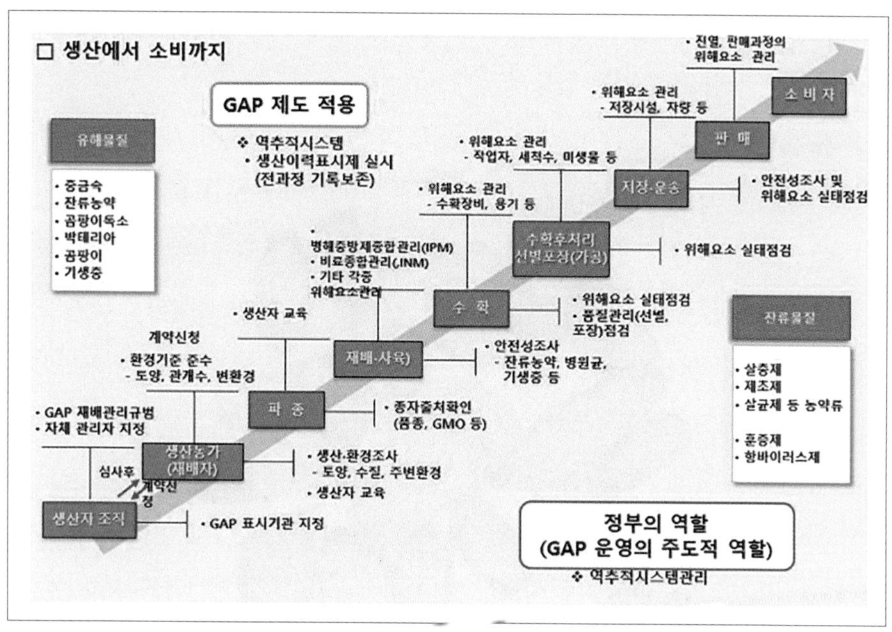

출처 : WHO, Guideline for assessing quality of herbal medicines, 2007(재구성)

감염병 예방·치료 신약으로 용아초 추출물과 오배자 추출물을 혼합한 'APRG64'의 항바이러스 효능을 토대로 인플루엔자 A, B형에 사용되는 치료제가 개발 중이다. 최근 한약재 사용범위의 확대와 함께 안전성에 대한 국민들의 불안이 증가하고 있다. 또한 환경변화 및 제조과정 중 오염되는 한약재의 유해물질 관리를 위한 체계적인 연구도 진행 중이다.

또한 한약재를 선별하는 전문 인력이 갈수록 줄고 있어 한약재 오용 사고의 가능성은 언제든지 나타날 수 있다. 그래서 한의학에 IT 기술을 접목한다면 한약의 효능과 안전성을 높일 뿐만 아니라 한의학 발전에도 기여할 수 있을 것이다. 말린 한약재 중에는 전문가도 구별하기 어려운 재료가 다수 있다. 목통과 방기, 관목통(등칡의 줄기)은 말려 썰어놓으면 모양이 비슷해 육안으로 구별하기 어렵다. 이 중에서 관목통의 경우는 신장 질환을 유발하는 아리스톨로크산이 함유되어 있어 사용에 유의할 필요가 있다.

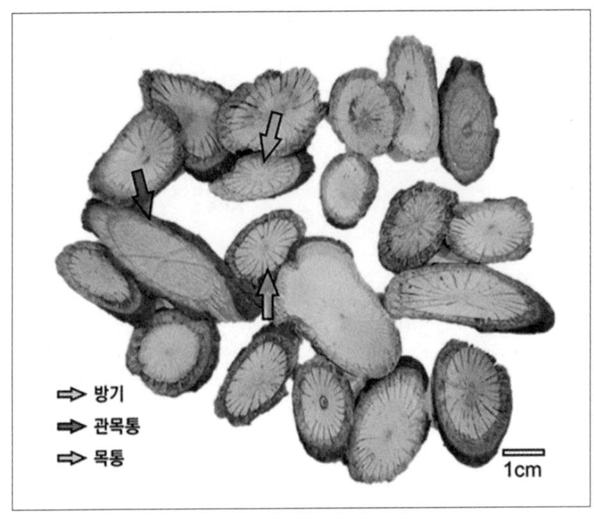

출처 : 육안으로 구별하기 힘든 약재(한의학연구원)

이러한 문제를 해결하기 위해 인공지능을 활용하여 한약재 음편 조각들의 수백 장의 사진을 딥러닝 기법으로 학습시켜 한약재를 구별할 수 있도록 하여 소비자가 제대로 한약재를 구매할 수 있도록 도와주고 있다. 한약재의 감별 정확도는 최대 99.4%로 높은 정확도를 보여주고 있다. 이 같은 정확도는 본초학을 전공한 박사가 동일 사진을 육안으로 반복 판정했을 때의 평균 감별정확도인 94.8%보다 높은 수치이다.

[한약학 진로 로드맵]

구분	고등1	고등2	고등3
자율 활동	무선 디지털 의료기기 탐구, 3D 프린터를 활용한 맞춤형 약을 제조하는 방법 탐구	대학 연계 프로그램에 참여하여 체내 염증 발생 과정 탐구, 달맞이꽃 추출물의 염증 억제 효과를 알아보는 실험 설계	교내 과학콘서트에 참여하여 미세조류 균주 연구, 오돈텔라 아우리타 균주의 활용범위 탐구
동아리 활동	인공지능이 개발하는 신약 탐구 조사, 카페인 추출실험 진행	장내 미생물을 활용한 바이러스 치료에 대해 탐구, 식물 내의 성분을 이용한 치료법 탐구	친환경 제초제 만들기 활동을 기획, 첫 실험이 잘못되어 보완실험을 재수행
진로 활동	진로 독서활동에서 '화학이란 무엇인가'를 선정하여 읽음.	인근 지역 대학 학과 직업체험에 참가하여 타이레놀 제조	한약재 찌꺼기와 감자 전분을 이용한 친환경 플라스틱 제작, 글리세린의 양을 조절하여 플라스틱 제작
특기 활동	'호르몬의 종류와 기능'에 대한 페임랩 수행	'인플루엔자 바이러스' 탐구, 계피의 성능에 대해 조사	'슈퍼 박테리아와 항생제'를 주제로 프로젝트 발표 수업에 참여, VBT 이론 탐구

[창의적 체험활동]

구분		창의적 체험활동상황
2 학 년	자율 활동	생명과학 대학 연계 프로그램에 참여하여 체내 염증 발생 과정을 알아봄. 이후 독성물질로 염증을 유발하는 주위의 식물 중 달맞이꽃을 조사하여 실험을 설계함. **달맞이꽃 추출물의 염증 억제 효과**를 알아보는 실험을 설계하여 달맞이꽃 추출물에 항염증 효능이 있는지 검증해 봄.
	동아리 활동	동아리 조별 활동에서 장내 미생물을 활용한 바이러스 치료에 대해 탐구함. 장내 미생물인 클로스트리듐 신덴스는 사슬이 짧은 지방산을 생성하여 면역반응을 조절한다는 사실을 설명하며 바이러스 증식을 막는다는 것을 알게 되었음. 이 원리를 코로나-19에 적용하여 **신체 내의 미생물을 활용한 치료법**에 관심을 가짐. 독감의 치료제인 타미플루 또한 식물 내의 성분을 이용한 치료법으로, 살아있는 생명체 내의 성분을 연구하여 치료제를 만드는 활동에 대해 강조하는 보고서를 작성함.
	진로 활동	인근 지역 대학 학과직업체험에서 고등학교에서 접하기 힘든 장비를 통한 여러 실험을 진행함. 타이레놀의 원료로 간이 기구를 활용해 알약을 만들어보고 실제 정제된 약과의 차이를 비교하는 실험을 진행함. 이를 통해 실제 우리가 먹는 약에는 기본 재료뿐만 아니라 더 많은 화학적 처리가 이루어짐을 알게 됨. 지금 당장 하고 싶은 것보다 앞으로 할 일이 무엇인지 계획하고 목표를 향해 노력한다는 소감문을 제출함.
3 학 년	자율 활동	교내 과학콘서트에 참여하여 미래의 중요 연구 과제를 다양하게 알 수 있었음. 미래 의학과 먹거리에 관심을 가지고 관련 자료를 정리하여 활동지를 제출함. 또한 미래 바다자원의 중요성을 이야기하면서 **유용 물질 생산 미세조류 균주 연구에 대해 조사**하여 발표함. 오돈텔라 아우리타 균주의 경우 푸코잔틴과 오메가-3 불포화지방산 생산이 가능하다고 함. 각각의 성분을 공부하여 푸코잔틴의 경우 식품, 의약품·화장품에 적당하며, 오메가-3 지방산은 심근경색이나 혈전 치료제로 활용 가능하다는 자신의 생각을 이야기함.
	동아리 활동	지역발전을 위해 **타감물질을 활용하여 친환경 제초제를 만들기 활동**을 기획함. **'소나무 뿌리 추출액을 활용한 친환경 제초제 개발 가능성 탐구'**를 주제로 정하여 실제 잡초를 대상으로 효과를 알아보는 실험을 설계함. 제초제의 필요성과 문제점에 대해 분석하고, 잡초의 생존전략과 작용 메커니즘에 따른 제초제의 종류를 먼저 공부하여 소나무 추출 제초제의 가능성을 정리함. 소나무채집과 추출액 제조를 수행했으며 이를 토끼풀 씨앗에 적용시켜 발아율과 생장 정도를 살펴봄. 첫 실험에서 가설과 반대되는 결과가 나왔지만 보완실험을 재수행하여 가설과 완전히 일치하는 결과를 만들어내는 모습에서 탐구력을 엿볼 수 있었음.
	진로 활동	'자유주제탐구' 활동으로 플라스틱 재활용의 문제점을 인식하여 바이오플라스틱을 제작하는 활동을 함. **'한약재 찌꺼기와 감자 전분을 이용한 친환경 플라스틱 제작'**에 대한 탐구를 진행함. 한약재 찌꺼기 플라스틱을 제작할 때 처음에는 시트르산의 양을 조절하여 단단한 특징에 부합하는 비율을 찾으려 하였으나, 몇 번의 실험을 실패한 후 감자 전분으로 대체하여 실험을 재설계함. 강도가 약하고 투명한 부분이 약하긴 했으나 이후 자료조사를 통해 글리세린의 양을 적게 할수록 플라스틱의 강도가 세진다는 결론을 도출함. 글리세린의 양을 많이 넣어 제작하면 실리콘도 대체할 수 있다는 자료를 조사함.

[교과 세특]

구분		세부내용 및 특기사항
2학년	생명과학 I	생명과학을 활용한 생활 속 사례에서 '인플루엔자 바이러스'를 주제로 탐구하고 발표함. 독감과 감기의 차이점, 인플루엔자 바이러스의 특징, 독감 진단과 치료 방법, 예방법을 조사하여 알게 되었음. A형 인플루엔자에 효과적인 아다만탄 제제와 A형과 B형 인플루엔자에 효과적인 타미플루의 작용 원리를 탐구하여 발표함. 또한 감기의 경우는 양약보다는 한약을 선호하는 사람들이 늘고 있다는 기사를 참고하여 **감기에 효능이 있는 쌍화탕과 유럽의 뱅쇼**를 소개로 학생들의 호기심을 자극했음. 이후 계피의 성능에 대해 조사하며 실생활 속 활용도에 대해 확인하며 관련 음식과 질병 보완을 위한 자료를 정리하는 모습을 보임.
	화학 I	생활 속 화학 주제 발표시간에 백신 접종 후 품귀현상을 일으킨 타이레놀에 대해 탐색함. 타이레놀의 제조 방법, 실제 아세트아미노펜과 타이레놀의 pH상의 차이점, 간 독성의 위험성 등에 대한 보고서를 작성함. 산·염기 중화반응을 적용해 한계 반응물과의 반응을 이해함. 타이레놀의 성분과 같은 한약재를 찾아보려는 노력을 하는 모습이 인상적임.
3학년	고급화학	학교 간 공동교육과정 고급화학 과목을 선택하여 심화학습을 함. 화학 I 의 내용에서 심화되는 부분을 미리 예습하며 새롭게 배우는 내용들은 개념부터 정리하여 학습했다고 함. 오비탈이 혼성되어 분자결합에 사용된다는 VBT 이론에 관심을 가졌으며 분자구조를 잘 이해함. 탄화수소의 IUPAC 명명을 배우며 탄소화합물의 이름에도 체계적인 규칙이 있음을 알게 됨. 탄소화합물 중 에테르, 아민에 대한 내용을 스스로 공부하여 교사에게 질문하는 적극적인 학생임.
	생명과학 II	'재수 없으면 200살까지 산다.'라는 강의를 시청 후 평균 연령이 높아짐에 따라 양약과 한약의 조화가 필요함을 알게 됨. 특히, 항생제와 백신을 개발하고 난치병을 치료하는 유전자 치료에 관심을 가지고 탐구하는 계기가 됨. **'슈퍼 박테리아와 항생제'**를 주제로 프로젝트 발표 수업에 참여함. 페니실린은 베타락탐계 항생제로 분류되며 세균이 베타락탐 환을 분해하는 효소를 분비하여 내성을 나타낼 수 있어 페니실린계 항생제에서 베타락탐 분해효소 억제제가 복합되어 사용되는 원리를 탐구하는 모습이 인상적임. 또한 양약이 수명을 연장하는 역할이라면 한약은 삶의 질 향상 및 면역력 증강이 목적이라는 자신의 생각을 어필함.

한약학계열 추천도서와 탐구 주제 찾기

[한약학 추천도서]

[한약학 탐구 주제 찾기]

과목	단원	탐구 주제
통합사회	인간과 자연의 관계	한약재 속 중금속과 농약의 유해성 탐구
	자연 환경과 인간	천연물 신약의 안정성, 유효성 탐구
	문화와 다양성	세계 속 한약의 인지도와 활용도 탐구
통합과학	자연의 구성물질	포장재 없이 팔고 있는 한약재의 문제점 탐구
	화학의 변화	타미플루 제조 및 비슷한 효능을 가진 약 탐구
	생물 다양성과 유지	한약을 복용할 때 밀가루, 무, 고기 등을 먹으면 안 되는 이유 탐구
수학	방정식과 부등식(여러 가지 방정식)	한약재의 수입량을 분석하고 문제점 및 해결방법 탐구
	함수(여러가지 함수)	한약재 속 중금속 여부 파악 후 인체에 미치는 영향 탐구
	집합과 명제(집합의 뜻과 포함관계)	우리 학교 학생들이 많이 복용하는 한약의 종류와 효과 탐구

➔ 핵심 키워드로 알아보는 한약학

한약재, 임상약학, 예방치료, 한약학개론, 약효, 약용식물, 본초학, 약용식물학

ⓐ DBpia에서 가장 많이 검색된 논문

㉠ 천연방부제로 사용된 한약재의 항균활성에 대한 동향 분석, 한의병리학회

㉡ 한약재 추출 숙성물의 항균 및 항산화 효과 검증을 통한 가금 사료 내 항생제 대체 천연물질의 선발, 한국가금학회

㉢ 여드름에 효과적인 약용식물 추출물에 관한 연구동향, 한국화장품미용학회

㉣ 약용식물의 추출방법에 따른 항산화 및 항당뇨 활성, 한국식품과학회

㉤ 한약재 추출물의 항균효과 검색, 한국식품영양과학회

ⓑ 시사를 활용한 탐구활동

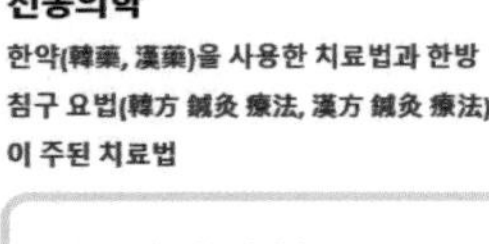

출처 : 사이언스on(KISTI)

논문

- 인간 각막상피세포에서 미세먼지로 인한 세포 손상을 완화할 수 있는 ...(2022)
- 흰쥐의 당뇨 증상 개선에 미치는 한약재 첨가 청국장 추출물의 영향 (2022)
- 허혈성 뇌졸중 모델에서 혈액-뇌 장벽에 보호효과를 나타내는 한약처방 (2021)

특허

- 한방재료가 포함된 근육통 개선용 조성물 및 이의 제조방법(2022)
- 한약재 추출용 티백 (2022)
- 염증성 통증과 악성 피부질환 완화용 한약재 제조방법 (2022)

보고서

- 천연물을 이용한 미세먼지 대응 심혈관질환 제어 연구 (2022)
- 비만질환 치료를 위한 한약재 유래 유용 방향성 정유의 체지방 조절(2021)
- 한약제제 주성분에 대한 성분프로파일 연구 (2021)

동향

- 인공지능 기술로 가짜 한약재 가려낸다...정확도 99% (2020)
- 말린 누에가 파킨슨병 억제...동물실험으로 입증 (2020)
- 한약, 안심하고 먹으려면 (2018)

출처 : 사이언스on(KISTI)

한약학에서 수강하는 대표 과목

[한약학과 대학에서 이수하는 교과]

교양필수	일반화학, 약용식물학, 한약한문, 한약학개론, 본초학, 약품유기화학, 한방생리학 등
전공필수 및 전공선택	천연물화학, 미생물학, 본초포제학, 생약학, 한약방제학, 한방약리학, 병원한약학, 약사법규, 약제학, 포제학, 포제학실습, 한약학제약, 한방감정학, 한약감정학실습, 약품기기분석, 약품분석학, 약품분석학실습, 한약품질관리학, 의약품유통저장학, 예방약학, 한방진단학, 한약국관리학, 한약약리학, 한약약리학실습, 인체생리학, 병태생리학, 약사법규 등

[한약학과 진학에 도움이 되는 교과]

교과영역	교과(군)	공통과목	선택 과목Ⅰ	
			일반선택	진로선택
기초	국어	국어	화법과 작문, 독서, 문학, 언어와 매체	
	수학	수학	수학Ⅰ, 수학Ⅱ, 미적분, 확률과 통계	실용수학, 기하, 수학과제 탐구
	영어	영어	영어Ⅰ, 영어Ⅱ, 영어 독해와 작문	
	한국사	한국사		
탐구	사회	통합사회	생활과 윤리, 윤리와 사상, 정치와 법	사회문제탐구, 사회과제연구
	과학	통합과학 과학탐구실험	생명과학Ⅰ, 화학Ⅰ, 물리학Ⅰ	생명과학Ⅱ, 화학Ⅱ, 생활과 과학, 융합과학, 고급화학, 고급생명과학, 화학실험, 생명과학실험, 과학과제연구, 인체와 구조
생활 교양	기술·가정		기술·가정, 정보	인공지능기초
	교양		보건, 철학, 심리학, 한문Ⅰ	한문Ⅱ

※ 별색 : 핵심 권장 과목

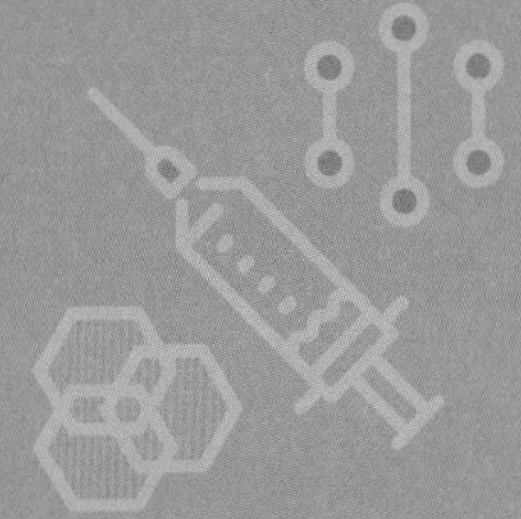

유전 & 생명계열 진로 로드맵

어떤 성향이 이 계열에 잘 맞을까?

이 계열을 희망하는 학생들은 동·식물에 큰 관심을 가지고 있으며, 질병의 원인이 무엇인지 파악하고 그 문제를 해결하려는 성향을 가진 학생들이 많다. 교과서에 나와 있는 지식을 단순히 받아들이기보다는 "정말로 맞을까?" 궁금해하고 이를 검증하는 학생들이 많다. 또한 직접 재배해 보면서 문제를 해결하려는 성향을 가지고 있다. 이처럼 도전정신이 높으며 실험을 통해 이해하려는 탐구형 인재가 많다. 탐구력을 발휘하기 위해서는 세밀한 관찰력과 꼼꼼한 성격의 학생들이 적합하다. 정확한 분석력으로 효과적인 치료제를 개발해야 하기에 섬세한 손재주와 도구를 활용하는 능력도 필요하다. 여기에 더하여 최근에 연구되고 있는 전공 분야에도 관심을 가지고 조사할 필요도 있다.

이 성향의 학생들은 학교생활 중 많은 실험을 설계하고 다양한 조건으로 실험을 진행하면서 결론을 도출한다. 특히, 스마트팜이 큰 인기를 얻고 있어 스마트팜에서 재배하는 것과 노지에서 재배하는 것의 차이를 알아보는 학생이 많다. 직접 재배해 보면서 원인을 찾고 대안을 제시하려는 학생들은 대학에서 우수한 평가를 받을 수 있다. 또한 우리 주변에 있는 문제점을 확인하고 문제를 해결하기 위해 노력하는 모습을 보이는 것도 좋다. 특히, 진로에 대한 전문적인 지식을 쌓기 위해 동아리 활동이나 멘토링, 또는 개인적으로라도 논문이나 학술지를 보면서 전공역량을 높이는 것도 좋다.

[유전·생명계열 진로 로드맵]

구분	중등	고등1	고등2	고등3
자율 활동	생명 토론 활동	학급 자유 주제 탐구활동, 사제동행 및 선후배 연합 탐구활동		
동아리 활동	생명동아리 활동	생명 전문 실험동아리, 생명 시사 토론동아리		
진로 활동	진로시사 탐색활동	실험실/연구실 탐방, 직업인과의 만남, 서울대 생명과학 캠프, 스마트팜 제작활동		진로심화탐구
특기 활동	정보/과학 영재교육원 이수	대학 연구실 및 바이오센터 실험실 견학		

본 계열의 학생들은 처음부터 농사, 종자 등에 높은 관심을 가진 친구들이 많다. 다른 계열의 학생들보다 구체적인 목표를 가지고 있어 다양한 농작물을 재배하는 탐구활동을 하고, 학급이나 학교 식물을 키우고 가꾸는 것도 좋아한다. 고등학교 때 다양한 수행평가가 있는데 이 계열의 학생들은 농작물과 관련된 활동을 하는 경우가 많다. 또한 좋아서 하는 경우가 대부분이기에 궁금한 점을 스스로 찾고 이를 깊이 탐구하는 모습을 볼 수 있다. 앞에서 제시한 것처럼 영재교육원에서 과학뿐만 아니라 정보과학에서 관심을 가지고 수경재배 시 식물에 필요한 양분을 제공하기 위한 연구도 진행한다.

학생부종합전형으로 지원하는 경우, 교과성적 외에도 진로에 관한 교과목을 많이 이수하는 것과 교과 세특을 진로와 연계되도록 구성하는 것이 중요하다. 생명과학II뿐만 아니라 화학II까지 공부하여 식물에 미치는 영향을 분석하는 것이 중요하다. 특히, 화학실험, 생명과학실험 등의 과목을 이수하면서 다양한 실험능력을 갖추는 것이 중요하다. 학교에서 개설되지 않아 이수하지 않는 것도 고교학점제에서는 감점을 받을 수 있다. 따라서 공동교육과정이나 온라인공동교육과정을 통해 관련 과목을 이수할 것을 추천한다. 여러 개의 활동을 나열하기보다는 1~2개의 활동을 오랫동안 깊이 있게 탐구하는 것을 추천한다. 시험이 끝난 후나 방학을 활용하여 탐구할 수 있기에 시간 관리를 통해 내신성적과 탐구활동을 같이 채울 수 있도록 진로 로드맵을 구성할 것을 추천한다.

선배들의 진로 로드맵 엿보기

유전공학 및 줄기세포학 진로 로드맵

유전공학 및 줄기세포학 합격자 선배들의 진로 로드맵과 세특

항원을 코딩하는 mRNA를 인체에 주입하여 항체를 생성하겠다는 mRNA 백신의 개념 자체는 이미 1990년에 제안된 바 있다. 그러나 mRNA는 음전하를 띠는 거대분자로써 세포막을 스스로 통과하지 못하며, 행여 통과하더라도 생체 내에 존재하는 RNA 가수분해 효소에 의해 쉽게 분해된다는 한계가 있어 연구 성과가 미비했다. 그러다가 1998년 RNA 간섭현상이 발견되었고, 2001년 외부에서 합성된 작은 조각의 RNA가 RNA 간섭현상을 유도하여 이를 새로운 유전자 치료제로 사용할 수 있다는 연구가 주목받기 시작했다.

mRNA 백신은 인공적으로 만든 항원 단백질 정보로 설계도를 이용한다. 체내 투여 시 세포 내 항원이 발현돼 면역 활성화, 면역기억 형성이 이뤄진다. 코로나-19를 비롯한 신·변종 감염병 백신 주권을 확보하고 바이오신약 혁신기술을 창출하려면 관련 기술 확보가 필수다. 정부에서도 중요하게 생각하지만 우리나라는 관련 기술 연구개발(R&D)이 초기 단계다.

신약개발 플랫폼은 항원이나 유전정보 등을 바꿔 적용할 수 있는 기반을 뜻한다. 이를 확보하면 다양한 타깃의 백신을 보다 빨리 개발할 수 있게 된다.

[핵산 전달 기술 관점에서 본 mRNA 백신 및 지질나노입자 분야 개발의 흐름]

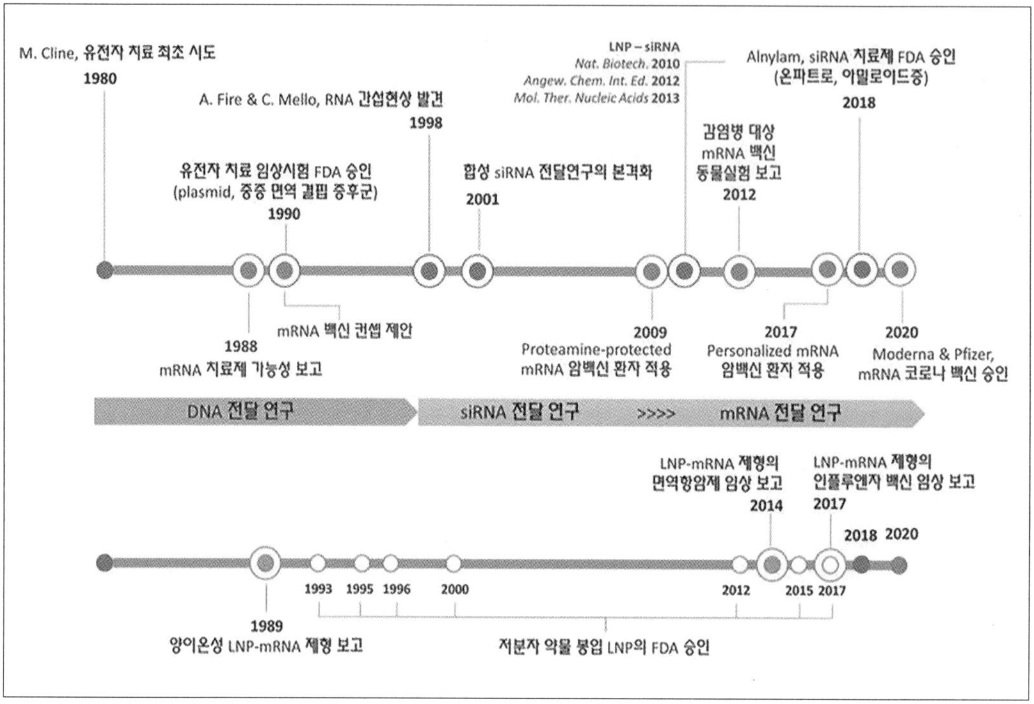

M. Cline, 유전자 치료 최초 시도
1980
A. Fire & C. Mello, RNA 간섭현상 발견
1998
LNP – siRNA
Nat. Biotech. 2010
Angew. Chem. Int. Ed. 2012
Mol. Ther. Nucleic Acids 2013
Alnylam, siRNA 치료제 FDA 승인
(온파트로, 아밀로이드증)
2018
유전자 치료 임상시험 FDA 승인
(plasmid, 중증 면역 결핍 증후군)
1990
합성 siRNA 전달연구의 본격화
2001
감염병 대상
mRNA 백신
동물실험 보고
2012
mRNA 백신 컨셉 제안
1988
mRNA 치료제 가능성 보고
2009
Proteamine-protected
mRNA 암백신 환자 적용
2017
Personalized mRNA
암백신 환자 적용
2020
Moderna & Pfizer,
mRNA 코로나 백신 승인
DNA 전달 연구
siRNA 전달 연구
>>>>
mRNA 전달 연구
LNP-mRNA 제형의
면역항암제 임상 보고
2014
LNP-mRNA 제형의
인플루엔자 백신 임상 보고
2017
2018 2020
1993 1995 1996 2000 2012 2015 2017
1989
양이온성 LNP-mRNA 제형 보고
저분자 약물 봉입 LNP의 FDA 승인

출처 : Xu et al.(2020), Hou et al.(2021)

플랫폼 기술
구성 세부 기술
mRNA 구조체 원천기술
A. 타겟 발굴 알고리즘 개발
-항원 예측 알고리즘
-mRNA 안전성 예측 인공지능
Linear
5'UTR
CDS
3'UTR
Cap
Poly (A) tails
Circular
Ribosome
Circular RNA
B. mRNA 구조체 플랫폼 기술
-선형 vs 원형 구조
-CDS(유전자코딩영역)
-UTRs
mRNA 생산 및 전달 원천기술
C. mRNA 백신 생산 기술
-In vitro 전사 & 정제 기술
-mRNA 백신 저장 기술
D. mRNA 세포내 전달 기술
-나노전달체 개발
-mRNA 전달 원천기술 개발
mRNA 백신 후보물질 효능/안전성 검증
E. mRNA 백신 후보물질 효능/안전성 검증
-오가노이드/PDX동물모델 효능 평가
-전임상 독성평가 (+CRO)
F. mRNA 범용 플랫폼 적용 범위
-감염성 질환 : 바이러스 감염병
-난치 암
-유전성 질환

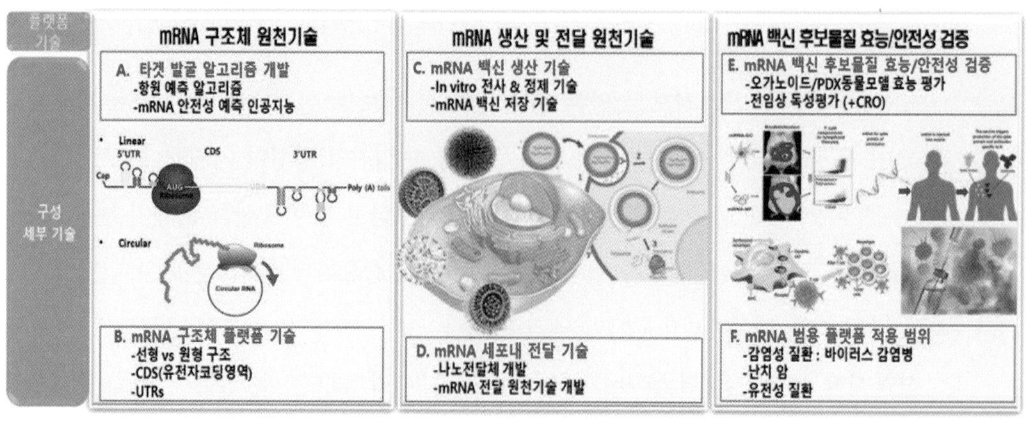

출처 : mRNA 기반 신약개발 플랫폼 구축 및 원천기술 개발(한국생명공학연구원)

생명연은 △mRNA 구조체, △mRNA 생산 및 전달, △mRNA 의약품 후보물질 효능 및 안전성 검증 원천기술을 연구한다. 내년부터 2024년까지 과제는 1단계로, 타깃과 항원을 선정하고 mRNA 구조체, 전달체 원천기술을 개발한다. 2단계(2025~2027년)에서는 확립한 원천기술을 융합하고 최적화하는 작업에 착수한다.

mRNA 백신이 처음 유통된 당시의 가장 큰 이슈는 유통과정에서 콜드체인을 유지해야 한다는 것이었다. RNA는 그 자체가 불안정하여 LNP로 감싸 안정성을 증대시켜 주지만, LNP 제형이 안정적으로 유지되지 않으면 내부에 있던 RNA가 방출될 수 있기 때문에 제조사에서는 LNP 제형을 안정적으로 유지하기 위한 조건으로 극저온 조건을 제시하였다. RNA 및 전달체의 구조, 조성, 제형, 표적 질환 및 응용 분야의 신규성과 진보성을 확보하기 위해 관련 분야의 체계적인 특허 분석 및 주기적인 정보 업데이트 등의 독자적인 기술이 필요하다.

mRNA 백신은 기존의 재조합 단백질 백신에 비하여 단가가 높다. 이를 해결하기 위하여 값비싼 외산의 원부자재의 단가를 국내 수급을 통해 낮추는 방법과 신규 구조체 및 전달체 등의 개발로 백신 자체의 효율을 증대시켜 투여량을 감소시키는 방법이 고려되고 있다. 코로나-19 mRNA 백신 접종자의 대다수가 부작용을 경험하고 있다. 부작용의 종류와 정도는 개인에 따라 경미하기도 하고 심근염, 자가면역 질환 등의 심각한 부작용 사례가 보고되기도 한다.

코로나-19 팬데믹의 장기화에 크게 기여하는 것은 잦은 변이에 의한 돌파감염이다. 현재 코로나-19 백신에서 면역원으로 사용하는 스파이크 단백질은 변이가 자주 일어나기 때문에 알파, 델타, 오미크론 등의 변이 바이러스가 지속적으로 보고되고 있다. 따라서 스파크 단백질이 변형되더라도 영향을 받지 않고 치료할 수 있는 범용백신이 개발 중이다. 면역학을 비롯하여 분자생물학, 생물학, 화학, 신소재공학, 재료공학, 화학공학, 기계공학, 독성학 등 다양한 기초 분야의 기술이 어우러져 있으므로 각 분야의 연구가 통합적으로 연계될 필요가 있다.

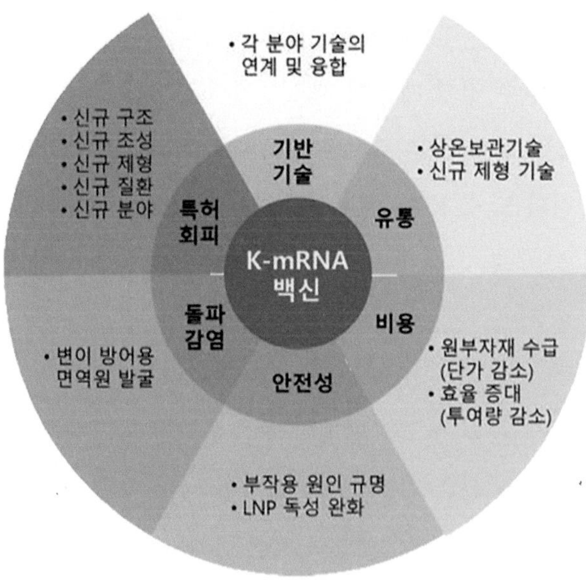

출처 : 2022년 3월호 융합연구리뷰

[유전공학 & 줄기세포학 진로 로드맵]

구분	고등1	고등2	고등3
자율 활동	마스크 착용법 게시 및 스프레이형 소독제의 위험성을 조사 후 소독거즈나 환기의 필요성을 언급	생물정보학에 관심을 가지고 DNA 서열분석, RNA와 단백질 발현 분석, 구조 생물정보학, 시스템 생물학을 탐구	대학 탐방 활동에서 Agar를 활용하여 액체, 고체 배지를 만들고 멸균법 학습, '항생제 내성 유전자를 이용한 대장균 선별하기' 실험을 진행, Plasmid DNA 추출, Gel electrophoresis 실험을 진행
동아리 활동	토론 동아리에서 의학 (배아줄기세포를 연구해야 한다.) 관련 토론을 논리적으로 진행	생명공학기술의 이점과 문제점 토론, 바이오플라스틱 및 PCR플라스틱에 대해 조사	정상세포와 암세포 관여 단백질 조사, '발암물질인 니코틴이 체내 장기에 미치는 영향' 실험 계획 발표
진로 활동	진로 스피치 활동을 통해 희귀 난치병 연구를 하고 싶다고 밝힘.	'혈액으로 암 조기 진단 액체생검'에 대해 탐구, 바이오 경제시대를 이끌 연구들 조사	'식물 세포의 세포질 유동에 유리한 용매, 물' 탐구, 세포생물학에 관심을 가짐.
특기 활동	전염병 퇴치 방법에 관심을 가지고 근현대적 전염병의 역사를 정리하여 학교 축제 때 홍보	'화학적 소화제가 인체에 미치는 영향'의 화학적 원리 조사, 지역 특산물인 '마'를 활용한 천연소화제 제조	동물실험의 역사, 동물실험의 원칙과 윤리를 조사, 동물실험을 대체할 오가노이드와 장기칩에 대해 조사

[창의적 체험활동]

구분		창의적 체험활동상황
2학년	자율활동	평소 생물학에 관심이 많은 학생으로 생물학과 정보학이 융합된, 생물정보학에 사용되는 컴퓨터의 기능에 대해 알아보고 싶어 컴퓨터공학 전문가와의 만남에 참여함. 컴퓨터공학 전문가의 강연을 듣고 난 후 생물정보학에는 주로 데이터베이스 구축, 알고리즘, 소프트웨어가 이용된다는 것을 알게 되어 **생물정보학과 컴퓨터 공학의 접점**을 깨닫게 되었음. 이후 생물정보학이 DNA 서열분석, RNA와 단백질 발현 분석, 구조 생물정보학, 시스템 생물학에 응용된다는 것을 스스로 학습함.
	동아리활동	'WHO, 인간게놈편집 가이드 라인 제시'라는 기사를 읽고 생명공학기술의 이점과 문제점에 대해 친구들과 토론을 진행함. 매일 마시는 생수병을 보고 플라스틱의 심각성을 확인한 후 **바이오플라스틱에 대해 조사**함. 바이오플라스틱의 정의와 종류, 바이오플라스틱이 사용되는 사례를 발표함. 추가로 PCR 플라스틱에도 관심을 가지며 플라스틱 문제에 대한 논의를 주도적으로 진행함.
	진로활동	교내학술포럼에 참가하여 **'혈액으로 암 조기 진단 액체생검'**이라는 주제의 바이오 미래 유망기술에 관심을 가지게 됨. 이후 바이오 경제시대를 이끌어 갈 기술에 대해 조사하여 발표함. 생체분자 구조분석 기술, 엽록체 바이오 공장, 바이오파운드리를 제시하면서 바이오 전 분야를 플랫폼, 레드, 그린, 화이트 바이오 등 유형별로 구별하여 발표함. 더 나은 바이오 기술이 개발되어 치료 부담을 줄이고 치료받을 수 있는 시대가 도래했으면 좋겠다는 의견을 개진하여 동료로부터 좋은 평가를 받음.
3학년	자율활동	대학 캠프에 참가하여 Agar로 액체, 고체 배지를 만들고 멸균법을 공부함. 마이크로 피펫, 원심분리기, Vortex 등 실험에 사용되는 기구를 다뤄보고 유의점을 숙지함. Central dogma, 유전자 cloning, vector, plasmid 등 분자생물학적 기본 개념을 학습하고 **'항생제 내성 유전자를 이용한 대장균 선별하기'** 실험을 진행함. pGLO형질로 전환된 대장균과 amp, ara의 유무에 따라 배지를 만들고 대장균 증식 여부와 균총색 발현 여부를 알아보았으며, Plasmid DNA 추출, Gel electrophoresis 실험을 진행함.
	동아리활동	전공탐색활동으로 정상세포와 암세포 분화의 차이점, 다단계 발암 기전, 세포주기와 check point 역할 및 관여 단백질에 대해 보고서를 작성하고 APC, p53 등 새로운 개념을 공부함. 항상성 작용에 대한 포괄적 질문, 연역적 탐구 방법 학습을 통한 실험 설계, 고양이와 인간 눈의 차이점을 읽고, 고양이 눈의 구조 구상하기 등 생명공학 관련 논술 제시문을 읽고 토의함. **'발암물질 니코틴이 체내 장기에 미치는 영향'**을 주제로 실험용 쥐를 통해 확인하는 실험 계획을 발표함.
	진로활동	**'식물세포의 세포질 유동에 유리한 용매, 물'**을 주제로 유체의 회전속도와 물질 교환 및 분배의 효율, 용매의 점성과 물질교환 및 분배의 관계를 확인하는 실험을 진행하며 세포생물학에 대한 소양을 쌓음. 세포질 유동은 세포 내, 외부의 물질대사를 돕고 항상성 유지에 꼭 필요하며, 유체의 회전속도가 빠를수록 물질교환과 분배에서 유리하며 물은 수소결합으로 용해도가 높아 세포질의 구성성분으로써 적당함을 확인함.

[교과 세특]

구분		세부내용 및 특기사항
1학년	한국사	조선시대의 의학, 과학기술에 대해 학습하고 전염병 퇴치 방법에 궁금증을 가지고 '천연두'에 대해 조사함. **'종두귀감'**, **'우둔신설'**이라는 도서를 통해 천연두 치료에 종두법을 활용했다는 사실을 알게 됨. 발표 소감에서 치료에 전념했던 지석영 선생의 모습을 보며 미래 자신의 진로에 대한 확고함을 확인할 수 있었다고 함. 이후 근현대적 전염병의 역사를 정리하여 학교 축제 때 홍보하여 학생들이 의학 역사를 쉽게 접할 수 있도록 배려하는 역할을 진행함.
2학년	물리학Ⅰ	생체역학에 대해서 많은 궁금증을 가지고, 여러 논문 및 **'미래 의학 설명서'**라는 책을 찾아보는 등 여러 가지 방법으로 생체역학에 대해 탐구했으며 의문점을 교사와 학우들에게 질문하고 논의하며 해결해 나감. 전자기력 실험 수행평가와 관련하여 통제 변인 및 종속 변인에 어떠한 것이 있는지 정확하게 나타냄.
	생명과학Ⅰ	**'화학적 소화제가 인체에 미치는 영향'**에 대해 조사하여 자유주제발표를 수행함. 실생활 속 화학 탐구 활동에서 지역 특산물인 '마'에 대해 조사한 후, 마의 디아스테제 성분을 활용한 천연 소화제를 직접 제조하여 효과를 검증하고 보고서를 제출함. 유전자 조작 찬반 토론에서 유전병 치료 사례와 유전자 조작 모기로 말라리아를 예방할 수 있다는 근거를 제시하며 찬성의 입장을 밝히고 난치병 치료를 위한 유전자 연구에 대한 자신의 진로를 한 번 더 확고히 함.
	화학Ⅰ	화학결합을 배우고 난 후 화학결합 중 분자결합을 이용한 사례에는 무엇이 있는지 조사하여 발표함. 음식의 질감 및 요리과정 등을 과학적으로 분석해 새롭게 변형시키거나 다른 형태의 음식으로 창조하는 분자요리에 대해 조사함.
3학년	보건	공동체 건강 의사결정과정에서 학급에서 실천할 수 있는 감염병예방법을 설정하여 쉬는 시간 10분 환기, 마스크 착용, 등교 전 건강 상태 자가 진단 등 학교생활에 실제 적용할 수 있는 감염병예방법을 제시하고 환기, 일간 소독 등 학급 방역 활동에 적극 참여하여 모범이 된 학생임. 생명윤리 분야 **'생명복제'** 찬반 토론에서 반대 의견을 냄. 연구가 진행되면 동물들의 피해와 생명윤리 관점에서 어긋나는 행위임을 설명하고, 법적 관리와 생명공학 연구에 대해 생각해 보는 시간을 가짐. 다른 주제토론에도 관심을 가지고 경청하며 최신 이슈까지 찾아보는 열의를 보임. 참여하고 싶은 옹호 활동으로 '금연캠페인'을 선택하여 흡연으로 인한 개인의 건강 문제와 담배꽁초로 인한 환경문제까지 다양한 사회문제에 접근함.
	과학교양	동물실험의 역사와 원칙, 윤리를 조사하고 발표함. 동물실험을 줄여야 하는 이유를 사람과 동물이 공유하는 질병이 1.17% 정도이고, 동물실험의 결과가 사람과 똑같이 나올 확률이 8% 정도라는 정확한 수치를 이용하여 설득력이 있게 발표함. 추가 활동으로 **동물실험을 대체할 오가노이드와 장기칩**에 대해 조사함. 오가노이드의 경우 인간의 세포를 이용했기 때문에 더 유용한 결과를 얻을 수 있다고 어필함. 장기칩은 동물실험이 우리 인체에 맞지 않는 부작용을 보완할 수 있으며, 전기적 회로를 통해 물리적, 화학적 반응을 조절할 수 있다고 함. 제스라피쉬의 간을 모사하여 배양한 최근 기사를 소개하면서 생명의 소중함을 한 번 더 언급함.

➔ 유전공학 및 줄기세포학계열 추천도서와 탐구 주제 찾기

[유전공학 및 줄기세포학 추천도서]

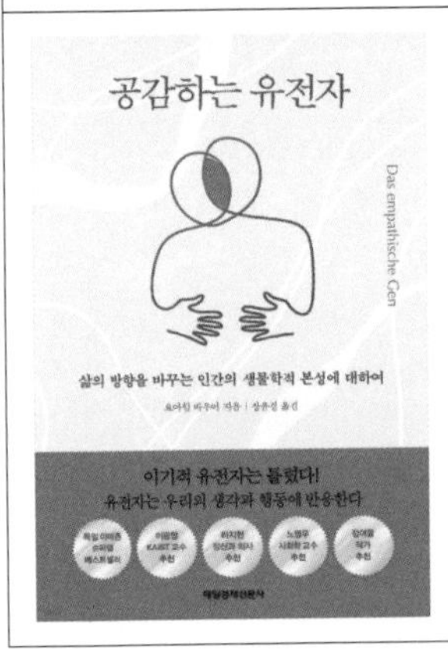

[유전공학 및 줄기세포학 탐구 주제 찾기]

과목	단원	탐구 주제
통합 사회	인권 문제의 양성과 해결	동물실험의 여부 토론 후 대체할 수 있는 기술 탐구
	생활 공간과 사회	지역별 감염관리센터의 필요성 연구

통합 과학	자연의 구성물질	생명체의 구성 원소 탐구
	자연의 구성물질	DNA의 이중나선 구조와 돌연변이체 탐구
	생명시스템	ATP와 ADP 에너지의 관계 탐구
	생물의 다양성과 유지	생물 다양성 보전을 위한 유전학적 탐구
수학	함수(여러 가지 함수)	박테리아 인조유전체 일대일을 활용한 게놈지도 탐구
	방정식과 부등식(여러 가지 방정식)	동물실험의 문제점을 설명하기 위해 동물과 인간과의 공유질병 일치 여부를 수학적으로 분석
	경우의 수(경우의 수와 순열)	인간게놈 프로젝트 유전체의 염기서열 발견 개수에 따른 완성도 탐구

핵심 키워드로 알아보는 유전공학 및 줄기세포학

유전자 조작, 돌연변이, 생명체 복제, 단백질 기능, 분자생물학, 유전자 재조합, 생합성, 유전자발현, 분자연구, 고분자 공학, 유전생물학, 형질전환, 육종학, 분화 면역, 생리학, 식량 종자학, 바이오신약, 게놈, 장기세포학, 재생세포

ⓐ DBpia에서 가장 많이 검색된 논문

㉠ 의료 분야 유전기술의 발전에 따른 도덕적 정당성 논쟁에 대한 고찰 : 체세포복제줄기세포연구·유전자가위기술·인간게놈합성프로젝트를 중심으로, 국가생명윤리정책원

㉡ 우울증의 후성유전기전: BDNF 유전자의 히스톤 변형 및 DNA 메틸화의 역할, 한국생명과학회

㉢ 효모 감수분열과정에서의 유전자 재조합 기전 특이적 DNA 중간체의 구조 변화,한국미생물학회

㉣ 재조합효소-중합효소 증폭법(RPA) 및 중합효소 연쇄반응법(PCR)에서 생성된 특이 DNA 증폭산물 간의 비교, 정책연구보고서

㉤ 암줄기세포의 특성 및 면역관문억제, 한국생명과학회

ⓑ 시사를 활용한 탐구활동

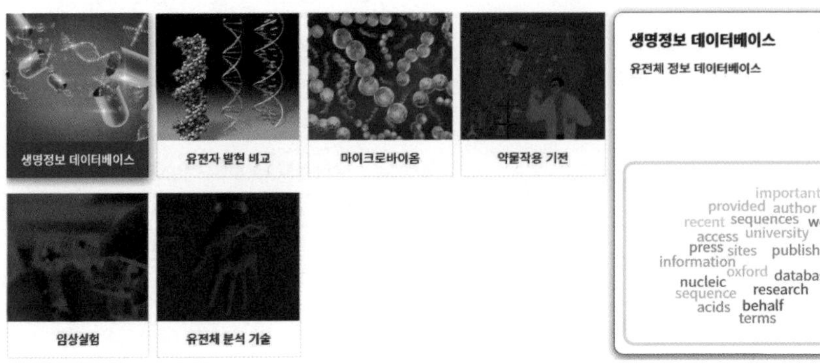

출처 : 사이언스on(KISTI)

논문	시퀀스 유사도에 기반한 유전체 데이터베이스 압축 및 영향 분석 (2017)
	배추의 조직 특이적 발현유전자 데이터베이스 (2011)
	유전체 데이터베이스와 EST 데이터 베이스 구축 (2000)
특허	바이러스 유전체의 분류학적 기반 데이터베이스 구축방법 (2015)
	중앙 집중형 데이터베이스를 유전자 알고리즘을 이용하여 분산데이터베이스로 변환하는 방법 (1999)
	실험용 프라이머 정보를 제공하는 데이터베이스 구축 방법 (2008)
보고서	미생물 유전체 유전체 정보기지 (2008)
	자생식물 유전체 기능 연구를 위한 정보기지 구축 및 운용 (2006)
	인플루엔자 바이러스 유전자 데이터베이스 구축 (2012)
동향	Leopoldina, 유전자 DB로의 무료 접근 옹호 (2021)
	"코로나19 게놈 데이터 완전하게 공유해야" (2021)
	KAIST·생명연, 400여개 인체 3차원 암 게놈 지도 구축 (2020)

출처 : 사이언스on(KISTI)

유전공학 및 줄기세포학에서 수강하는 대표 과목

[유전공학 및 줄기세포학과 대학에서 이수하는 교과]

교양필수	생물학, 화학, 통계학, 일반물리학, 생물자원학, 미분적분학 등
전공필수 및 전공선택	미생물학, 생화학, 유전학, 분자생물학, 생명공학, 미생물학실험, 작물생명공학, 생화학실험, 바이오창업실무, 피부생명공학, 생명과학을 위한 프로그래밍, 분자생물학, 분자생물학실험, 세포배양공학, 인체생물학, 유전공학, 유전학실험, 생명공학실험, 유전체학, 바이오경영, 유전공학종합설계, 면역학, 산업미생물학, 생화학기기분석, 세포생물학, 식물분자생물학, 바이러스학, 식물분자세포학, 발생생물학, 생물정보학

[유전공학 및 줄기세포학과 진학에 도움이 되는 교과]

교과영역	교과(군)	공통과목	선택 과목 I	
			일반선택	진로선택
기초	국어	국어	화법과 작문, 독서, 문학, 언어와 매체	
	수학	수학	수학 I, 수학 II, 미적분, 확률과 통계	실용수학, 기하, 수학과제 탐구, 심화수학 I, 심화수학 II, 인공지능수학
	영어	영어	영어 I, 영어 II, 영어 독해와 작문	
	한국사	한국사		
탐구	사회	통합사회	생활과 윤리, 윤리와 사상, 정치와 법	사회문제탐구, 사회과제연구
	과학	통합과학 과학탐구 실험	생명과학 I, 화학 I, 물리학 I	생명과학 II, 화학 II, 물리학 II, 생활과 과학, 융합과학, 고급화학, 고급생명과학, 화학실험, 생명과학실험, 과학과제연구, 융합과학탐구, 물리학실험, 고급물리학
생활 교양	기술·가정		기술·가정, 정보	인공지능기초, 공학일반, 공업일반, 인간과 환경, 생태와 환경, 프로그래밍, 육종
	교양			

※ 별색 : 핵심 권장 과목

➔ 식물자원 및 식물생물학 합격자 선배들의 진로 로드맵과 세특

전 세계 인구가 2050년까지 약 90억 명으로 늘어날 것이라 예측하고 있다. 이에 따라 식품 수요도 50% 이상 증가할 것으로 예상된다. 그런데 농업 및 식품산업은 이미 한계에 도달하였기 때문에 현재의 식품 생산 시스템하에서 생산량을 늘리기보다는 효율적인 생산량 증가가 필요하다.

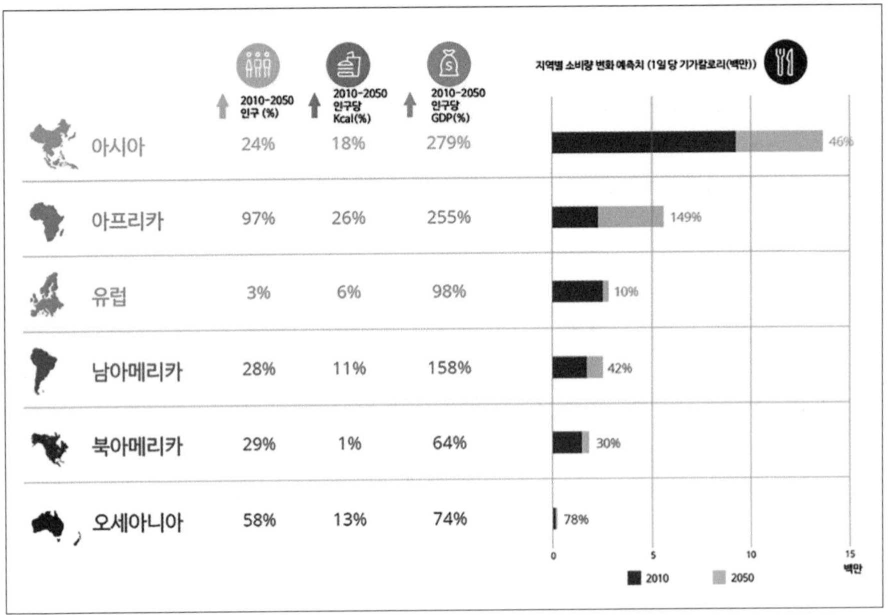

출처 : kr_consumer_article

이제는 농업도 인공지능 시대이다. 농업에 지능(intelligence)을 도입하고 정밀도를 높이면, 수확량이 늘어나는 동시에 물이나 비료 등의 자원 사용을 줄일 수 있게 된다. 마이크로 센서, 작물에 대한 에어리얼이미징(aerialimaging), 로봇토양

샘플러(roboticsoil sampler) 같은 혁신이 이제는 필요하다. 현재 많이 사용하고 있는 잡초나 해충을 제거하는 기기나 비료를 뿌리는 로봇, 수확하는 자율 로봇 등과 같은 기술을 활용하면 지금보다도 많은 생산량이 확보될 수 있다.

또한 고밀도 수직농업은 농지를 늘리지 않고도 생산량을 증대시킬 수 있는 솔루션이다. 농부들은 다층 선반을 이용해 토지를 늘리지 않으면서도 농작물을 더 많이 재배할 수 있다. 이러한 환경에서는 온도와 습도의 조건을 균일하게 하고 빛 파장을 최적화하면 작물의 성장조건을 최적화할 수 있다.

대표적인 회사인 스위스 로그는 독자적인 관리 자동화 시스템 소프트웨어(SW)인 싱큐(SynQ)의 필수 부분을 사용하여 작물 생산 자동화 흐름의 조직화를 이뤄냈고, 다양한 유형의 공간(예: 도심지의 폐창고, 사무실 내부의 미사용 공간, 또는 새로운 용도로 구축된 시설)에 작물을 배치하였다. 특히, 수확, 씨뿌리기, 물류에 드는 인건비를 절감할 수 있으며, 조명 시스템 최적화를 통한 에너지 사용료를 절감하였다.

그뿐만 아니라 고유한 공간관리 배치를 통한 작물 생육비용 절감, 수직농업 농장이 판매점에 더 가깝게 배치되도록 하는 데 따른 물류 교통비를 절감하였다.

최근에는 로테크(low-tech) 기술도 생산에 큰 몫을 하고 있다. 물관리 방법을 개선하여 담수 사용과 관련하여 안전한 운영 공간을 만들 수 있다. 이는 강 유역의 효율성과 저장용량을 늘리고, 빗물 활용도와 관개시설을 재구성함으로써 가능하다. 로테크 기술을 통해 토지 일부를 자연에 맡김으로써 현재 문제점으로 떠오르는 생물다양성을 증가시킬 수 있으며, 토양의 질을 향상시키기 위해 피복식물(covercrops)을 활용할 수 있다.

출처 : 수직농업 자동화 시스템(스위스 로그)

분류	혁신
자율 농업 (autonomous farming)	자율 트랙터가 경작과 농작물 재배 자동화
	자율 수확 기기가 작물의 맞춤형 수확을 가능하게 함
	잡초/해충을 제거하는 로봇이 고도의 정밀도로 잡초와 해충을 통제
	비료를 뿌리는 로봇이 비료의 양과 뿌리는 시기를 최적화
지능형 농업 (intelligent farming)	마이크로 센서가 토지, 농작물, 가축에 대한 구체적이고 상세한 정보 제공
	로봇 토양 샘플러가 토양 상태 정보를 제공
	작물의 에어리얼 이미징(드론, 비행기, 위성)은 농부들에게 땅과 농작물 상태에 대한 정보 제공
	빅데이터 애널리틱스를 통해 농업 방식에 대한 데이터 기반 의사 결정 가능
	농장 관리 시스템이 농장 관리를 단순화 및 최적화
	데이터를 공유하는 집단이 공동 학습을 향상시킴
	가축의 행동 및 건강 모니터링의 자동화로 인해 동물 복지 최적화
순환 농업 (circular farming)	사료 첨가제는 소가 배출하는 메탄을 감소시킴
	메탄을 분해하는 장치가 소에서 나온 메탄을 재생가능한 가스로 변환

인공적 조건 설정 (artificial conditions)	수직 농업으로 자원 효율적 농업 실현
	최적의 빛 파장은 농작물 성과를 개선
	온도와 물 등의 조건을 균일하게 하면 성장 조건 최적화
	양식장(바닷물, 폐기물 제로)은 지속가능한 방식으로 물고기 양식
대체 단백질 (alternative proteins)	단백질 분말(예: 곤충 가루)은 동물성 단백질의 대안
	식물성 위주의 음식은 동물성 단백질의 대안
	배양육은 동물성 단백질 생산의 대안
	발효는 동물성 단백질의 대안
	미세조류는 동물성 단백질의 대안
게놈 기반 개선 (genome-based enhan cements)	유전체 선발(genomic selection)로 보다 저항력이 높고 수확량이 많은 작물 생산
	유전자 변형으로 모든 조건에 최적화된 씨앗 생산
	가축 질병 면역이 질병으로부터 가축 보호

출처 : kr_consumer_article

[식물자원학 진로 로드맵]

구분	고등1	고등2	고등3
자율 활동	'왜 식량이 문제일까?'라는 책을 읽고 관련 논지에 대해 탐구, GMO 인식개선의 필요성 어필	우장춘 박사 특별 기획전 참가, '우의 삼각형' 심화학습	'곰팡이는 과연 해로운가?'에 대해 토론, 곰팡이가 인체에 미치는 영향 탐구
동아리 활동	기술원을 견학하여 농업기술 확인, 다양한 품종의 육종 탐구	기술원 견학 식물재배법 강의를 듣고 직접 토마토를 수경 재배함.	영양소 검출 실험, 효모 알코올 발효 실험에 의한 무산소호흡과 유산소호흡 탐구
진로 활동	난민에게 도움이 될 수 있는 작물 개발 시뮬레이션 활동	농사, 육종, 관련협회 연구와 시사 내용을 매주 스크랩함, 동물실험 찬반 토론 진행	종자 사업의 발달사 조사, 유전자재조합생물체의 연구 원리 탐구
특기 활동	'GMO에 대한 인식변화'에 관련된 주장하는 글 발표	국립백두대간수목원의 시드볼트 여행 시뮬레이션	'식물이 반응하는 다양한 자극'에 대해 탐구, 식물의 새로운 품종과 다양한 미래 식량 자원 개발 탐구

[창의적 체험활동]

구분		창의적 체험활동상황
2 학 년	자율 활동	진로 체험 학습 시 농업 생명에 관심 있는 부원들과 함께 **'우장춘 박사 특별 기획전'**을 다녀옴. 사전에 농촌 지도사님의 설명을 신청하고 궁금한 점을 정리하여 체험학습을 진행했다고 함.
	동아리 활동	동아리 주제 발표활동에서 **'씨 없는 수박을 우장춘 박사가 만들었을까?'**라는 호기심을 가질 수 있는 질문을 던지며 부원들을 집중시킴. 그 당시 이슈가 되었던 **'배추 속 식물에 관한 게놈 분석'** 자료를 언급하며 자신도 그런 육종을 연구하여 식물의 다양성을 보여주고 싶다는 의지를 밝힘.
	진로 활동	여행지리 시간에 기획한 나만의 진로여행 프로젝트 후 종자 보존에 대한 관심이 많아 관련 기사를 읽고 친구들에게 관련 정보를 설명하는 활동을 함. 특히 우리나라 야생콩을 지키기 위한 OO대 OOO교수의 기사를 보고 종자를 왜 보관해야 하는지를 궁금해하며 관련 탐구를 진행함. 야생식물 종자에 대한 권리와 야생식물에 존재하는 다양한 기능성 물질을 조사하여 **야생에서 자란 유전자풀이 다양하여 환경 적응력이 우수**하다는 이점을 발표함.
3 학 년	자율 활동	동아리 체험활동 후 '우의 삼각형'에 대해 심화학습을 함. 찰스 다윈의 진화론 **'종은 자연도태의 결과로 성립된다'**는 내용의 근거를 찾아 제시하고, 상호공존이라는 자연생태학적인 원리에 대해 이해함. **'배추 속 식물에 관한 게놈 분석'** 논문에서 배추의 염색체(n=10), 양배추의 염색체(n=9)를 합성하여 이미 존재하는 유체의 염색체(n=19)를 직접 설명하면서 친구들의 호응을 이끌어 냄.
	동아리 활동	외래종 식물들의 출현으로 생물의 다양성이 감소하고 생태계가 파괴된다는 기사를 확인하고 조원들과 **친환경 제초제 만들기 프로젝트**를 진행함. 동아리 시간에 강변 정화활동을 하다가 돼지풀 근처에 식물이 자라지 않는 것을 보고 돼지풀 추출물의 활용 가능성을 확인함. 이후 농업기술원 연구원과 통화를 하여 추출 방법을 알아낸 후 실험을 진행함. 대조군과 실험군을 설정하고 추출물을 넣은 브로콜리 씨앗이 잘 자라지 않을 거라는 가설과 달리 별 차이가 없어 타감물질 추출시간을 달리하여 실험을 했지만 효과가 없음을 알고 실험을 마무리함. 이후 본인 지역의 생태계 교란 외래 식물들을 조사하여 생태계에 영향을 미치는 부작용과 만지거나 먹었을 때 인체에 미치는 문제점을 전시하는 캠페인을 진행함.
	진로 활동	한국의 미래 그리기 활동에서 **'그린바이오 시대'**를 주제로 인구문제를 해결하는 모습을 잘 표현함. 과거부터 현재까지 종자 사업의 발달사를 도표로 만들고 유전자재조합생물체의 연구 원리에 관해 설명함. 이때 종자산업이 농업에만 국한되는 것이 아니라 바이오에너지, 제약산업과도 연결되어 있어 앞으로의 한국의 미래의 부가가치를 예측함. 이후 새로운 품종이 나왔을 때 기술과 같은 저작권의 문제가 있으리라는 생각을 하고 관련 내용을 탐구함. 식물신품종 보호법인 '품종보호제도'와 특허법인 '특허제도'를 비교하고 분석하여 알기 쉽게 설명하는 모습이 돋보임.

[교과 세특]

구분		세부내용 및 특기사항
1학년	국어	'주장과 근거가 어우러진 설득의 광장'을 배우면서 **'GMO에 대한 인식변화'**라는 주제로 주장하는 글을 발표하였음. 주장의 근거로 GMO의 시장 도입의 까다로움을 제시하여 급우들의 공감을 이끌어 냄.
2학년	독서	독서를 통한 진로 탐색하기 시간에 병충해로 죽어가는 화분을 보고 생명과학시간에 배운 유전자 조작을 통해 병충해에 강한 유전자를 주입한다면 피해를 줄일 수 있겠다는 생각으로 식물 유전공학 분야에 흥미를 느꼈다고 함. **'다윈, 당신 실수한 거야'**라는 도서를 읽고 독서카드에 꾸준히 기록함. 발표과정에서 '다윈'이라는 인물에 대한 소개와 진화론을 주제로 한 토론을 진행하고, 더 나아가 GMO식품까지 관심을 가지게 되어 **'위기의 밥상 농업'**을 읽고 GMO에 대한 자신의 입장을 밝힘. 이후 학교 매점의 음식들 중 GMO를 사용하는 분식들을 조사한 후 인체에 무해함을 알리고 GMO식품 등과 같은 품종개량식품에 대한 오개념을 없애기 위한 홍보물을 제작함.
2학년	여행지리	나만의 진로여행 프로젝트 계획을 세우기 전 오픈 동영상을 보고 그 지역에 미리 다녀온 사람들의 이야기를 바탕으로 여행 로드맵을 작성했다고 함. 종자학이나 식물에 관심이 많은 학생들로 조가 구성되어 국립백두대간수목원의 시드볼트로의 여행을 구성하여 사진이나 온라인 동영상을 재편집하여 학생들에게 직접 체험한 것처럼 느낄 수 있도록 발표를 진행함. 특히 시드볼트의 경우는 외부인 견학이 어렵기 때문에 약용식물원이나 자생식물원 코스를 설계하는 모습이 인상적임.
2학년	가정과학	안전한 식생활 단원에서 식중독에 대해 학습하고 바이러스성 식중독에 대해 조원들과 함께 PPT를 제작하여 급우들 앞에서 발표함. 특히 식중독과 노로바이러스의 차이점을 조사하고, 노로바이러스의 경우 겨울철 발병 원인을 설명하고 **식품 보관의 필요성**을 언급함.
3학년	환경	환경 변화에 의한 **식물의 새로운 품종과 다양한 미래 식량 자원 개발**에 대해 탐구함. 강화 순무를 소개하며, 연구 과정과 예전 품종과의 차이점을 자세히 설명했고 동의보감 내용을 참고하여 의학적인 지식도 전달함. 또한 환경변화에 따른 병해 저항성 계통을 정리하여 발표함.
3학년	생명과학II	DNA 모형만들기 활동에서 DNA구조와 복제과정을 정확히 이해함. 플라스미드와 목적 DNA를 연결하여 재조합 DNA를 만들어보고 제한효소의 역할을 더 쉽게 이해할 수 있었다고 함. 광주기성에 관심을 가지고 **'식물이 반응하는 다양한 자극'**과 관련된 자료를 찾아보고 보고서를 작성함. 이 과정에서 식물의 환경 스트레스와 식물들의 형태 변화의 원인에 대해 탐구함.

식물자원 및 식물생물학계열 추천도서와 탐구 주제 찾기

[식물자원 및 식물생물학 추천도서]

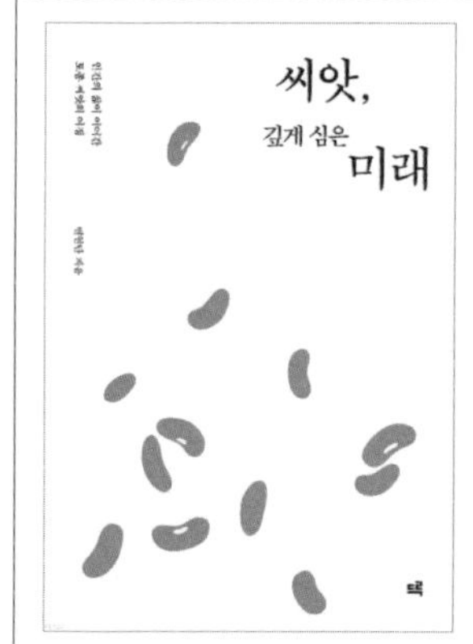		

[식물자원 및 식물생물학 탐구 주제 찾기]

과목	단원	탐구 주제
통합 사회	자연환경과 인간생활	쾨펜 기후 조사 및 한계점 탐구
	인간과 자연의 관계	통계청 자료를 활용하여 기후 변화로 인한 우리나라 농산물 생산지 변화 분석 탐구
	산업화·도시화에 따른 변화	생물종의 다양성 감소 원인을 분석하고 대책 탐구
	자본주의와 시장 경제	국제 정세의 변화에 의한 농작물의 가격 변화와 대책 탐구
	자원과 지속 가능한 발전	환경오염을 줄이기 위한 농작물 재배 방법 탐구
통합 과학	중화반응	식물의 종류에 따른 토양 관리 방법 탐구
	생태계와 환경	로지스트 곡선을 활용한 개체군 생장 모형 탐구
	생태계와 환경	국내 외래종 유입의 문제점과 생태계 보호 방법 탐구
	생물의 다양성 유지	식물의 수경재배와 땅 위 재배의 차이점을 분석하여 알맞은 재배법 탐구
수학	함수(여러 가지 함수)	식물의 환경스트레스와 식물들의 형태 변화의 원인을 탐구한 결과 분석
	경우의 수(경우의 수와 순열)	식물의 염색제를 활용한 게놈 분석 탐구
	경우의 수(경우의 수와 순열)	식물 아로마 요법의 장점을 조사하고 새로운 방향유를 만드는 경우의 수 탐구

핵심 키워드로 알아보는 식물자원 및 식물생물학

유전자원, 약용식물, 농작물, 병충방제, 식물오염, 채소 농작물, 먹을거리, 농약살포, 자연보존, 토양보호, 잡초방제, 특용식물, 산채식물, 관상용식물, 산림이용, 유물유지, 세포자원, 친환경, 목재, 임산물, 곤충학, 병리학, 바이러스, 방제학, 검역, 균학

ⓐ DBpia에서 가장 많이 검색된 논문

㉠ 자생식물과 생약자원 추출물의 폴리페놀, 플라보노이드 함량 및 항산

화 활성 탐색, 한국식품과학회

㉡ 대체식품 현황과 대응과제, 한국농촌경제연구원

㉢ 세계농식품체계와 식품안전 : 유전자조작 식품을 중심으로, 한국환경사회학회

㉣ 스마트팜 구현을 위한 연구동향 및 ICT 핵심기술 분석, (사)한국생물환경조절학회

㉤ 딥러닝 기반의 농산물 가격 예측 시스템에 대한 연구, 한국정보기술학회

ⓑ 시사를 활용한 탐구활동

출처 : 사이언스on(KISTI)

보고서

고추의 양적형질 개량을 위한 genomic selection 기반 육종기술 개발 (2021)

콩에서 거대유전자분석집단을 활용한 유전체육종 실용화 (2021)

콩에서 게놈전체연관분석(GWAS)을 통한 유전체육종 기반구축 및 실용화 (2018)

동향

영국, 유전자 편집 작물 장벽 낮춘다 (2021)

기후변화에 대처하는 식물 연구의 대반격 (2021)

해수부 "유럽·뉴질랜드 미역의 조상은 한국 미역 (2021)

출처 : 사이언스on(KISTI)

식물자원학 및 식물생물학에서 수강하는 대표 과목

[식물자원학 및 식물생물학과 대학에서 이수하는 교과]

교양필수	일반생물학 및 실험 등
전공필수 및 전공선택	생화학, 재배학원론, 농업교재연구 및 지도법, 농약학, 토양비료학, 생명공학, 식물생리학, 식물분류학, 유전학 및 실험, 농업미생물학 및 실험, 토양생물학, 식물병리학 및 실험, 야외실습, 곤충분류학 및 실습, 일반 곤충학 및 실험, 농업교육론, 식물병해관리, 수목병리학, 잡초학 및 실습, 생물통계학, 곤충생리학, 내병성육종학, 위생곤충학, 곤충생태학 및 실습, 식물바이러스병학 및 실습, 농업해충학 및 실습, 식물균류병학, 자원곤충학, 수목곤충학, 일반 버섯학, 종자병리학, 해충관리, 곤충병리학, 생물방역학, 식물병해관리, 식물세균병학 및 실습 등

[식물자원학 및 식물생물학과 진학에 도움이 되는 교과]

교과영역	교과(군)	공통과목	선택 과목 I	
			일반선택	진로선택
기초	국어	국어	화법과 작문, 독서, 문학, 언어와 매체	
	수학	수학	수학 I, 수학 II, 미적분, 확률과 통계	실용수학, 기하, 수학과제 탐구
	영어	영어	영어 I, 영어 II, 영어 독해와 작문	
	한국사	한국사		

탐구	사회	통합사회	생활과 윤리, 윤리와 사상, 정치와 법	사회문제탐구, 사회과제연구, 지역이해, 세계문제와 미래사회
	과학	통합과학 과학탐구 실험	생명과학Ⅰ, 화학Ⅰ, 물리학Ⅰ	생명과학Ⅱ, 화학Ⅱ, 생활과 과학, 융합과학, 고급화학, 고급생명과학, 화학실험, 생명과학실험, 과학과제연구, 융합과학탐구, 물리학실험, 고급물리학
생활 교양	기술·가정		기술·가정, 정보	생태와 환경, 정보과학, 생명공학기술, 인간과 환경, 농업생명과학, 생태와 환경, 식품과학
	교양		환경	

※ 별색 : 핵심 권장 과목

동물생명학 진로 로드맵

동물생명학 합격자 선배들의 진로 로드맵과 세특

세계 인구가 2050년경에 90억 명 이상 증가할 것으로 예측됨에 따라 저렴하고 안전한 식품공급이 중요해지고 있다. 특히, 배양육은 세계 육류시장의 공급 대안으로 급부상하고 있다. 이처럼 배양육에 대한 관심도가 높아졌으나 생산단가가 높다는 점에서 저비용 대량생산의 가능 여부가 향후 배양육 시장 확대의 핵심 요건이 될 것으로 전망된다. 배양육은 전통적 축산업에 비해 환경, 윤리적 측면에서 긍정적인 요인이 많지만, 향후 안전성 검증 및 영양성분 기준의 확립이 필요하다. 배양육의 생산은 기존 육류와는 다르게 가축의 사육과정이 없고 동물성 단백질을 생성하는 세포농업으로 식물성 대체육이다. 식용곤충에 비해 기존 육류와 유사도가 높아서 육류 풍미의 재현성이 우수하다.

[축산물 대체식품의 비교 및 특징]

구분	기존육류	대체육식품		
		식물성 대체육	식용곤충	배양육
생산방법	가축, 사육, 도축 후 사용	식물성 단백질 또는 곰팡이를 이용하여 제조	식용 가능한 모든 곤충	조직의 배양을 이용한 식육 생산
대량생산 가능성	높지만 한계 존재	높음	높음	기술 개발 중
온실가스 배출	높음	감소	감소	감소
안전성	-	검증	검증 진행 중	검증 필요
동물복지 문제	존재	없음	없음	없음
기존육류 유사도	-	다소 낮음	낮음	유사함

출처 : 세포배양기술을 이용한 식품의 안전성 평가 기반 연구(식품의약품안전처)

배양육은 2013년 기술개발에 성공하였으나 생산비 절감에 대한 이슈가 있어 해외 주요 기업들은 이를 해결하기 위해 기술개발 투자를 적극적으로 유치 중이다. 2013년 마크 포스트 교수가 창업한 모사미트(Mosa meat)에서 세계 최초로 시식 가능한 배양육 햄버거 패티를 처음 선보였다. 하지만 시식용 배양육 생산비용(100g당 가격)은 37만 달러(2013년)에서 1,986달러(2017년)로 낮아졌고, 2021년 현재 10달러를 목표로 기술개발 중이지만 상용화되기 위해서는 가격을 더 낮추는 방법의 연구가 필요하다. 2040년 전통육류 소비시장은 2025년 대비 33% 감소될 것으로 예상하고 있다. 반면, 배양육을 비롯한 대체육이 전체 육류 소비시장의 60%를 차지할 것으로 전망한다.

[전 세계 육류 소비시장의 종류별 시장 규모 전망]

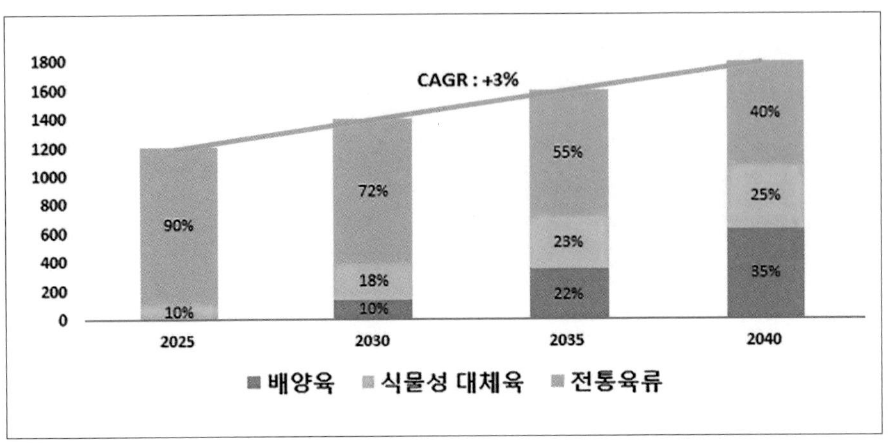

출처 : AT Kearney(2019)

배양육은 동물복지에 기여하고 대지 사용을 감소시킴으로써 삼림과 생태계 회복에 기여할 수 있으나, 식용을 위한 유전적 불안전성 문제를 해결하고 안전기준을 마련해야 한다. 배양육은 동물로부터 단백질만 취하는 과정이므로 도축되는 동물의 수를 현저히 줄일 수 있어 동물 학대 등의 윤리적인 문제를 해결할 수 있다.

또한 환경 연구 그룹 CE Delft에 따르면 배양육은 전통 육류생산에 비해 지구온난화에 미치는 영향이 92%나 적고, 공기 오염은 93%가 적으며, 대지는 95%를 적게 사용한다. 배양육 생산과정에서 유전자 편집 기술 활용에 따른 GMO 논란이 있으나 미국, 유럽 등에서 안전한 배양육 생산을 위한 법적 제도 마련을 검토하고 있다.

실험실에서 만든 스테이크용 소고기
소를 도축하지 않고 세포 배양 방식으로 만든 인공 소고기를 본격 상용화할 준비가 진행되고 있다. 배양육은 햄버거 패티에 들어가는 다진 고기만 만들다가 최근에는 소의 근육 조직과 지방까지 완벽하게 구현해 스테이크용 고깃덩어리까지 만들었다.
일본 도쿄대가 만든 스테이크용 배양육
A모듈
소 근육모세포
B모듈
10㎜
11㎜
❶ 가축을 마취하고 소량의 세포 채취
❷ 소 근육모세포를 함유한 하이드로젤을 틀에 주입
❸ 틀 가장자리 구멍에 고정용 막대를 끼워 적층
전기를 흘리면 실제 근육처럼 수축
소 근육모세포가 정렬되면서 연결
신축성 근관세포 형성
❹ 하이드로젤 틀을 적층해 배양
❺ 하이드로젤 틀을 융합
❻ 최종 완성된 소고기 배양육
자료=네이처
사육 소고기와 배양육의 환경 영향 비교
종래 농장에서 키운 소고기
배양육
에너지 소비 55%
온실가스 배출 4%
토지 사용 1%
자료=환경과학기술저널

출처 : 환경과학기술저널

[동물생명학 진로 로드맵]

구분	고등1	고등2	고등3
자율 활동	학급 진로 독서 활동에서 동물학에 관련된 도서를 읽고 발표를 진행	'동물을 유기할 때 생기는 문제'로 기사를 작성, 반려동물 등록 정보 갱신제 도입 홍보	'아프리카 돼지 열병'을 주제로 독서 토론 진행, 동물의 배설물 관리의 필요성을 어필
동아리 활동	동물실험 찬반 토론, 'GMO 식품이 안전한가?'를 주제로 토론 후 찬성의 입장으로 관련 보고서 제출	역분화유도 줄기세포 조사, 개인맞춤형 의학의 발달 보고서 작성	'환경호르몬이 신체에 미치는 악영향'을 주제로 정하고 실험을 설계, 실험 결과가 가설과 달라 보완 실험 설계
진로 활동	배아줄기세포를 조사하여 진로 발표 진행	고양이를 직접 키운 경험 발표, 고양이, 강아지 자료 게시	외래종의 문제점을 파악하고 제거 활동을 진행, 유전자 연구정책 조사 발표
특기 활동	여름방학 유기견 보호소 봉사를 하면서 매일 동물일지 작성	동물의 메타인지 과정 설명, 환경이 동물에 미치는 영향 설명	축산업의 변화과정 보고서 제출, 동물의 재생능력 조사

[창의적 체험활동]

구분		창의적 체험활동상황
2학년	자율 활동	학급특색활동으로 알리고 싶은 기사쓰기 활동 중 **'동물을 유기할 때 생기는 문제'**에 대해 관련 자료를 찾아 게시함. 반려동물과 야생동물의 차이점을 중심으로 기사를 작성함. 최근 반려동물을 키우는 사례들이 많아 좋은 내용은 선별하는데 어려움을 겪었지만 기사를 읽은 학우들로부터 좋은 정보를 제공해 주었다는 평가를 받음. 이후 반려동물 등록 정보 갱신제 도입, 반려동물 양육자 사전 교육 이수제, 반려동물 중성화 수술 지원·홍보 등에 대한 내용들을 조사하여 급우들에게 자료를 제공함.
	동아리 활동	동아리 활동에서 동물실험을 대체할 자료 찾기 활동을 진행함. 역분화유도 줄기세포에 관심을 가지고 다양한 토론 후 줄기세포에 대한 지적 호기심이 생김. '줄기세포치료 어디까지 왔나'라는 대학 자료를 읽고, 배아줄기세포는 알고 있었지만 성체줄기세포와 역분화유도 줄기세포라는 내용은 처음 알게 되었음. 이후 줄기세포의 종류를 정리하는 과정에서 각각의 장단점을 알게 됨. 특히 '성체줄기세포'는 뼈와 간, 혈액 등 구체적 장기의 세포로 분화되기 직전의 원시세포로, 제대혈이나 성인의 골수와 혈액으로부터 추출한 것이라 개인맞춤형 의학이 더욱 발달할 것이라는 보고서를 작성함.

2학년	진로활동	자신만의 진로활동에서 고양이를 직접 키우면서 경험한 내용을 발표함. 기분에 따른 고양이의 행동, 고양이에게 위험한 음식. 고양이에게 긁혔을 때의 대처법 등 자신이 읽은 책과 실제 경험을 바탕으로 유용한 정보를 제공하려 노력함. **'고양이의 주요 질환'**을 읽고 고양이의 주요 질환에는 범백혈구 감소증, 전염성 복막염, 상부호흡기 질환 등이 있음을 알게 되었음. 이후 급우들이 관심을 가지고 있는 강아지에 대한 자료를 추가로 게시하는 역할을 함.
3학년	자율활동	학급 자치활동에서 팀원들과 **'아프리카 돼지 열병'**이라는 주제로 관련 도서를 읽고 독서토론을 진행한 후 독후감 및 보고서를 제출함. 돼지열병 바이러스의 특징을 가지고 왜 백신 만들기가 어려운지, 왜 전염성이 높은지를 설명함. 동물과의 직접적인 접촉만이 아닌 배설물, 식물, 곤충, 먹이를 통해 감염될 수 있다는 것을 알게 되었음. 이후 동물의 배설물 관리의 필요성을 어필함.
	동아리활동	생명과학 수업 시간에 배운 환경호르몬에 대해 관심을 가지고, 동아리 탐구 주제로 **'환경호르몬이 신체에 미치는 악영향'**을 정하고 실험을 설계함. 고등학생을 대상으로 온라인 설문조사를 실시하여 환경호르몬에 대한 인식을 조사함. 실험 목적, 방법, 결과, 보완할 점 등의 항목을 갖춘 완성도 높은 실험 보고서였으나, 실험 결과가 가설과 달라 다시 실험을 진행함. 문제가 되었던 용기에 변화를 주어 유의미한 결과를 얻을 수 있었음.
	진로활동	생활 속 환경보호 활동으로 외래종의 문제점을 파악하고 제거 활동을 진행함. 우선 국내 생태종과 외래 생태 교란종을 비교 분석한 보고서를 작성함. **돼지풀과 같은 외래 식물들을 제거하면서 그 활용도**를 고민하고 성분을 분석하는 모습을 보임. 또한 국내 동식물보호를 중점적으로 조사하면서 자연을 회복하는 정책과 생물의 다양성 보존 정책이 많음을 알게 되었음. 그 외 **습지보호지역 지정이나 생물종 보전과 복원을 위한 유전자 연구정책**에 관한 내용을 조사하여 발표하는 등의 열정을 보임.

[교과 세특]

구분		세부내용 및 특기사항
2학년	생명과학 I	동물에 관심이 많은 학생으로 사람들이 학습할 때 필요한 '메타인지'에 대해 발표한 후 **동물도 메타인지가 있을까** 하는 호기심을 가졌다고 함. 동물들이 사람들과 같이 지내기 위한 학습과정이 메타인지의 일종이라는 자신의 생각을 어필함. 메타인지를 발표할 때 다양한 자료를 찾아 학우들에게 전달하는 모습이 인상적임. 또한 자신의 메타인지 학습법을 공유하면서 학우들의 박수를 받음.
	지구과학 I	대기과학 분야에 대해 학습한 후 기후변화 원인을 자연적 요인과 인위적 요인으로 구분하여 동물의 생활에 영향을 끼치는 요인에 대해 설명함. 기후변화가 환경, 사회, 경제에 미치는 영향과 문제를 과학적으로 해결하는 방법을 정리하여 원리와 결과를 조리 있게 발표하는 모습이 인상적임.

3 학년	경제	우리나라 경제 성장의 특징과 발전 산업의 변화과정을 배우고 축산업의 변화과정을 시대별로 정리하여 보고서를 제출함. 세계의 변화에 따른 가격 경쟁력의 문제, 인력수급 문제, 전염병 확산문제들을 토론하는 모습이 인상적임. 미래 사회의 인공지능과 첨단기술이 결합된 첨단 축산업의 필요성을 대안으로 제시함.
	생명과학 II	생명의 소중함을 토론한 후 자신의 신체를 재생시킬 수 있는 능력을 지닌 도롱뇽, 도마뱀, 불가사리 등에 대해 탐색하여 발표를 진행함. 도룡뇽의 피부는 물론 그 안의 뼈까지 재생되고, 도마뱀이 스스로 꼬리를 절단할 수 있는 이유는 바로 꼬리 속에 있는 '탈리절' 때문임을 설명하여 학우들에게 배경지식을 전달함. 꼬리에 대부분의 영양분을 저장하기 때문에 꼬리가 재생되기 위해서는 많은 영양분이 소모되어 다른 신체 부위의 성장이 멈추게 된다는 사실이 흥미로웠다고 함.

동물생명학계열 추천도서와 탐구 주제 찾기

[동물생명학 추천도서]

[동물생명학 탐구 주제 찾기]

과목	단원	탐구 주제
통합 사회	인간. 사회. 환경과 행복	'동물실험이 꼭 필요한가? GMO식품은 안전한가?'를 주제로 토론 후 문제점과 해결책 탐구
	생활 공간과 사회	유기동물의 문제점 및 유기동물들의 주인찾기 방법 탐구
	미래와 지속 가능한 삶	유전자의 연구와 정책 조사 탐구
통합 과학	생명시스템	동물가공품에 존재하는 생체촉매탐구
	생태계와 환경	군집 생태학과 인수 공통 병원체 탐구
	생물 다양성과 유지	동물의 메타인지력 측정 방법 탐구
	생태계와 환경	환경호르몬이 동물에 미치는 영향 탐구
수학	방정식과 부등식(여러 가지 방정식)	축산업의 환경오염 요인 분석 및 해결방안 탐구
	함수(여러가지 함수)	환경에 따른 동물들의 재생속도 탐구
	도형의 방정식(직선의 방정식)	기후 변화가 동물에 미치는 영향과 관련된 자료 분석 및 미래 예측 그래프 탐구

➔ 핵심 키워드로 알아보는 동물생명학

계통, 유관속, 고등동물, 동물유전학, 명명법, 배아, 동물염색체, 내분비학, 사료, 반려동물, 가축, 성상, 교배, 육질, 한우, 식육, 품질개량 품종, 축산공학, 육계실험, 애완동물, 가금학, 낙농, 분자공학, 육우

ⓐ DBpia에서 가장 많이 검색된 논문

㉠ 생명존중 문화를 위한 국내 동물실험윤리의 한계와 전망, 한국실험동물학회

㉡ 유전자가위의 개발과 활용, 한국실험동물학회

㉢ 배양육이 축산을 대체할 수 있을까?, GS&J 인스티튜트

㉣ 새로운 식품원료로 등록된 식용곤충의 영양성분 비교 분석, 한국생명과학회

㉤ 대체 단백질, 배양육 소재의 최신 연구 동향, 한국식품영양과학회

ⓑ 시사를 활용한 탐구활동

출처 : 사이언스on(KISTI)

A Study on Smart wearable Devices for Companion Animals (2022)
반려동물 돌봄과 인터넷 소비 (2022)
반려동물용 자동 사료급식기의 비용효율적 사료 중량 예측을 위한 딥러닝 방법 (2022)

반려동물 카시트 (2021)
반려동물 출입문 (2021)
반려동물 쿠션 (2021)

압출적층기술을 이용한 반려동물용 특수용도 사료 제조기술 기반연구(2022)
반려동물을 위한 위치기반 지능형 동물병원 검색 및 위기관리 원스탑 서비스 (2021)
반려동물 행동분석 서비스를 위한 데이터 마이닝 기술을 적용한 펫 디바이스 개발 (2021)

포스트 팬데믹 시대, 반려견 행동장애 막으려면? (2021)
코로나19, 반려동물 통해 전염되나 (2020)
반려견이 오히려 알러지 예방? (2019)

출처 : 사이언스on(KISTI)

동물생명학에서 수강하는 대표 과목

[동물생명학과 대학에서 이수하는 교과]

교양필수	동물산업세미나, 생물학, 일반화학 등
전공필수 및 전공선택	동물자원학개론, 동물실험통계학, 애완동물학, 국제농업, 동물유전육종학, 생화학개론, 동물생리학, 기능성축산식품학, 산업 미생물학 및 실험, 사료학 및 실험, 가축영양학, 동물사양학, 동물분자생물학, 동물세포소재공학, 식품미생물학, 낙농학 및 실습, 식육학, 가축번식학 및 실험, 가금생산학, 양돈학, 반추동물영양학, 동물관리학 및 실습, 식육가공학 및 실습, 유가공학 및 실험, 가축위생 및 질병학, 동물인공수정학, 경제동물생산학, 유제품품질관리 및 실습, 축산환경학, 가금영양학, 위해중점요소관리학, 육우학, 축산물검사 및 분석, 축산경영학, 동물복지학 등

[동물생명학과 진학에 도움이 되는 교과]

교과영역	교과(군)	공통과목	선택 과목 I	
			일반선택	진로선택
기초	국어	국어	화법과 작문, 독서, 문학, 언어와 매체	고전과 윤리
	수학	수학	수학 I , 수학 II, 미적분, 확률과 통계	실용수학, 기하, 수학과제 탐구
	영어	영어	영어 I , 영어 II, 영어 독해와 작문	
	한국사	한국사		
탐구	사회	통합사회	생활과 윤리, 윤리와 사상, 정치와 법	사회문제탐구, 사회과제연구, 지역이해, 세계문제와 미래사회
	과학	통합과학 과학탐구 실험	생명과학 I , 화학 I	생명과학 II, 화학 II, 생활과 과학, 융합과학, 고급생명과학, 화학실험, 생명과학실험, 과학과제연구, 융합과학탐구, 물리학실험, 정보과학
생활 교양	기술·가정		기술·가정, 정보	생명공학기술, 동물 지원, 반려동물 관리, 실험동물과 기타 가축, 종축, 사료 생산, 농업생명과학
	교양		환경	

※ 별색 : 핵심 권장 과목

수산생명학 진로 로드맵

수산생명학 합격자 선배들의 진로 로드맵과 세특

바다에 존재하는 다양한 미세조류를 이용하여 유용한 생물 소재나 건강기능식품으로 활용하는 연구가 진행되고 있다. 바이오 소재로 주목을 받고 있는 미세조류는 종류가 다양하고 기능이 풍부해 활용 가능성이 높아 전 세계적으로 관련 시장 규모가 급속도로 커지고 있다.

국립호남권생물자원관은 수생태계에 부영양화를 일으키는 질소와 인을 영양분으로 삼아 없애고 동시에 바이오연료 소재를 만들 수 있는 섬·연안 유래 미세조류를 발견했다. 부영양화로 인해 조류(녹조)가 크게 발생한다. 국립호남권생물자원관 연구진은 전남 목포시 일대의 섬과 토양에서 미세조류를 찾아냈다. 특히 해당 미세조류는 질소와 인을 영양분으로 삼아 배양액 1g당 약 7~10%의 지질이 함유된 '생물 에너지원(바이오매스)'을 생산했다.

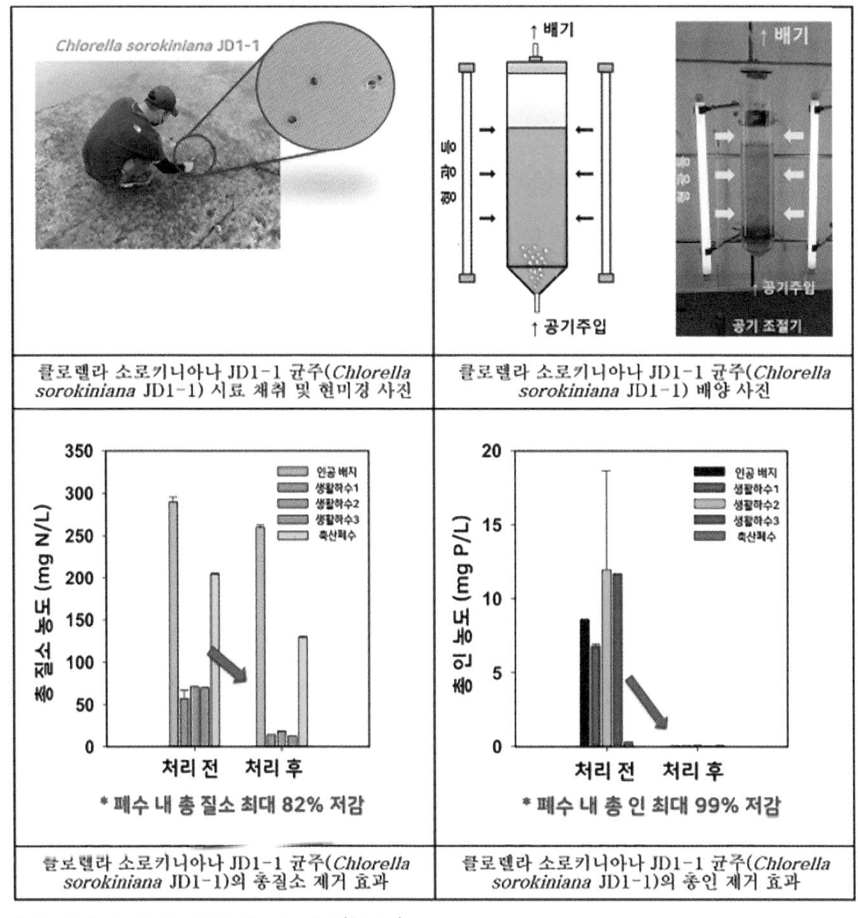

클로렐라 소로키니아나 JD1-1 균주(*Chlorella sorokiniana* JD1-1) 시료 채취 및 현미경 사진

클로렐라 소로키니아나 JD1-1 균주(*Chlorella sorokiniana* JD1-1) 배양 사진

클로렐라 소로키니아나 JD1-1 균주(*Chlorella sorokiniana* JD1-1)의 총질소 제거 효과

클로렐라 소로키니아나 JD1-1 균주(*Chlorella sorokiniana* JD1-1)의 총인 제거 효과

출처 : 유용 미세조류의 배양 및 효능 평가(환경부)

미세조류를 대량으로 배양하면 바이오디젤 등 바이오연료 소재로 활용할 수 있을 것이라 예상한다. 또 해당 미세조류는 광합성 과정에서 1ℓ당 하루에 0.06~0.1g의 이산화탄소를 소모하는 것으로 나타나 온실가스 저감을 끌어내는 생물자원으로써의 잠재성도 높은 것으로 조사됐다.

해양수산부는 해양 미세조류인 스피룰리나에서 기존 추출물보다 인지기능 개선 효능이 최대 50% 이상 증가한 해양바이오 소재를 개발했다. 스피룰리나는 항산화 성분이 많아 면역력을 증대시키고, 항염증 활성 기능을 가진 건강기능성 식품 원료로 널리 활용되고 있다. 스피룰리나에서 뇌의 신경세포 보호 활성 효능을 보이는 SM70EE를 추출하고 전임상 연구를 통해 치매 관여 물질인 베타아밀로이드가 축적된 인지 장애 쥐와 정상 쥐의 비교실험을 진행한 결과, SM70EE를 투여한 인지 장애 쥐의 인지기능이 약 40~90% 개선되는 것을 확인했다. 또 70대 이상 인지기능 저하 환자 180명을 대상으로 2차례에 걸쳐 실험을 진행한 결과, SM70EE를 3개월 이상 지속해서 섭취한 환자의 경우 미섭취 환자보다 시각기억, 시지각작업기억, 어휘력 등이 30~50% 이상 뚜렷하게 개선됐다. 이번 연구에서 해양미세조류의 치매 개선 효능을 확인하고 국민 건강증진에 기여할 수 있는 기회를 확대했다.

국립해양생물자원관은 체지방 감소효능이 있는 해양바이오 원료 소재를 산업화하기 위해 민간기업 등과 공동연구를 본격화한다. 국립해양생물자원관은 2018년부터 민간에서 확보하기 어려운 해양 생명 자원으로부터 건강기능식품, 화장품 등 제품개발에 필요한 원료 소재를 발굴·제공하는 해양바이오뱅크를 운영해 오고 있다. 하지만 해양바이오뱅크의 역할이 기업 등 연구자에게 해양생명 소재를 소개·제공하는 기능에 국한돼 이를 이용한 상업적 성과 창출에는 한계가 있었다. 그래서 해수부는 해양바이오 소재를 좀 더 적극적으로 활용하고 산업화하기 위한 '해양바이오뱅크 활성화 방안'의 일환으로 올해부터 기업과의 공동연구를 적극 추진하기로 했다. '카로테노이드' 성분이 함유된 국산 해양미세조류에서 체지방감소 원료 소재를 개발하고 관련 건강기능식품을 개발하는 것을 목표로 한다.

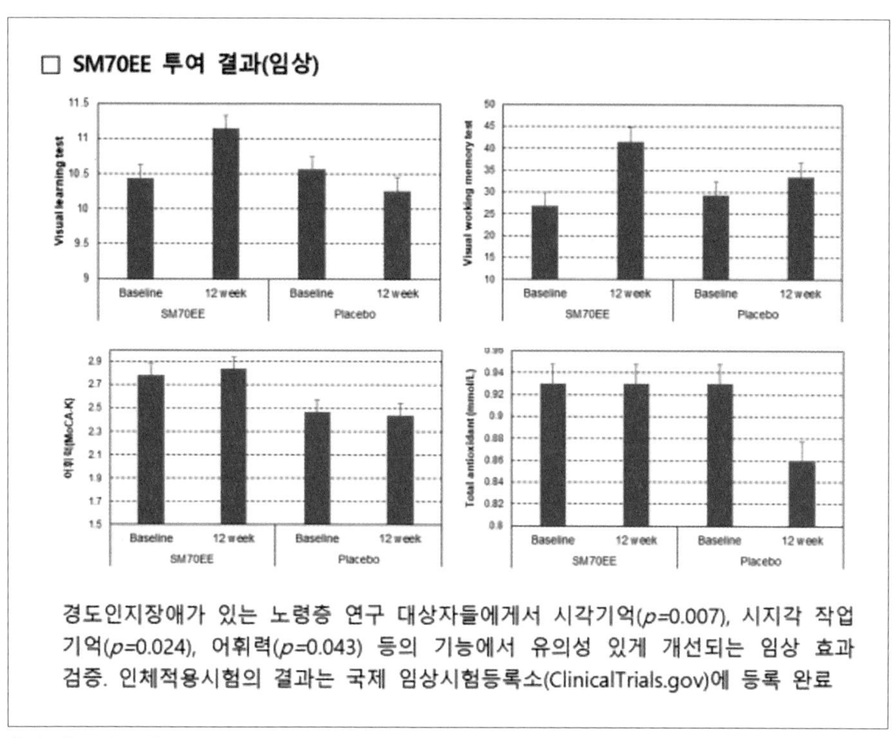

경도인지장애가 있는 노령층 연구 대상자들에게서 시각기억(p=0.007), 시지각 작업기억(p=0.024), 어휘력(p=0.043) 등의 기능에서 유의성 있게 개선되는 임상 효과 검증. 인체적용시험의 결과는 국제 임상시험등록소(ClinicalTrials.gov)에 등록 완료

출처 : 한국해양과학기술원

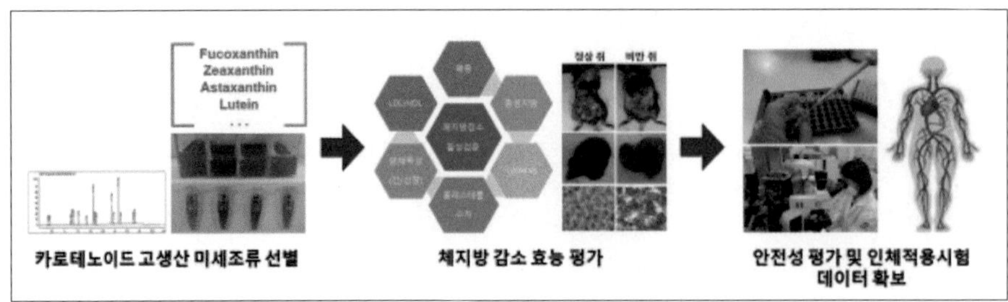

출처 : 해수부

[수산생명학 진로 로드맵]

구분	고등1	고등2	고등3
자율 활동	20분 독서활동 시간에 진로도서를 읽고 독후감 제출	'물고기가 잠을 자는 방법'에 대해 주제탐구 보고서를 작성, 물고기와 포유류의 잠이 다름을 탐구	다환 방향족 탄화수소, 깨끗한 정화 시스템의 필요성 어필
동아리 활동	알칼리 금속의 반응성, 황산구리 수용액과 마그네슘 막대의 산화-환원 반응 실험 진행	어류의 '원인과 회복력'에 대한 탐구 진행, 실패한 실험을 보완하며 협업으로 마무리	'제브라피쉬를 이용한 치매 유발 물질 탐구' 실험 진행, 실험 결과를 다각도로 분석
진로 활동	학급 내 수산생명공학 진로 소모임에서 같은 진로를 가진 친구들과 진로 계획 설정	무분별한 동물실험의 문제점을 인식하여 '동물 학대의 문제점'에 대해 탐구	지역 하천 수질 개선 활동으로 미생물 조사, 모링가 씨앗의 수질 정화 효능 탐구
특기 활동	과학기술 유산 조사하기 과제물에서 앙부일구 조사, '크라이오테라피' 조사 및 활용법 탐구	생물 다양성 감소 원인 탐구, '물의 과냉각' 탐구	개체군의 생장 곡선을 로지스틱 함수를 활용하여 분석, 토리첼리의 대기압 측정실험 조사

[창의적 체험활동]

구분		창의적 체험활동상황
2 학년	자율 활동	현장학습으로 아쿠아리움을 다녀온 후 보고서 발표 활동에서 잠을 잘 때 물고기들이 움직이지 않음을 확인하고 호기심을 가졌다고 함. 이후 **'물고기가 잠을 자는 방법'**에 대해 주제탐구 보고서를 작성함. 바다에는 상층부가 아닌 심해도 있으며 심해는 빛이 들어오지 않아 물고기에게 잠이 필요하지 않다는 것, 물고기의 수면 여부에 대해서는 계속해서 연구가 진행되고 있으며 물고기의 잠이 포유류의 잠과 다르다는 점을 이해함. 주변 환경에 따라, 종류에 따라 잠자는 시기와 장소가 달라짐을 구체적인 사례와 설명을 추가하여 간결하게 정리하는 모습이 인상적임.
	동아리 활동	진로별 창의적 소그룹 활동의 탐구 주제를 **'원인과 회복력'**으로 정하고 실험 계획을 수립하여 탐구를 진행함. 사육 시 다루기 편하며 변인을 비교적 정확히 통제할 수 있는 물고기를 실험 대상으로 선정하고 꼬리 지느러미를 잘라 조작 변인에 따른 재생속도를 관찰함. 스트레스, 소독약 등이 조작변인으로 작용하여 차이가 있을 것으로 예상함. 하지만 실험 결과, 실험군과 대조군 모두 큰 차이를 보이지 않았음을 확인하고 다시 실험을 진행함. 이처럼 실험의 대상이 생물일 때 실험설계와 방식이 어렵다는 것을 알게 되었음. 실패한 실험이지만 협업을 통해 중간 과정 수정을 하면서 가설에 맞게 실험을 하는 모습 등을 자세히 보고서에 작성함.
	진로 활동	동·식물을 대상으로 한 무분별한 실험의 문제점을 인식하여 **'동물학대의 문제점'**에 대해 탐구를 진행함. 동물 학대 금지법을 소개하고 동물 학대의 비윤리성과 심각성을 알리는 내용을 포함함. 이후 학생들을 대상으로 캠페인을 진행하는 적극적인 모습을 보임.
3 학년	자율 활동	환경 보건 공학 진로 강연을 듣고 작업 현장에서 자주 사용하는 물질 중 위험한 약품으로 수은, 다환 방향족 탄화수소 등이 있음을 알게 됨. 이 중에서 다환 방향족 탄화수소가 무엇일지 강연자에게 질문을 하고, 다양한 다환 방향족 탄화수소, 다환 탄화수소, 탄화수소 종류에 대해 조사하여 정리하는 활동을 함. 다환 방향족 탄화수소가 바다로 흘러가 물고기 폐사가 일어나는 사례를 확인하고 폐수 처리의 문제점을 지적함. 이에 더하여 깨끗한 정화 시스템의 필요성을 이야기함.
	동아리 활동	치매 발병률을 확인하기 위해 **'제브라피쉬를 이용한 치매 유발 물질 탐구'**를 주제로 실험을 진행함. 설탕, 마가린, 치킨, 과자 등 치매 유발물질에 대해서 탐구한 뒤 제브라피쉬에게 치매 유발물질을 먹여 변화하는 모습을 정리함. 변인통제 방법을 조정해가며 3번에 걸쳐 실험을 진행한 결과, 대조군 물고기는 생존했지만 실험군 물고기들은 모두 폐사함. 결과를 분석하는 과정에서 처음에는 치매로 폐사하지 않았을까 하는 결론을 내렸지만 포화지방산에 의해 폐사할 가능성도 생각해야 한다는 모습이 인상적임.
	진로 활동	**'지역하천 수질개선'** 활동으로 하천에 서식하는 미생물을 조사한 후 특징들을 정리함. 하천의 수질 개선을 위한 실험을 진행하기 위해 재료선택 과정에서 개발도상국에서 사용하는 응집제인 모링가 씨앗을 선정했고, **'모링가 씨앗의 수질 정화 효능'**을 탐구함. 침강 과정에서 내무문 제거됨을 확인한 실험이었음. 중간에 모링가 씨앗이 곰팡이가 피거나 오염물 제거가 힘든 부분이 있어 가루로 사용하니 실험이 더 수월했다고 함.

[교과 세특]

구분		세부내용 및 특기사항
2학년	생명과학 I	페임랩 활동에서 생물의 다양성 감소 원인을 주제로 선정하여 원고를 작성하고 발표함. 페임랩에서 **외래생물이 무엇이고, 어떻게 토종생태계를 교란**하는지에 대해 설명함. 또한 애완용인 붉은귀 거북을 강이나 호수에 방생하면서 생태계를 위협하고 있는 사례를 제시함. 이후 외래종을 퇴치할 방법을 조사하던 중 국립환경과학원에서 생태계 교란 우려가 있는 생물들을 체계적으로 관리하거나 기술을 개발한 내용을 조사함.
	화학 I	화학 주제 프로젝트로 **'물'**에 대해 탐구함. 물 분자의 구조, 극성, 수소결합, 상태변화 등을 PPT로 제작하여 발표함. 발표하는 과정에서 '물의 과냉각'에 흥미를 느껴 물과 탄산을 비교하는 실험을 설계하고 실험보고서를 제출함. 물이 응고점 이하에서 액체로 존재하는 이유가 온도 변화에 따른 안정 상태를 유지하기 위함이라는 내용을 구성함. 또한 과냉각이 일어나는 사례, 과냉각의 한도와 관련된 사례를 들어 설명함.
3학년	미적분학	생명과학에서 개체군 생장 곡선을 그래프를 분석하니 로지스틱 방정식과 관련 있음을 알게 되어 탐구를 진행함. 교과서에 제시된 미생물의 생장, 동물의 성장에 따른 몸무게, 수족관 속 물고기의 개체 수를 이용하여 로지스틱 방정식과의 관련성을 알아봄. 로지스틱 방정식을 이해하기 위해 미분방정식을 학습하는 어려움은 있었지만 노력하는 모습이 인상적임. 이후 로지스틱 방정식의 해를 통해 **'초기 개체수'가 필요함을 알고 초기 개체수와 최대 개체수 사이의 관계**를 표현함.
	독서	관심 있는 지문을 읽고 발표하는 활동에서 **잠수병**과 관련된 본문을 분석하여 동영상을 제작하여 발표를 진행함. 과학잡지에서 본 토리첼리의 대기압 측정실험을 예로 들어 압력을 설명하고 기체의 용해도를 그래프와 함께 설명함. 과학지문이라 어려워하는 학생들이 있었지만, 공식을 논리적으로 설명하고 시각적 자료를 이용하여 쉽게 이해시킴.

➔ 수산생명학계열 추천도서와 탐구 주제 찾기

[수산생명학 추천도서]

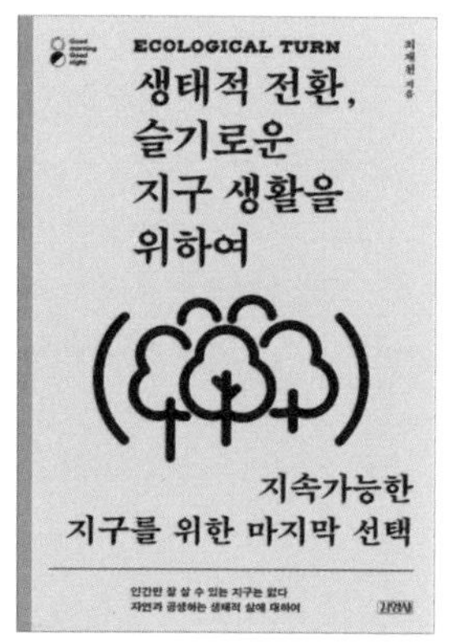

[수산생명학 탐구 주제 찾기]

과목	단원	탐구 주제
통합 사회	생활 공간과 사회	지역별 수산생명 바이밸리 조사, 발전할 영역 탐구
	문화의 다양성	원양어선으로 인해 전염병이 확대되기도 하는데, 이때 동식물에 미치는 영향 탐구
	미래와 지속 가능한 삶	동식물 학대의 문제점 및 해결책 탐구

통합 과학	생물의 다양성 유지	고기후 연구와 해양 수온 정보를 활용한 해양생물의 변화 탐구
	생태계와 환경	킬링 곡선을 탐구하여 이산화탄소 양의 변화 탐구
	생명시스템	동식물과 사람의 질병의 형태가 다른 이유 탐구
	생태계와 환경	해양 생물 자원을 활용한 기능성 식품 소재 탐구
	생태계와 환경	바다 생선은 왜 비린내가 날까?, 물고기는 어떻게 잘까? 등 과학적 이유 탐구
수학	방정식과 부등식(여러 가지 방정식)	오염된 물을 정화하는데 필요한 깨끗한 물의 양과 시간 탐구
	함수(유리함수, 무리함수)	환경오염에 따른 어패류의 변화 조사 및 미래 어패류 생장 예측 탐구
	함수(여러 가지 함수)	물고기의 재생속도에 미치는 환경적 요인 실험 분석 후 물고기의 바른 생장을 위한 환경 탐구

➔ 핵심 키워드로 알아보는 수산생명학

수산 자원, 수산물, 수산 질병, 미생물, 바이러스, 병리학, 약리학, 생화학, 해부학, 해양생물, 부유생물, 저서생물, 양식, 어류 생태학, 어류품종, 바이러스학, 세균학, 바이오해양, 독성학

ⓐ DBpia에서 가장 많이 검색된 논문

㉠ 이산화탄소 증가로 인한 해수 산성화가 해양생물에 미치는 영향평가 및 생태영향기준 도출, 한국해양환경·에너지학회

㉡ 해양 세균을 이용한 미세플라스틱 제거에 대한 연구, 한국미생물학회

㉢ 이산화탄소 증가로 인한 해수 산성화가 해양생물에 미치는 영향평가 및 생태영향기준 도출, 한국해양환경·에너지학회

㉣ 해수중 용존 CO_2 농도 증가가 해양생물 및 해양생태계에 미치는 영향 : 국내외 사례 연구, 한국해양환경·에너지학회

Ⓜ 미세조류 해양 바이오매스를 이용한 바이오디젤 생산기술, 한국생물공학회

ⓑ 시사를 활용한 탐구활동

출처 : 사이언스on(KISTI)

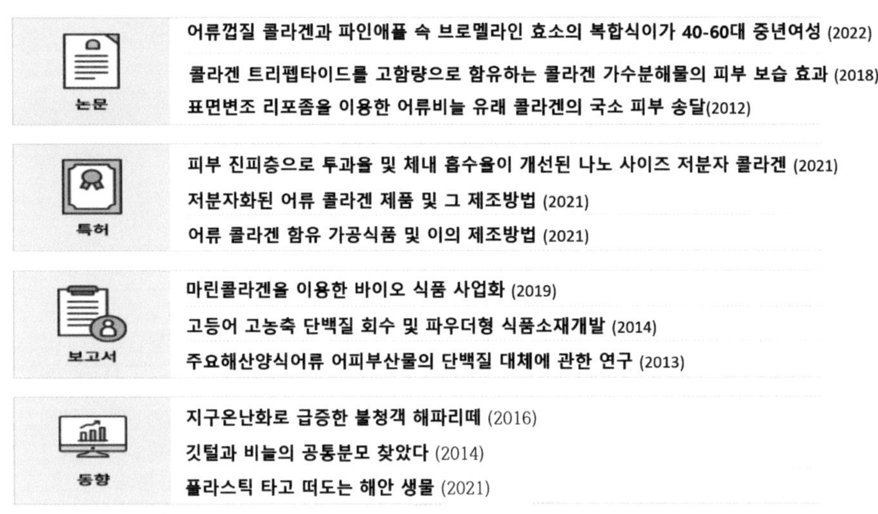

논문

- 어류껍질 콜라겐과 파인애플 속 브로멜라인 효소의 복합식이가 40-60대 중년여성 (2022)
- 콜라겐 트리펩타이드를 고함량으로 함유하는 콜라겐 가수분해물의 피부 보습 효과 (2018)
- 표면변조 리포좀을 이용한 어류비늘 유래 콜라겐의 국소 피부 송달(2012)

특허

- 피부 진피층으로 투과율 및 체내 흡수율이 개선된 나노 사이즈 저분자 콜라겐 (2021)
- 저분자화된 어류 콜라겐 제품 및 그 제조방법 (2021)
- 어류 콜라겐 함유 가공식품 및 이의 제조방법 (2021)

보고서

- 마린콜라겐을 이용한 바이오 식품 사업화 (2019)
- 고등어 고농축 단백질 회수 및 파우더형 식품소재개발 (2014)
- 주요해산양식어류 어피부산물의 단백질 대체에 관한 연구 (2013)

동향

- 지구온난화로 급증한 불청객 해파리떼 (2016)
- 깃털과 비늘의 공통분모 찾았다 (2014)
- 플라스틱 타고 떠도는 해안 생물 (2021)

출처 : 사이언스on(KISTI)

➔ 수산생명학에서 수강하는 대표 과목

[수산생명학과 대학에서 이수하는 교과]

교양필수	해양학, 해양학실험, 일반수학, 물리학, 화학, 생명과학, 물리학실험, 화학실험, 생명과학실험
전공필수 및 전공선택	해저지형학 및 실험, 해적잠수조사의 이론과 실제, 퇴적학 및 실험, 해양지구 물리학, 연안퇴적역학 및 실험, 출서학 및 실험, 퇴적환경 자료분석, 지구환경 과학, 해양지화학 및 실험, 해양저서생물학인문 및 실험, 해양환경 유체역학 및 실험, 문제해결형 해양역학 자료분석 및 실습, 문제해결형 해양 AI모델링, 해양순환 개론, 해양수치 해석 및 프로그래밍, 조석파랑론 및 실험, 해양기하학, 하구 및 연안물리학, 식물플랑크톤학 및 실험, 해양무척추 동물의 다양성 및 실험, 동물플랑크톤학 및 실험, 해양영양염론, 하구생태학 및 실험, 해양동물행동학, 어류생물학 및 실험, 어류생태학 및 실험, 수산양식학 및 실험, 적조 및 유해생물학 및 실험 등

[수산생명학과 진학에 도움이 되는 교과]

교과영역	교과(군)	공통과목	선택 과목 I	
			일반선택	진로선택
기초	국어	국어	화법과 작문, 독서, 문학, 언어와 매체	고전과 윤리
	수학	수학	수학 I, 수학 II, 미적분, 확률과 통계	실용수학, 기하, 수학과제 탐구
	영어	영어	영어 I, 영어 II, 영어 독해와 작문	
	한국사	한국사		
탐구	사회	통합사회	생활과 윤리, 윤리와 사상, 정치와 법	사회문제탐구, 사회과제연구, 지역이해, 세계문제와 미래사회
	과학	통합과학 과학탐구 실험	생명과학 I, 화학 I	생명과학 II, 화학 II, 생명과학 II, 융합과학, 생활과 과학, 화학 II, 농업 생명과학, 정보과학, 고급생명과학, 생명과학실험, 물리·화학 실험, 융합과학탐구, 정보과학, 과학과제연구

생활 교양	기술·가정		기술·가정, 정보	생명 공학 기술, 동물 지원, 반려동물 관리, 실험동물과 기타 가축, 종축, 사료 생산
	교양		환경, 보건학, 논술, 생활과 창의성	

※ 별색 : 핵심 권장 과목

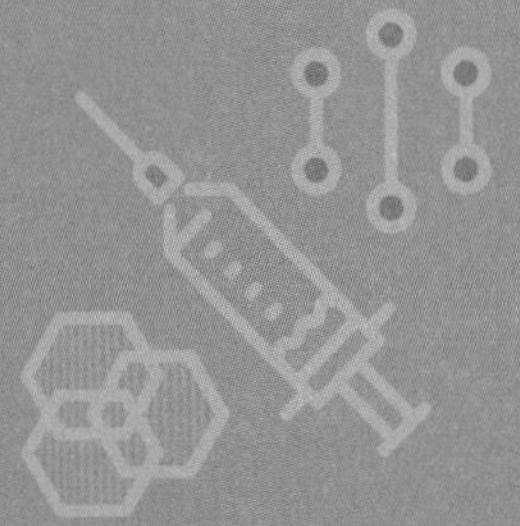

간호 & 보건계열 진로 로드맵

어떤 성향이
이 계열에 잘 맞을까?

이 계열을 희망하는 학생들은 사람과 사물 모든 것에 높은 관심을 가지고 있다. 간호 및 보건계열에 종사하는 사람들은 질병의 원인이 무엇인지 파악하고 그 문제를 해결하려는 성향을 가지고 있으며, 환자와 대면하는 시간이 많기에 따뜻한 심성으로 치료에 집중할 수 있도록 도와준다. 학생들은 이론적인 지식을 습득하는 것도 중요하지만 직접 치료에 도움을 주거나 간단한 처치를 해야 하기에 실습 능력을 키우는 것이 무엇보다 중요하다. 따라서 익힌 지식이 숙달될 수 있도록 활용하는 능력이 중요하다.

그러기 위해서는 손재주가 중요하다. 그래야 환자에게 아프지 않으면서 정확한 처치를 할 수 있기 때문이다. 환자를 세밀하게 관찰하고 처치를 제때 정확하고 꼼꼼하게 하는 것이 무엇보다 중요하다. 정확한 분석력으로 환자에게 맞는 효과적인 치료제를 제공하는 것이 중요하다. 여기에 최근에 연구된 기자재를 사용할 수 있는 능력과 새로운 약, 처치방법을 익혀 적용해야 하기에 지속적인 공부도 필요하다.

이 성향의 학생들은 학교생활 중 진로에 맞는 2~3개의 실험을 반복적으로 하면서 숙달할 수 있도록 노력한다. 동일한 약이라도 약의 작용기가 조금씩 달라 약의 지속시간, 효과가 달라지기에 이런 차이를 파악하기 위해 노력한다. 이처럼 많은 실험보다는 일상생활에서 문제점을 찾아 해결하고, 다른 사람들에게 도움을 주는 활동들을 많이 한다. 특히, 체육대회나 야외 체험 학습활동을 하는 동안 학생들의 몸 상태가 안 좋을 때 환자의 상태를 파악하고 도움을 주려는 활동을 많이 한다. 특히, 진로에 대한 전문적인 지식을 쌓기 위해 동아리 활동이나 멘토링, 또는 개인적으로라도 논문이나 학술지를 보면서 전공역량을 높이는 것도 좋다.

[간호·보건계열 진로 로드맵]

구분	중등	고등1	고등2	고등3
자율 활동	생명 토론 활동	학급 자유 주제 탐구활동, 사제동행 및 선후배 연합 탐구활동		
동아리 활동	생명동아리 활동	생명 실험동아리, 생명 시사 토론동아리		
진로 활동	진로시사 탐색활동	실험실/연구실 탐방, 직업인과의 만남		진로심화탐구
특기 활동	과학 영재교육원 이수	대학 연구실 및 병원 견학		

본 계열의 학생들은 처음부터 간호사 및 보건계열을 희망하는 학생도 있지만, 여학생은 고3 때까지 진로를 결정하지 못하는 경우 부모님이 바로 취업이 가능한 간호학과를 가라고 추천하여 지원하는 경우도 많다. 또한 간호학과를 가고 싶었지만 성적이 되지 않아 보건계열로 진로를 변경하는 경우도 있다. 과학수사요원으로 활동하기 위해 임상병리학과를 지원해서 분석능력을 기르려는 학생도 있다.

고등학교 때 다양한 수행평가가 있는데 진로를 빠르게 결정하는 수행평가 때부터 관련 활동을 할 수 있어 꿈을 이루는 데 도움이 된다. 학생부종합전형으로 지원하는 경우 교과성적 외에도 진로에 관련된 구체적인 활동을 하는 것이 중요하다. 또한 관련 교과목을 많이 이수하는 것도 중요하다. 생명과학II, 화학II, 보건, 가정과학을 주로 이수하며, 화학실험과 생명과학실험까지 이수하여 전공적합성과 탐구능력을 보여주는 사례가 많다. 학교에서 개설되지 않은 경우 공동교육과정을 통해 이수한다면 열정을 보여줄 수 있어 좋은 평가를 받을 수 있다. 따라서 공동교육과정이나 온라인공동교육과정을 통해 관련 과목을 이수할 것을 추천한다. 활동을 나열하기보다는 1~2개의 활동을 오랫동안 깊이 있게 탐구하는 것을 추천한다. 시험이 끝난 후나 방학을 활용하여 탐구할 수 있기에 시간 관리를 통해 내신성적과 탐구활동을 같이 채울 수 있도록 진로 로드맵을 구성할 것을 추천한다.

선배들의 진로 로드맵 엿보기

간호학 진로 로드맵

간호학 합격자 선배들의 진로 로드맵과 세특

2015년 우리나라의 고령자 수가 인구 8명 중 1명으로 집계되어 고령화 사회에서 고령사회로 이행하는 중이다. 2026년에는 고령자가 20.8%로 초고령사회에 도달할 전망이다. 이에 국내·외 모두 국가적으로 고령화 문제에 대한 중요성 및 극복의 필요성을 강조하고 있으며 미국에서는 노인의 건강과 삶의 질 향상, 건강한 노화과정의 이해, 고령자와 인구 사이의 불균형 감소, 노화연구지원 확대를 목표로 노인성 만성질환 연구를 시행하고 있다.

노인성 만성질환 극복을 위한 새로운 연구 패러다임의 첫 번째 전략은 노인성 만성질환에 대한 포괄적인 개념 접근이다. 2011년 건강보험심사평가원에서 제공하는 환자표본조사 자료를 분석해 보면 만성질환을 가진 고령자는 평균 4.1개의 질환을 가지고 있으며 노인성 만성질환 보유자 중 70.9%가 3개 이상의 복합 만성질환을 가지고 있다. 또한 만성질환 중 요통을 제외하고 3가지 질환의 복합 만성질환을 분석하면 상위 15위가 전체 복합만성질환의 32.3%를 차지하는 것을 알 수 있다. 이 상위 15개 조합을 중증 만성질환과 선행 만성질환이라는 포괄적인 개념으로 묶어 재분류하면 중증 만성질환인 심뇌혈관 질환, 골다공증 골절, 호흡부전 범주로 분류되고 이 세 가지 중증 만성질환이 노인성 만성질환의 대부분을 이루고 있는 것으로 나타난다.

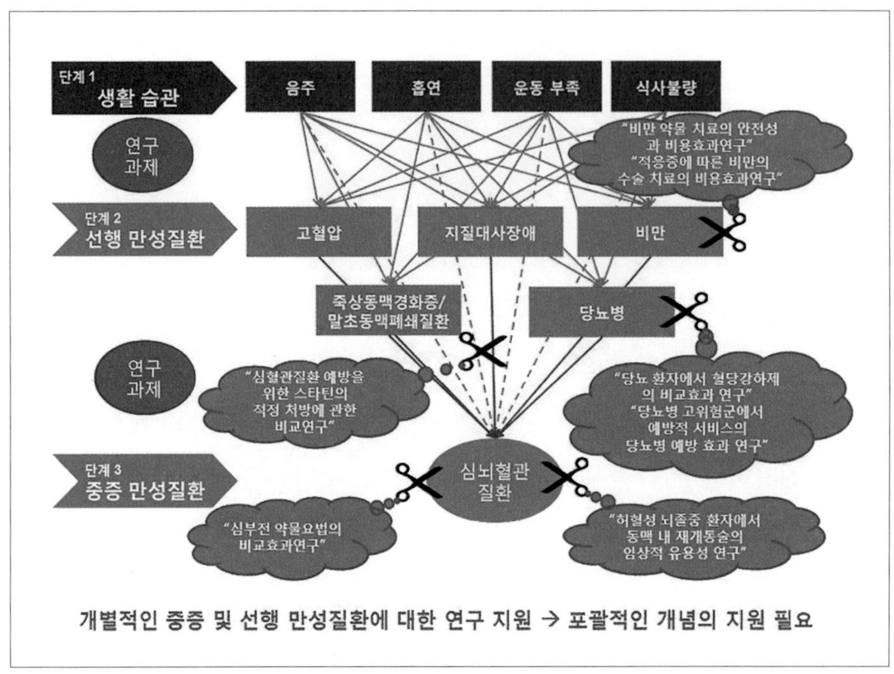

출처 : 노인성 만성질환 연구의 새로운 패러다임 및 정책제언(KHIDI)

노인성 만성질환의 극복을 위한 새로운 연구 패러다임의 두 번째 전략은 한국형 중증 만성질환 고위험군 선별 예측 플랫폼 구축이다. 현재까지 개발된 대표적인 예측 도구인 Framingham risk score는 심뇌혈관 질환 발생 예측에 사용하는 도구로써 대상자의 성별, 나이, 총 콜레스테롤 수치, 고밀도지질단백질(HDL), 수축기 혈압 등의 항목을 이용한다. 하지만 이 예측도구를 사용했을 때 47.6%의 환자들이 plaque가 존재함에도 불구하고 저위험군(low risk)으로 분류되며 11.7%가 plaque가 없음에도 고위험군(high risk)으로 분류되는 한계점을 가지고 있다. 골다공증 골절 발생 위험도 예측도구도 생활습관, 검사결과를 조합하여 사용하고 있지만, 개인의 위험도를 완벽하게 예측할 수 없어 과잉 치료 및 치료 누락이 존재하게 된다.

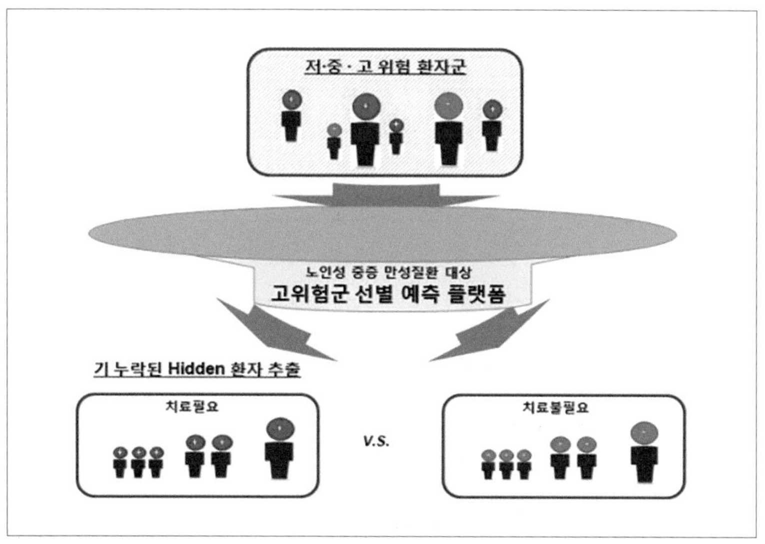

출처 : 노인성 만성질환 연구의 새로운 패러다임 및 정책제언(KHIDI)

노인성 만성질환 극복을 위한 새로운 연구 패러다임의 세 번째 전략은 예측 플랫폼의 임상적 실용화 전환이다. 앞서 기술한 중증 만성질환 고위험군 선별 예측 플랫폼은 여러 가지 다양한 중증 만성질환에 적용할 수 있으며 예측 플랫폼을 기반으로 한 질환 관리 스마트 헬스케어 서비스, 예측 도구를 활용한 사회 보건 서비스가 함께 제공된다면 보다 광범위한 임상적 실용화가 가능해진다.

스마트 헬스케어 서비스 개발은 빅데이터 분석을 기반으로 노인성 중증만성질환 이환 관리모형을 구축하고 구축된 관리 모형을 기반으로 스마트 헬스케어

서비스관리 모형을 개발 후 이에 대한 임상적 평가를 하는 과정을 거치게 된다. 사회 보건 서비스는 노인성 중증 만성질환의 사회적 부담을 분석하고 사회 재정 영향을 평가하며, 중재 전략에 대한 예산 배분의 근거모형을 개발하여 노인성 중증 만성질환의 사회적 부담 분석 및 보건정책의 영향을 평가하게 된다. 또한 노인성 중증 만성질환의 보건의료전달체계 구축을 위해 동태적 경로를 분석하고, 한국형 노인성 중증 만성질환 예측 도구를 활용하여 사회 보건 서비스 모형을 개발하며 이러한 예방 서비스 및 관리에 따른 정책효과를 시뮬레이션 분석을 통해 평가하는 과정이 필요하다.

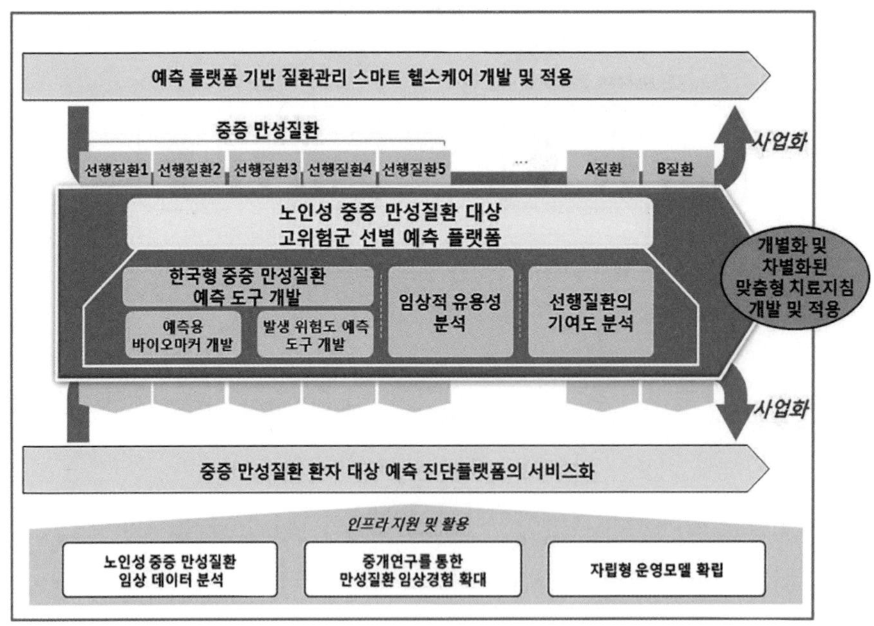

출처 : 노인성 만성질환 연구의 새로운 패러다임 및 정책제언(KHIDI)

[간호학 진로 로드맵]

구분	고등1	고등2	고등3
자율 활동	학급 반장으로 학급분위기 만들기에 솔선수범함.	'의학드라마로 알아보는 과학 이야기'를 주제로 발표, 양성평등교육과 사회적 문제 탐구	'간호사가 말하는 간호사' 도서 읽기 활동을 진행, 간호사가 겪는 어려움 조사
동아리 활동	동아리 부스만들기 활동에서 전시물의 동선을 고려한 위치 제안	일상생활 속 세균 탐구, 1차 실험에서 실패한 원인 분석	바이오 전문가 강의를 들음, 바이러스 질병에 관심을 가짐.
진로 활동	전문직업인 초청 강연회에서 의료인들의 로드맵 확인	'응급상황에서 어떻게 대처할까'란 활동을 진행, '바이오 사이언스'를 읽고 최신 의학 기술 탐구	코로나 생활수칙 실천 내용을 설문조사, 예방수칙 캠페인
특기 활동	지역 내 병원 분석 활동	'뇌과학, 복제와 생명윤리'에 관한 보고서 작성, 전문 간호사/응급구조사와의 대화	롤즈와 노직의 사회 정의론 토론, 유전학, 생명공학, 면역학 학습

[창의적 체험활동]

구분		창의적 체험활동상황
2 학년	자율 활동	함께 만들어가는 학급 활동에서 **'의학드라마로 알아보는 과학 이야기'**라는 재미있는 주제로 발표함. 학생들에게 과학에 대한 흥미 유발과 이해하기 쉽게 설명하기 위한 매체자료로 TV 드라마를 활용하여 작품 속 의학용어와 수술 방식에 대한 추가 지식을 전달함. 의학용어들을 쉽게 설명하기 위해 자료에 부연 설명을 써서 관심있는 친구들에게 제공함. 처음에 용어 때문에 두려움이 있었는데 발표 후 반응이 좋아 긴장된 맘이 사라졌다는 활동지를 제출함.
	동아리 활동	생명과학에서 세균을 학습한 후 **일상생활 속 세균 탐구** 활동을 진행함. 생활 속 세균을 확인하기 위해 문손잡이, 책상, 학용품 등 많이 사용하는 곳에서 탐구를 진행함. 하지만 3군데 모두 세균이 배양되지 않아 1차 실험을 실패하고 원인을 분석하는 활동을 진행함. 배양기의 온도조절을 잘못하였다는 것을 확인하고 다시 실험을 진행하는 열정을 보임.
	진로 활동	심폐소생술 활동을 진행한 후 위험에 노출되었을 때 대처할 수 있는 방법을 알아보기 위해 **'응급상황에서 어떻게 대처할까'**란 활동을 진행함. 응급처치의 종류에 대해 알아보고 사진과 동영상을 통해 학우들이 쉽게 이해할 수 있도록 발표함. 이후 진로 독서 활동으로 **'바이오 사이언스'**를 읽고 당뇨병과 희귀질환 자료 정리하여 최신 의학 기술을 조사하는 보고서를 제출함.

3 학 년	자율 활동	학급 특색사업으로 **'간호사가 말하는 간호사'** 도서 읽기 활동을 진행함. 간호사의 일상을 확인하고, 봉사정신과 전문인으로서의 책임감의 중요성도 알게 되었다고 소감문을 발표함. 이후 최근 시사 의료 활동으로 코로나-19와 에볼라 바이러스와의 차이점을 비교하고 그래프 및 사진 자료로 코로나바이러스에 대한 심각성을 같이 고민하는 시간을 가짐. 또한 코로나-19로 인해 간호사가 겪는 어려움을 이야기해 봄. '코로나-19가 생각보다 심각했다.', '의료인들에게 고마움을 느낀다.' 등 학우들의 피드백을 받을 수 있었다고 함.
	동아리 활동	동아리 활동 중 초청 선배와의 만남에서 바이오 전문가의 강의를 들음. 바이러스 모양, 종류, 번식방법, 반응, 피해 상황 등을 듣고 체험 소감문을 작성함. 바이러스로 인해 발생하는 질병과 우리 몸에 미치는 영향에 대해 학습하고, 바이러스를 활용한 질병 연구에도 관심을 가지고 관련 내용을 정리하여 보고서를 작성하였음.
	진로 활동	코로나가 장기화되면서 사회적 거리두기 실천을 하지 않는 학우들이 많다는 것을 알게 됨. 무감각해진 학교생활 속 학우들을 보면서 생활수칙 실천 내용을 설문하여 조사함. 설문조사 결과, 82%의 학생들은 본인이 생활수칙을 잘 지킨다고 응답했음을 확인하고 나머지 학생으로 인해 감염의 위험성이 있다고 판단하여 예방수칙 실천을 장려하는 캠페인 활동을 계획하고 진행함.

[교과 세특]

구분		세부내용 및 특기사항
1 학 년	통합사회	우리 지역 알아보기 활동에서 지역 내 소규모 병원과 대규모 병원의 진료 형태를 조사함. 우리 지역과 비슷한 도시와 비교하여 **인구 구성의 특성에 따른 병원 분포 현황을 조사**하여 문제점을 분석함. 특히 타 도시와 비교했을 때 인구 비율은 3분의 1 정도인데 2차 병원이 부족하다는 결과를 얻었으며, 이를 통해 상급 종합병원 신설의 필요성을 피력함. 또한 인근의 대학병원에서 환자들의 대기시간이 길어지는 문제점을 제기함.
2 학 년	생명과학 Ⅰ	진로 모둠 학습에서 **'뇌과학, 복제와 생명윤리'**에 관심을 갖고, 독서활동을 통해 수집한 자료를 이용하여 보고서와 발표 자료를 제작함. 모둠학습에서 자료정리와 발표의 역할을 맡아 잘 수행함. 발표 시 질문을 해결하는 모습에서 의사소통 능력이 뛰어남을 알 수 있었음.
	영어Ⅰ	영어 실력이 뛰어난 학생으로 어휘력이 높고 구문분석력이 뛰어남. 미래에 간호사가 되어 외국 병원에서 일하고 싶다는 꿈이 있어 교과서 내용 중 미국 자원봉사에 관한 글에 큰 관심을 가지고 쓰기활동 시간에 미국 병원 문화에 대한 자료를 조사 후 영어로 보고서를 작성함. 이후 미국 병원문화를 알게 되었고 한국병원 문화와 비교하는 내용을 추가로 작성함.

2 학년	보건	전문 간호사와의 대화를 통해 간호사 직업의 전망, 갖추어야 하는 역량, 하는 일, 종류 등에 대해 알게 되었음. 또한 전문 간호사와 태움의 문화에 대해 더 잘 알게 되었으며 간호사 직업이 매력적이라고 느낌. 또한 응급구조사와의 대화에서 소방관의 다양한 업무, 대우에 대해 잘 알게 되었음. 응급처치 수업을 통해 심폐소생술과 제세동기 사용법을 잘 숙지하고 정확히 적용하여 진로활동과 관련된 활동을 진행함.
3 학년	생활과 윤리	롤즈와 노직의 사회 정의론을 배우고, 비판 활동에서 사회적 약자를 위한 국가의 적극적 역할을 강조하는 롤즈의 입장에 찬성하여 자신의 의지를 나타냄. 자신의 봉사활동 경험을 바탕으로 여전히 기본적 자유를 누리지 못하는 사회적 약자들에 대해 국가적 차원의 복지가 더 필요하다는 의견을 제시함. 전염병 관리 활동에서 확진자 동선 공개로 인한 사생활 침해 문제와 의료 인력에 대한 처우 개선 문제를 자세하게 소개하고 학우들과 대책을 논의하는 모습을 보임.
	생명과학 II	유전학과 생명공학, 면역학을 학습한 후 호기심을 가지고 교과서 외 교양도서나 대학 자료를 찾아 관련 내용을 학습함. 이후 의생명계열의 친구들과 스터디를 만들어 자료에 대해 의견을 교환하며 학습에 성실히 임하였으며, 이러한 과정에서 의사소통 능력과 주제에 대한 집중력을 엿볼 수 있었음.

간호학계열 추천도서와 탐구 주제 찾기

[간호학 추천도서]

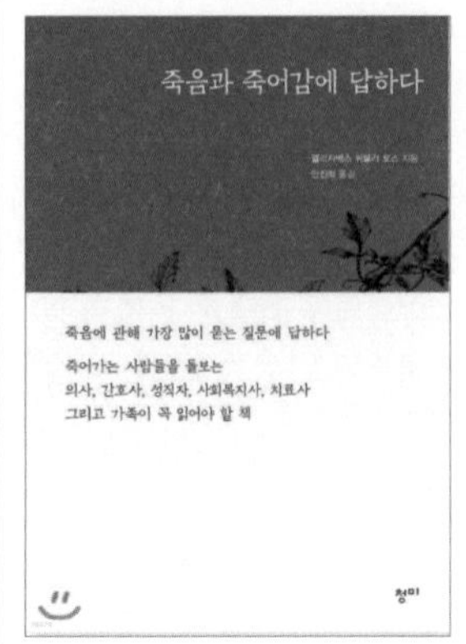

[간호학 탐구 주제 찾기]

과목	단원	탐구 주제
통합 사회	생활 공간과 사회	우리 지역의 응급상황을 해결하기 위한 지역 대책 탐구
	자본주의와 시장 경제	감염병 발생 시 집단면역의 긍정적인 경제 효과 탐구
	인권 보장과 헌법	간호사들의 직장 내 문제점 탐구
	문화와 다양성	우리나라와 외국의 병원시스템의 차이점 탐구
	사외 정의와 불평등	롤즈와 노직의 사회 정의론 탐구
통합 과학	생명시스템	바이러스의 증식 효소를 억제하는 바이러스 탐구
	화학변화	완충계 종류를 알아보고 헨더슨-하셀바흐 방정식을 이용하여 혈액 내 탄산 농도 측정
	생명시스템	바이러스를 활용한 질병 탐구
수학	함수(여러 가지 함수)	세균들의 특징을 조사하고 시간에 따른 생활 속 세균의 번식 속도 탐구
	함수(여러 가지 함수)	통계청 자료를 활용한 의사와 간호사들의 의사소통 능력 및 협업 관계 탐구
	집합과 명제(집합의 연산)	의료 데이터를 기반으로 한 고령자 코호트 데이터 처리 방법 탐구
	함수(여러 가지 함수)	고령화가 되는 속도를 예측하고 노인 문제를 해결하기 위한 방법 탐구

➔ 핵심 키워드로 알아보는 간호학

환자 예후, 합병증, 해부학, 징후, 나이팅게일선서, 건강관리, 간호중재법, 기본간호학, 성인간호학, 간호문제, 육안해부학, 임상병리학, 질병 원인, 국소육안, 예방, 보건, 회복

ⓐ DBpia에서 가장 많이 검색된 논문

㉠ 병원 간호사와 의사의 갈등관리유형과 의사소통 능력 및 협력 간의 관계, 한국재활간호학회

㉡ 간호대학생의 사회적지지, 학업스트레스, 임상실습스트레스, 대한스트레스학회

㉢ 병원 간호사와 의사의 갈등관리유형과 의사소통 능력 및 협력 간의 관계, 한국재활간호학회

㉣ 간호대학생의 MBTI 성격유형에 따른 스트레스 정도, 스트레스 대처방식 및 학교적응, 한국간호교육학회

㉤ 고령화 사회의 노인문제에 대한 세대간 해결방안, 한국정책과학학회

ⓑ 시사를 활용한 탐구활동

출처 : 사이언스on(KISTI)

논문	Korea HIV/AIDS Cohort Study: study design and baseline characteristics (2018) 치주질환과 만성신장질환의 연관성: 코호트 연구에 대한 체계적 고찰 (2017) 파킨슨병 환자에서 F-18 FP-CIT PET 로 측정한 도파민 운반체 밀도의 종적 변화 : PPMI cohort와의 비교 (2022)
특허	고령자 코호트 데이터를 이용한 질환 예측 장치 및 방법 (2021) 의료 데이터에 기초한 코호트 데이터 처리 장치 및 방법 (2021) 코호트 데이터의 혼란변수에 따른 계층화 및 질병 간 발생 시간이 고려된 질병 네트워크 구축 방법, 그 시각화 방법 및 이를 기록…
보고서	유형별 만성신장질환자 생존 및 보존 10년 추적조사연구 (2016) 심부전(Heart Failure) 질환 Registry 구축 및 관리 (2012) 유형별 만성신장질환자 생존 및 신기능 보존 10년 추적조사 연구 (2016)
동향	Altmetric 스코어 "2017년 상위 100" 논문 발표 (2018) 게으름과 체중 증가, 어느 것이 먼저 (2014) 노인 치매환자 증가하는 이유는 (2014)

출처 : 사이언스on(KISTI)

간호학에서 수강하는 대표 과목

[간호학과 대학에서 이수하는 교과]

교양필수	생물학, 생물학실험, 심리학 개론, 화학, 화학실험, 생명의료 윤리, 생명과학, 사회학이란 무엇인가, 심리학이란 무엇인가, 성장발달이론, 통계학, 의료현장적응실습 등
전공필수 및 전공선택	간호학개론, 인간과 건강, 병원미생물학, 병태생리학, 간호통계학, 약물기전과 효과, 건강교육과 상담, 영양과 식이, 건강증진 행위 개론, 의사소통/인간관계 및 실습, 기본간호학 및 실습, 지역사회간호학, 인체구조와 기능 및 실험, 간호연구개론, 아동건강간호학, 정신건강간호학, 재활간호학 및 실습, 지역사회간호학 실습, 가족건강간호 및 실습, 간호관리학, 간호윤리세미나, 간호특론, 출산기 가족간호학 등

[간호학과 진학에 도움이 되는 교과]

교과영역	교과(군)	공통과목	선택 과목	
			일반선택	진로선택
기초	국어	국어	화법과 작문, 독서, 문학, 언어와 매체	
	수학	수학	수학Ⅰ, 수학Ⅱ, 미적분, 확률과 통계	실용수학, 기하, 수학과제 탐구
	영어	영어	영어Ⅰ, 영어Ⅱ, 영어 독해와 작문	
	한국사	한국사		
탐구	사회	통합사회	생활과 윤리, 윤리와 사상	사회문제탐구, 사회과제연구
	과학	통합과학 과학탐구 실험	생명과학Ⅰ, 화학Ⅰ, 물리학Ⅰ	생명과학Ⅱ, 화학Ⅱ, 융합과학, 고급화학 및 고급생명과학, 화학실험 및 생명과학실험, 과학과제연구
생활 교양	기술·가정		기술·가정, 정보	인체 구조와 기능, 기초 간호 임상 실무, 보건 간호
	교양		보건, 심리학, 철학	

※ 별색 : 핵심 권장 과목

치위생학 진로 로드맵

➔ 치위생학 합격자 선배들의 진로 로드맵과 세특

최근 치과에서도 AI의 도움을 받아 충치를 가려내고 있다. 우식 치아 진단, 구강외과 수술, 치아 교정 등 AI 영역이 점차 확장되고 있다. 우선 AI의 우식 치아 진단 기능은 우식 여부를 가려내는 분류(classification), 우식 영역을 찾아내는 탐지(detection), 우식 부위를 정확히 지목하는 세그멘테이션(segmentation) 순으로 진보하고 있다. 2021년 독일 연구진이 발표한 무작위 대조 연구(RCT)에 따르면, 교익 방사선 사진으로 우식 치아를 진단하는 능력을 평가한 결과, AI의 도움을 받은 치과의사는 우식 치아를 더 잘 찾아낸 것으로 나타났다. 또 파노라마 영상에서 치아파절, 치경부마모증, 치조골파괴, 치주염, 턱관절질환, 임플란트, 상악동염 등을 색깔별로 표시해 치과의사의 진단을 보조하는 역할도 가능했다. 또한 파노라마가 아닌 맨눈으로 본 이미지를 통한 진단에도 성과를 보였다. 우식 치아의 경우는 AI로 진단하는 경우 92.5%의 정확도를 보였다.

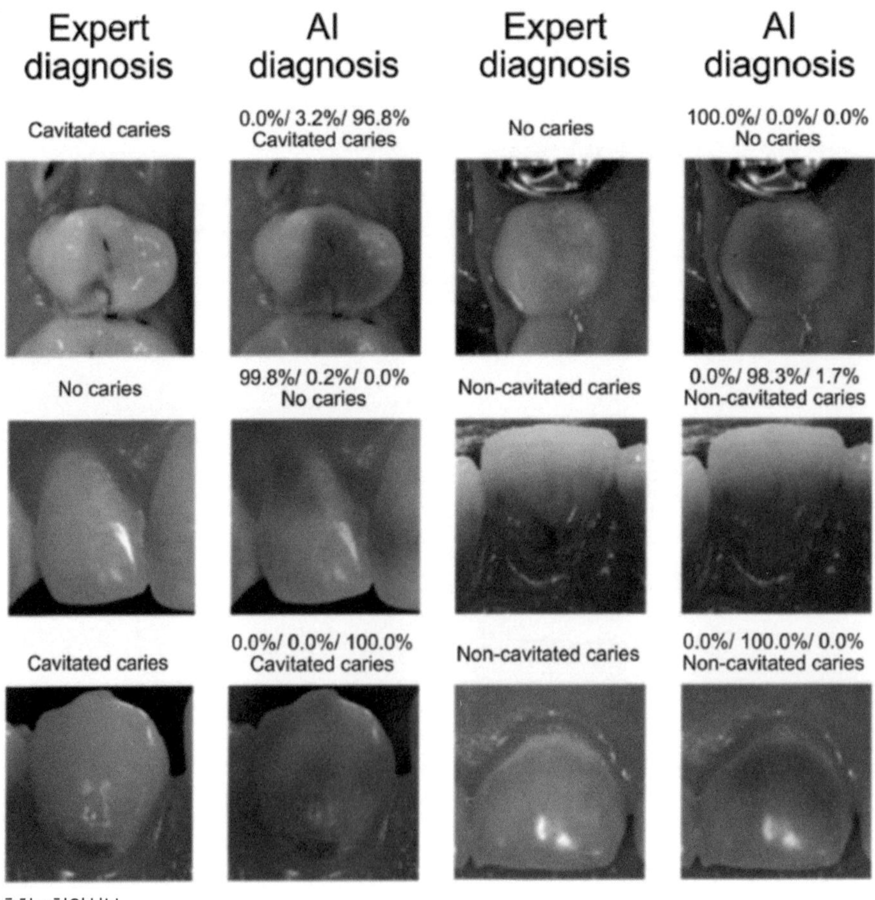

출처 : 치의신보

수술 분야에도 AI 기술을 활용한 여러 연구가 진행되고 있다. 특히 양악 수술 후 이미지, 제3대구치 발치 시 하치조신경 손상 여부를 예측하거나, 치성 병변 감지, 임플란트 치료계획 수립 등과 관련해 성능이 최소 70%대에서 많게는 90%를 상회한다는 연구 결과도 있다. 치아 교정 분야에는 두부 계측점 자동 추적(Cephalometric landmarks) 연구가 가장 활발하다. 실제로 위턱, 아래턱뼈, 두개골 등에 해부학적 계측점을 표기하고, 교정 분석을 자동으로 해주는 진단 보조 프로그램도 상용화돼 있다.

[치위생학 진로 로드맵]

구분	고등1	고등2	고등3
자율 활동	고민이 있는 친구 고민 해결해 주기 프로젝트 참가, 간호사의 극단적 선택이라는 기사를 보고 문제점 분석	담배와 구강염의 관계 조사	'새로 만든 내 몸 사용설명서'를 읽은 후 건강과 관련된 보고서를 작성, 감기와 폐렴의 공통점과 차이점 조사
동아리 활동	의료 봉사 동아리 활동	성인건강검진과 영유아 치아 건강검진 조사, 청소년 스케일링 무료 행사에 대해 홍보	후배들과 함께 하는 활동(치위생사), 의료환경 개선의 필요성을 느낌
진로 활동	직장 내 따돌림(태움)이 의료계열에 많은 이유 탐구	1인 1역으로 의무팀을 맡아 친구들의 안전을 위해 노력	'바이러스와의 전쟁'을 주제로 심화 주제 탐구 보고서를 작성, '치아의 건강, 치위생사'를 주제로 진로 탐색 보고서를 작성
특기 활동	유전자가위 식품 의학 연구 조사	'질병의 감염경로와 예방 및 치료법'의 탐구	개인의 흡연 빈도와 치아와의 상관관계를 탐구

[창의적 체험활동]

구분		창의적 체험활동상황
2학년	자율활동	흡연 예방 교육의 문제점을 인식하고 담배가 단순한 기호품이 아닌 해로운 약물이라는 사실을 다시 한번 인식함. 이후 담배와 구강염의 관계를 조사하여 자료를 제출함. 이 과정에서 담배는 백해무익하다는 자신의 생각을 어필하며, 청소년들이 담배에 노출되지 않는 대안으로 또 다른 즐길거리의 필요성을 느꼈다고 함.
	동아리활동	건강검진 센터에서 봉사한 경험으로 성인건강검진과 영유아 건강검진 중 치아검진에 대해 조사하여 의료에 관심있는 친구들과 공유함. 또한 청소년 스케일링 무료 행사를 홍보하며 **스케일링의 필요성에 대해 캠페인을 진행**함.
	진로활동	진로연계체험학급에서 1인 1역으로 의무팀을 맡아 비상약 상자를 들고 다니면서 친구들의 안전을 위해 노력하였음. 체육대회나 외부행사에 항상 비상약 상자를 챙겨 다니는 학생이었음. 특히 자발적으로 의무팀을 자처한 모습에서 책임감 있는 미래 의료인의 모습을 엿볼 수 있었음.
3학년	자율활동	독서 프로젝트 활동으로 **'새로 만든 내 몸 사용설명서'**를 읽은 후 건강과 관련된 보고서를 작성함. 당뇨와 비만에서 유전이 중요한 원인인지, 근력운동은 누구에게나 이로운지 등에 대해 탐구해 보며 결론을 도출해냄. 특히 폐에 대해 심화 탐구를 진행하며 감기와 폐렴의 공통점과 차이점에 대해서 알아봄. 이를 통해 자신의 몸에 대해 이해하고 건강의 중요성을 인식함.
	동아리활동	후배들과 함께하는 활동으로 선배들의 학교생활 들려주기 활동에서 자신이 꿈꾸는 치위생사에 대해 이야기함. 대학생들과의 인터뷰에서 자신의 진로를 선택하게 되었다는 에피소드가 잘 전달됨. 또한 신생아 중환자실의 영상을 보며 안타까운 마음을 소감문으로 작성하고 의료인의 마음가짐을 한 번 더 생각하게 되었음. 또한 영상을 통해 열악한 의료환경을 확인하고 시스템 개선이 필요하다고 느낌.
	진로활동	**'바이러스와의 전쟁'**을 주제로 심화 주제 탐구 보고서를 작성함. 코로나-19가 심각한 상황에서 전 세계적으로 유행을 했던 바이러스인 사스, 신종플루, 메르스 등에 대해 조사하여 비교 분석함. **'치아의 건강, 치위생사'**를 주제로 하여 진로 탐색 보고서를 작성함. 치위생사가 구체적으로 하는 일과 이를 이루기 위해 고등학교 시절에 해야 할 일에 대해서도 자세히 정리하였음. 이를 통해 치위생사에 대해 이해하고 치기공학과에서 배우는 교과에 대해서도 알게 되어 로드맵의 중요성을 어필함.

[교과 세특]

구분		세부내용 및 특기사항
2학년	생명과학 Ⅰ	'방어작용'의 교과 단원을 배운 후, **'질병의 감염경로와 예방 및 치료법'**의 탐구를 진행함. 질병의 감염 경로를 조사한 후 예방방법을 제시하고 면역력 향상을 위한 개인위생의 중요성을 언급함. 또한 질병의 치료법에서 홍역은 항생제가 아닌 항바이러스제에 의해 치료됨을 발표하여 세균성 질병과 바이러스성 질병의 차이점을 정확히 구별하여 보고서를 제출함. 항바이러스제와 돌연변이에 대해 공부해 보고 싶다는 의지를 밝힘.
3학년	사회문화	건강과 차아에 관심이 많은 학생으로, 사회과학의 연구방법 가운데 양적 연구방법과 질적 연구방법을 탐구한 후 연구계획서의 주제로 **개인의 흡연 빈도와 치아와의 상관관계를 탐구**함. 독립변수로 흡연 빈도, 종속변수로 치아의 색깔 변함과 치주염을 설정하였으며, 연구 설계에 맞게 계획서를 작성하여 선생님과 의논함. 양적 연구방법을 이해하고 적용하는 모습이 돋보임. 자료 수집 방법으로 질문지법을 선택하여, 흡연과 치아와의 관계를 묻는 질문지를 작성하여 자료 수집 방법에 대한 다부진 모습을 볼 수 있었음.

➔ 치위생학계열 추천도서와 탐구 주제 찾기

[치위생학 추천도서]

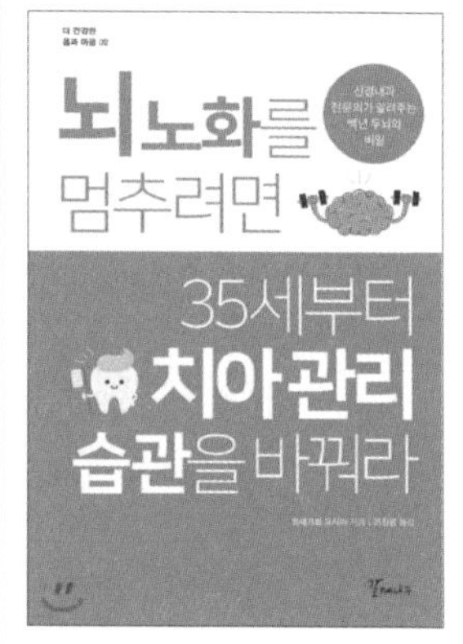

[치위생학 탐구 주제 찾기]

과목	단원	탐구 주제
통합 사회	인권 보장과 헌법	직장 내 따돌림(태움)이 의료계열에 많은 이유 탐구
	미래와 지속 가능한 삶	노인을 위한 국가적 임플란트 지원의 문제점 및 해결책 탐구
	미래와 지속 가능한 삶	스케일링의 필요성과 주기의 관계 탐구
통합 과학	생명시스템	담배의 문제점과 구강염과의 관계 탐구
	생물의 다양성 유지	청소년기에 비염이 많은 이유 탐구
	생명시스템	당뇨, 비만과 유전적 요인의 연관성 탐구
	생물의 다양성 유지	질병에 따른 항바이러스제와 항생제 투여 방법 탐구
	생물의 다양성 유지	치주염과 다른 질병과의 연관성 탐구
수학	함수(여러가지 함수)	책상에 앉아 있는 시간에 따른 비염 증세의 변화 수치 탐구
	함수(여러가지 함수)	개인의 흡연 빈도와 치아와의 상관관계를 탐구
	집합과 명제(집합의 연산)	잇몸 세균과 다른 질병과의 관계를 분석하여 발병률 탐구

➜ 핵심 키워드로 알아보는 치위생학

구강, 위생학, 보건, 치주염, 치아우식증, 치아처치, 치아탈락, 고령화, 임플란트, 치아형태학, 발음, 구강보건

ⓐ DBpia에서 가장 많이 검색된 논문

㉠ 치위생(학)과 학생의 전공만족도와 전문직관 연구, 한국콘텐츠학회

㉡ 치아우식증 예방을 위한 자일리톨의 활용, 대한치과의사협회

㉢ 에너지 음료가 치아 법랑질 침식 및 치아성장에 미치는 영향, 한국생물공학회

㉣ 치과내원환자의 주관적 구강건강인식과 치과공포의 관련성, 한국콘텐츠학회

㉤ 오미자 추출물의 구강병원균에 대한 항균효과 및 구취억제 효과, 한국생명과학회

ⓑ 시사를 활용한 탐구활동

출처 : 사이언스on(KISTI)

출처 : 사이언스on(KISTI)

치위생학에서 수강하는 대표 과목

[치위생학과 대학에서 이수하는 교과]

교양필수	생물학, 화학, 생리학, 치아형태학, 구강병리학, 치과영양학, 치과위생학개론 등
전공필수 및 전공선택	치과교정학, 치과보철학, 구강보건학, 치주학, 치과방사선학, 임상치과학, 구강외과학, 치과재료학, 임상실습 등

[치위생학과 진학에 도움이 되는 교과]

교과영역	교과(군)	공통과목	선택 과목	
			일반선택	진로선택
기초	국어	국어	화법과 작문, 독서, 문학, 언어와 매체	
	수학	수학	수학 I, 수학 II, 미적분, 확률과 통계	실용수학, 기하, 수학과제 탐구
	영어	영어	영어 I, 영어 II, 영어 독해와 작문	
	한국사	한국사		
탐구	사회	통합사회	생활과 윤리, 정치와 법, 사회문화	사회문제탐구, 사회과제연구
	과학	통합과학 과학탐구 실험	생명과학 I, 화학 I, 물리학 I	화학 II, 융합과학, 생활과 과학, 고급생명과학, 생명과학실험, 과학과제연구
생활 교양	기술·가정		기술·가정, 정보	인체 구조와 기능, 기초 간호 임상 실무, 보건 간호
	교양		보건, 심리학	

※ 별색 : 핵심 권장 과목

물리치료 및 스포츠의학 진로 로드맵

물리치료 및 스포츠의학 합격자 선배들의 진로 로드맵과 세특

오늘날 글로벌 사회는 100세 시대로, 기대수명 증가, 출산율 감소에 따른 신생아의 수 감소, 산업현장에서의 생산 인구 감소 등 여러 가지 사회 현상들이 나타나는 고령화 사회를 맞이하고 있다. 고령화 사회로 인한 노인 인구 비율이 증가함에 따라 만성질환 환자 수는 매년 증가하고 있다. 만성질환 중 대표적인 질병으로는 고혈압, 뇌졸중, 류머티즘 관절염 등이 있으며, 활동성 저하 문제도 발생하고 있다. 이뿐만 아니라, 50세 이상의 성인은 해마다 1~2% 근육이 감소하는

근 감소증 질병을 보이고 있어 낙상 시 관절이나 척추에 무리가 발생하여 이동성에 제한이 생기게 된다. 재활 의료 서비스 로봇은 다양한 범위에서 활용되고 있으며, 이동성을 보조해 줌으로써 고령화와 관련된 사회적인 문제와 노인성 질환에 대한 발병률을 예방해 주거나 해결할 수 있다.

구분	개념
식품의약품안전평가원(2014)	기기와 환자의 상호작용이 있는 로봇
식품의약품안전처(2015)	로봇기술을 사용하는 의료용 기기 또는 시스템
지능형로봇표준포럼 의료로봇분과 위원회(2017)	의료기기로 사용하기 위한 로봇 또는 로봇장치

행위목적	수혜자	운영자	장소	범위	정의
수술	환자	의사	의료시설	수술/수술보조 로봇	침습*/비침습 수술의 전 과정 또는 일부를 의사대신 또는 함께 작업 (영상가이드, 정밀 시술 등)
				신체삽입형 로봇	혈관, 경구 등을 통해 병소에 직접 다가가는 미소 크기의 로봇
재활	노약자, 장애인	간호/간병인/환자	복지시설, 가정	재활치료로봇	상/하지 재활치료(웨어러블 기기)
				재활보조로봇	이동, 파지 등 일상 생활보조용 휠체어로봇, 웨어러블 보행기 등
				간병로봇	간호/간병/돌봄, 의료 목적의 정서적/사회적 기능 및 다양한 피드백 행위를 제공
보조 서비스	사물, 환자, 의사, 약사	의사, 약사, 간호/간병인	의료/복지/연구시설	물류로봇	지능형 배송 및 운반
				약재처리	클린 멸균, 항암약조제 등
				원격진료	원격으로 의사의 진료/상담 및 처방 등 행위를 대신 수행하는 로봇
				연습/평가	가상 그래픽, 햅틱** 장치 등을 활용한 훈련또는 안전/호환성/성능/표준화 평가

출처 : 융합연구정책센터

현재 상용화된 재활 의료 서비스 로봇은 뇌·척추손상 환자 등에게 환자 맞춤형 재활 치료를 제공하여 장애를 최소화하고 빠른 사회 복귀를 유도하고자 한다. 뇌졸중은 발병 후 초기 6개월 이내에 가장 빠른 회복이 이루어지기 때문에 환자의 상태와 회복 가능성을 정확히 파악하여 체계적인 단계로 접근해야 최적의 재활 치료가 가능하다. 하지 외골격인 경우, 재활 치료를 보통 3단계로 나누어 각 치료 단계에 따라 로봇 재활 치료를 체계적으로 적용하고 있다. 1단계에서는 균형 재활로 기립 및 걸음마 훈련이 이루어지며, 2단계에서는 반복적 보행 재활로 보행 패턴을 익히기 위해 보행 훈련을 한다. 3단계는 독립적 보행 재활 단계로 어느 정도 보행이 가능한 환자들에게 다양한 보행 훈련을 시키게 된다. 환자의 기능 손상 정도에 따라 상하지 외골격 로봇을 이용하여 재활 치료가 이루어지고 있다.

상지 외골격 로봇의 경우, 접지형(grounded type), 접지형 말단장치(grounded end-effector type), 착용형(wearable exoskeleton type)으로 세분화되어 분류된다. 경량화 소재와 다자유도의 상지 외골격 로봇을 재활 치료에 활용하고 있으며, 최근에는 치료 효과를 극대화하기 위해 전기자극치료(FES, Functional Electrical Stimulation)를 상지 외골격 로봇에 접목하는 기술을 개발하여 뇌가소성의 촉진을 극대화시키는 연구가 진행되고 있다. 하지 외골격 로봇은 고정형(fixed type), 말단장치형(end-effector type), 착용형(wearable exoskeleton type)으로 세분화되어 분류된다. 다양한 환경(평지, 계단, 경사)에서 보행 재활 훈련을 제공하기 위해 손상된 움직임을 회복시키는 웨어러블 타입의 하지 외골격 로봇 개발 연구가 활발히 진행되고 있다.

외골격 로봇 형태	재활 치료 단계	기능 손상 정도	실외/실내
상지 외골격 로봇	반복적 재활	접지형 외골격 로봇 (Grounded Exoskeleton)	실내
		접지형 말단장치 로봇 (Grounded End-effector)	
		착용형 로봇 (Wearable Exoskeleton)	
하지 외골격 로봇	균형 재활	-	
	반복적 보행 재활	고정형 외골격 로봇 (Fixed Exoskeleton)	
		말단 장치형 (Foot-plate)	
	독립적 보행 재활	착용형 로봇 (Wearable Exoskeleton)	실내/외

출처 : 융합연구정책센터

- **국가** : 스위스
- **기업명** : Hocoma
- **제품명** : Armeo Power
- **제품 특징**
  - 6 자유도
  - 어깨, 팔꿈치, 손목 움직임 지원
  - 필요에 따른 움직임(Assist-as-needed movement) 안내

- **국가** : 스위스
- **기업명** : Hocoma
- **제품명** : Armeo Spring(Pediatric)
- **제품 특징**
  - 7 자유도
  - 어깨, 팔꿈치, 손목, 손가락 움직임 지원
  - 자기 주도 운동 요법

- **국가** : 이탈리아
- **기업명** : Kinetek
- **제품명** : ALEx
- **제품 특징**
  - 6 자유도
  - 필요에 따른 움직임 안내
  - VR 시스템과 연동 가능

- **국가** : 중국
- **기업명** : Guangzhou YiKing Medical Equipment Industrial CO. LTD
- **제품명** : NX-A2
- **제품 특징**
  - 5가지 훈련 모드 지원(게임 연동 가능)
  - 어깨, 팔꿈치, 손목 움직임 지원

- **국가** : 한국
- **기업명** : ㈜헥사휴먼케어
- **제품명** : RESILION U30A
- **제품 특징**
  - 4가지 모드 지원(CPM/등속성/등장성/등척성)
  - 좌/우 변환 가능
  - 맞춤형 재활 프로토콜 제공 가능

출처 : 융합연구정책센터

[물리치료 및 스포츠의학 진로 로드맵]

구분	고등1	고등2	고등3
자율 활동	재난안전 교육 후 골절로 다친 사람들의 치료법에 대해 조사, 심폐소생술과 제세동기 활용법에 대해 배움.	학급 진로 탐색 활동으로 수중치료에 대해 관심을 가짐, '와추' 치료법을 조사	청소년 체육축제에 축구심판으로 참여하여 공정한 경기 운영을 함, 근육통이 생긴 학생들에게 응급처치를 함.
동아리 활동	수중 재활치료의 물리적인 운동효과 및 심리치료에 대해 탐구, 재활치료의 종류에 대해 조사하고 법의 범위도 참고함.	'Create Your Vision !' 활동을 통해 영어에 대한 자신감을 가짐, 용병들과의 통역의 중요성을 알게 됨.	스포츠심리학이나 스포츠생리학 도서 읽기, 프로농구 경기장을 찾아 관련 트레이너 인터뷰
진로 활동	외상이 없다고 해도 심리적 재활과 활동적 재활이 필요하다는 진로 관련 에세이 작성	대학강의 '스포츠 심리학'을 듣고 보고서를 작성함, 구단 트레이너들의 인터뷰 중 좋은 글귀를 게시	진로 봉사활동을 하면서 재활치료 탐구, 사전 스트레칭의 중요성 인식
특기 활동	학급 부반장으로 교실 환기에 신경을 씀.	체육부장으로서 날씨에 따라 사전 체조를 달리 구성하는 열정을 보임.	책상에 앉을 때 자세에 따른 허리 통증 질병 탐구

[창의적 체험활동]

구분		창의적 체험활동상황
2학년	자율활동	학급 진로 탐색 활동을 통해 근육이 약화된 어른이나 심한 운동으로 손상된 환자를 대상으로 수중치료를 통해 근육에 걸리는 부하를 줄이면서도 운동 효과를 늘려주는 장점이 있어 활용범위가 넓다는 것을 알게 됨. 최근 재활병원에 도입된 **'와추 치료법'**에 대해 조사하면서 **수중 치료 중 물의 온도의 중요성과 관절 움직임 체크의 필요성**을 알게 되었음.
	동아리활동	'Create Your Vision !'이라는 주제로 캠프에 참가함. 일상생활에 사용되는 영어 습득과 의사소통 능력 외에 스포츠 용어를 공부할 수 있는 계기가 되었음. 프로구단에서 많은 용병 선수들이 팀의 승리에 중요한 역할을 하고 있기 때문에 그 사람들과의 의사소통의 중요성을 알게 되었음. 또한 다양한 직업체험을 통해 살아있는 영어에 대한 자신감과 진로에 대해 진지하게 고민하는 시간을 가짐.
	진로활동	운동처방사라는 직업에 대해 알아보기 위해 대학강의 **'스포츠 심리학'**을 듣고 심리적 행동에 따라 자신감과 개인기술 발현의 정도가 달라지므로 스포츠 심리학의 중요성을 알게 되었음. 운동처방사는 운동선수가 최상의 컨디션을 유지할 수 있도록 예방하고 심리적 안정을 주는 역할도 수행해야 함을 알게 되었음. 이후 프로 각 구단의 트레이너들의 인터뷰를 보고 맘에 드는 글귀들을 스포츠를 좋아하는 학우들과 공유함.
3학년	자율활동	OO 청소년 축제위원회가 주관한 OO 청소년 체육축제에 축구경기 심판으로 참여하여 경기를 진행함. 작년에 해 본 능숙한 경험을 바탕으로 30여 개의 많은 팀을 정해진 규칙에 따라 오심으로 선수들의 사기가 저하되는 일이 발생하지 않도록 축구심판으로서 공정하게 심판을 봄. 경기 도중 쥐가 나는 학생들이나 근육통이 생긴 학생들에게 응급처지를 하는 모습이 인상적임.
	동아리활동	스포츠의학과에 흥미 있는 친구들을 구성하여 직접 '앰뷸런스'라는 동아리를 설립하게 됨. 관련 지식을 얻기 위해 스포츠심리학이나 **스포츠 생리학** 도서를 찾아서 읽고 친구들과 느낀 점을 발표하면서 심화 지식까지 얻을 수 있었다고 함. 동아리 친구들끼리 프로농구 경기장을 찾아 관련 트레이너 선생님들에게 스포츠의학과에 가기 위한 노력이나 전망 등을 인터뷰해 관련 분야에 대한 포괄적인 지식을 얻어 진로 로드맵을 작성하는 모습을 보임.
	진로활동	진로 봉사활동을 하면서 재활치료에 대해 자세히 이해함. **환자의 부상 경로에 따른 다양한 재활치료법과 부상방지 운동법**을 알게 됨. 재활치료 기계를 깨끗이 청소하고 청결한 치료실이 되도록 중간에 환기를 시켜주는 등 깨끗한 치료실이 되도록 노력함. 재활치료 기계의 사용법을 익히고 청소년들이 자주 다치는 곳의 치료법을 익혔음. 사고 후 치료를 하는 것보다 사전 스트레칭을 통해 사고를 방지하는 것이 가장 중요하다는 것을 알게 되었음.

[교과세특]

구분		세부내용 및 특기사항
2학년	독서	관심 있는 지문 읽기 활동에서 '걷기의 건강학' 지문을 읽고 걷기가 노인들에게 좋은 운동이라는 내용을 바탕으로 선행연구를 확인하여 자료를 조사함. 걷기 운동의 강도와 시간을 달리하여 성장호르몬, 멜라토닌 등 노인들의 노화 관련 호르몬을 관찰한 결과, 운동의 효과와 함께 노화를 억제시켰다는 내용을 알게 되었다고 함. 또한 노인들에게 준비운동 및 정리운동을 강조해 걷기를 할 때 관절의 중요성과 운동 강도, 심박수 수치의 중요성을 이야기함. 그리고 필요한 기능만 들어간 스마트워치를 제안하고, 동네 노인 운동 모임의 필요성을 언급함.
	생명과학	관심 기사 쓰기 활동에서 약물 중독의 원인과 약물에 의존하게 되는 과정에 대한 기사를 참고하여, 마약성 물질에 대해 조사함. 마약성 물질이 작용하는 원리를 신경전달 물질과 수용체를 중심으로 설명하는 기사를 작성함. 또한 프리온이 발견된 역사적 사건과 프리온이 전염성을 갖는 이유를 중심으로 기사를 작성하기도 함.
3학년	융합과학	실생활 문제 해결 글쓰기 활동에서 카페인 성분이 인체에 미치는 영향을 주제로 선택하여 관련 기사를 활용해 요약하고 분석하여 카페인 각성 효과에 대해 탐구함. 탐구 내용을 바탕으로 과학 글쓰기를 진행하여 자신의 생각을 논리정연하게 글로 표현함과 동시에 과학적 사고력을 기름. 이후 '카페인을 활용하여 식물의 벌레를 제거할 수 있을까'라는 호기심에 탐구를 진행함. 콜드브루의 방법을 활용하여 알칼로이드를 추출하고 추출한 카페인을 식물 잎에 뿌린 뒤 잎의 변화와 살충제를 뿌린 식물을 먹은 달팽이를 비교 관찰한 후, 실험 결과를 통해 카페인의 살충제 적합성을 알아봄.
	보건	교내에서 일어나는 골절사고를 목격하고 '가정방문물리치료, 학교물리치료의 필요성 및 유형 실태에 대한 조사연구'를 읽고 관련 탐구를 진행함. 개념과 유형 필요성을 쉬운 용어와 표로 정리하여 학우들의 이해를 도움. 특히 가정간호사와 방문간호사를 비교하여 가정물리치료와 방문물리치료사들의 역할을 나눌 필요가 있는데 아직 우리나라는 제도적으로 미비하다고 언급함. 이후 특수학교의 물리치료에 대해 관심을 가지고 관련 내용을 조사하여 제출함.

물리치료 및 스포츠의학계열 추천도서와 탐구 주제 찾기

[물리치료 및 스포츠의학 추천도서]

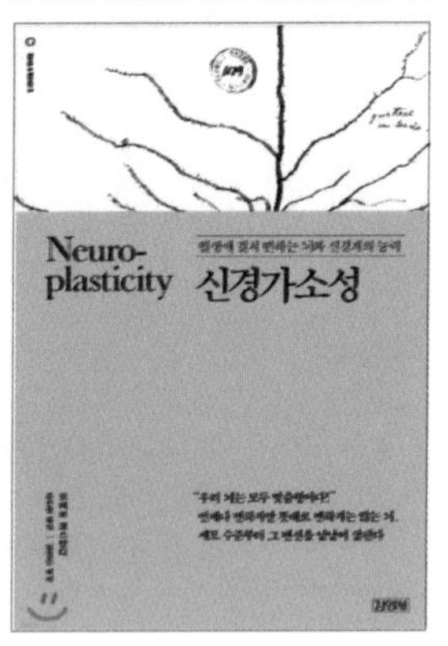

[물리치료 및 스포츠의학 탐구 주제 찾기]

과목	단원	탐구 주제
통합 사회	인간, 사회, 환경과 행복	재난 트라우마 사회적 극복 방법 탐구
	인권 문제의 양상과 해결	재활치료 의료보험 적용 범위 조사 및 보완점 탐구
	문화의 다양성	구단 트레이너들의 용병 선수들과의 문제점 및 해결책 탐구
통합 과학	역학적 시스템	재활시 활용 가능한 충격흡수 장치 탐구
	역학적 시스템	수중 재활치료 중 물리적인 운동 효과 및 심리치료에 대해 탐구
	역학적 시스템	책상에 앉을 때 자세에 따른 허리 통증 질병 탐구
수학	방정식과 부등식(이차방정식와 이차함수)	갈비뼈와 발바닥뼈가 왜 아치형 구조인지 탐구
	도형의 방정식(평면좌표)	발목 재활을 위한 무게중심 활용 탐구
	함수(여러가지 함수)	자세에 따른 혈류 속도 차이 탐구

핵심 키워드로 알아보는 물리치료 및 스포츠의학

정형외과학, 병리학, 운동학, 해부학, 깁스, 노인골절, 말초신경계, 물리치료학개론, 레이저 치료, 골격계, 진단의학, 장애, 기형, 재활의학, 만성질환, 보건교육학, 건강증진, 근력, 상해, 신경계

ⓐ DBpia에서 가장 많이 검색된 논문

㉠ 한국 물리치료사 제도의 문제점과 개선 방향 제시, 한국엔터테인먼트산업학회

㉡ 통증과 물리치료, 로얄에이알씨 주식회사

㉢ 가장 기본적이고 효율적인 물리치료, 대한치과의사협회

㉣ 8주간의 물리치료 유산소 운동 병행요법이 뇌졸증 편미비 환자의 균형능력과 보행능력에 미치는 영향, 한국체육과학회

ⓜ 청소년기 여학생의 척추측만증 개선을 위한 운동프로그램, 한국체육교육학회

ⓑ 시사를 활용한 탐구활동

물리치료

자연의 힘이나 물리적 작용을 빌려서 치료하는 방법(광선치료, 전기요법, 온천요법, 기후요법, 마사지 요법)

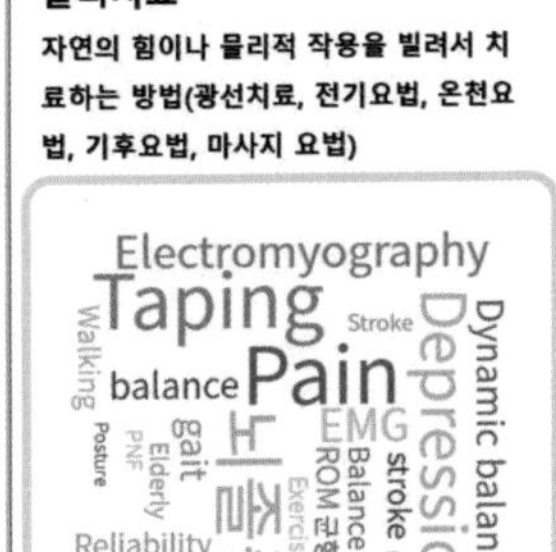

스포츠의학

인체의 움직임을 인간 공학적 측면에서 분석하여 스포츠에서 좋은 기량의 개발 연구

재활의학

장애를 가진 사람을 주어진 조건하에서 신체적, 정신적, 사회적 능력 뿐 아니라 취미, 직업, 교육 등 잠재적 능력 발휘 도움

출처 : 사이언스on(KISTI)

논문

- 로봇-보조 팔 훈련이 뇌졸중 환자의 팔에 근활성도와 체중지지에 미치는 영향 (2022)
- 기구를 이용한 골반 압박이 20대의 요통 경험자와 비경험자의 체간 근지구력과 균형 능력에 미치는 영향 비교 (2022)
- 모션 캡처 시스템에 대한 고찰: 임상적 활용 및 운동형상학적 변인 측정 중심으로 (2022)

특허

- 물리치료용 온열 발생기 (2021)
- 가상현실 기반 전정물리치료 재활 장치 및 재활 방법 (2021)
- 원적외선과 음이온을 발생시키는 물리치료도구(2020)

보고서

- 전동 슬라이딩 기반 사용자 맞춤형 치료효과 분석과 체중 분산지지가 가능한 물리치료용 복합소재 현수장치 개발 (2021)
- 운동 발달지연 선별검사를 위한 카메라기반 동작인식 어플 개발 및 맞춤형 가상재활운동 프로그램 개발 연구 (2021)
- 어플리케이션을 활용한 관절 안정화 운동 개발 및 검증 원문보기 NTIS 과제연계 (2021)

동향

- ETRI, 고령층 보행 돕는 시스템 개발...전기로 근육 제어 (2020)
- 탄성 뛰어난 다기능 고무소재 개발 (2018)
- 창조경제의 새로운 동력 '재활로봇' (2015)

출처 : 사이언스on(KISTI)

물리치료 및 스포츠의학에서 수강하는 대표 과목

[물리치료 및 스포츠의학과 대학에서 이수하는 교과]

교양필수	물리치료학 개론, 해부학, 기능해부학, 생리학, 병리학, 생물학, 물리학, 화학, 신경과학, 임상신경학, 내과학, 약리학, 의학용어, 응급처리, 공중보건학, 의료관계법규, 심리학, 일반생물학, 일반물리학, 장애총론, 발달심리학 등
전공필수 및 전공선택	근골격물리치료학, 신경물리치료학, 아동물리치료학, 노인물리치료학, 스포츠물리치료학, 심폐물리치료학, 피부재활, 전기광선물리치료학, 수치료학, 운동치료학, 보조기 의수족, 보행분석학, 임상운동학, 임상실습, 직업재활개론, 발달정신병리학, 직업재활상담, 상담이론과 실제, 직업적응훈련, 이상심리학, 정서장애교육, 특수치료, 직업재활방법론 등

[물리치료 및 스포츠의학과 진학에 도움이 되는 교과]

교과영역	교과(군)	공통과목	선택과목	
			일반선택	진로선택
기초	국어	국어	화법과 작문, 독서, 문학, 언어와 매체	
	수학	수학	수학Ⅰ, 수학Ⅱ, 미적분, 확률과 통계	실용수학, 기하, 수학과제 탐구
	영어	영어	영어Ⅰ, 영어Ⅱ, 영어 독해와 작문	
	한국사	한국사		
탐구	사회	통합사회	생활과 윤리, 정치와 법	사회문제탐구, 사회과제연구,
	과학	통합과학 과학탐구 실험	생명과학Ⅰ, 화학Ⅰ, 물리학Ⅰ	생명과학Ⅱ, 융합과학, 생활과 과학, 과학과제연구
생활 교양	기술·가정		기술•가정, 정보	스포츠 생활, 체육 탐구, 스포츠 개론, 체조 운동, 개인·대인 운동
	교양		보건, 심리학	인체 구조와 기능, 기초 간호 임상 실무, 보건 간호

※ 별색 : 핵심 권장 과목

임상병리학 합격자 선배들의 진로 로드맵과 세특

100세 시대가 되면서 건강한 노년의 가장 큰 위협으로 치매가 떠올랐다. 특히 치매의 대부분을 차지하는 알츠하이머병은 기억 상실과 인지 장애로 심신의 자유 상실이란 아픔을 자신뿐 아니라 가족에게도 안겨 주는 잔인한 질병으로 공포의 대상이 됐다. 무엇보다 조기 진단이 중요한 이유는 알츠하이머병에 걸렸다는 사실을 정확하게 알게 되면 병의 진행을 늦추거나 최소한 대비할 시간을 벌 수 있기 때문이다.

지금까지 알츠하이머병을 진단하기 위해서는 뇌척수액 안에 있는 아밀로이드 베타(A-β) 또는 타우(τ) 단백질의 변형을 검사하는 방법이 주로 쓰였다. 두 단백질이 비정상적으로 뭉쳐 아밀로이드 베타 플라크, 타우 탱글 같은 독성 쓰레기로 변하면 뇌세포들이 죽고, 이후 알츠하이머병으로 연결된다는 것이 환자군에게서 발견됐다. 뇌척수액은 머리뼈 속 뇌를 둘러싼 투명한 액체로, 이를 추출하려면 척추에 바늘을 꽂는 고통과 비싼 검사 비용이 수반된다. 또 뇌척수액 내 비정상 단백질을 찾아낸다고 해도 알츠하이머병이 벌써 상당히 진행된 상태라 예방이나 치료에 한계가 있다. 그래서 의과학자들은 알츠하이머병 발생 전, 혹은 초기에 병변(病變)의 징후를 포착하는 대체 바이오마커(biomarker)를 찾기 위해 애써 왔다.

우리나라 과학자들이 알츠하이머병 조기 진단의 바이오마커로 널리 연구되던 혈액에서 유전자 차원의 바이오마커를 발견해 의미 있는 진전으로 평가받고 있다. 기존의 단백질 분석보다 한 단계 아래 유전자로 더 정밀하게 볼 뿐 아니라,

상온에서 비(非)효소 방식으로 싸고 빠르게 검사할 수 있다는 것이 큰 장점이다. 또 바이오마커의 양에 따라 시각적으로 빛이 나는 형광 현상을 일으키도록 설계해 웬만한 병원에 있는 기존 형광 리더기나 작은 휴대형 측정기로도 쉽게 검사할 수 있어 새로운 대형 장비를 구매할 필요도 없다. 다만, 알츠하이머병을 앓는 모델 마우스와 환자에게서 확인한 전임상 및 임상 시료 측정의 바이오마커 유의성을 알츠하이머 초기 환자로부터 재확인하는 과제가 남아 있다.

한국생명공학연구원 바이오나노연구센터의 임은경 박사와 건양대 의과대학 문민호 교수 공동 연구팀은 최근 혈액 검사로 초기 알츠하이머병을 조기에 진단할 수 있는 바이오마커 검출 플랫폼을 개발했다고 밝혔다.

이들은 생체 내 유전자(DNA)의 유전정보를 전달하고 아미노산을 운반하는 리보핵산(RNA), 그중에서도 크기가 작은 '마이크로 RNA'(miRNA)에 주목했다. 우리 몸의 모든 정보를 담고 있는 혈액순환 유전자 가운데 특히 miRNA는 RNA의 번역을 조절하는 인자로, 비정상적인 발현량의 증가 또는 감소가 질병에 대한 정보를 제공해 준다.

RNA는 DNA의 염기서열을 베끼는 전령 RNA(mRNA)와 단백질을 합성하는 전달 RNA(tRNA)로 나뉘는데, miRNA는 mRNA와 상보적으로 결합해 세포 내 유전자발현 과정에서 중추적인 조절인자로 작용한다. 특히, 뇌를 보호하는 화학적 검문소인 뇌혈관 장벽(Brain Blood Barrier·BBB)까지 통과할 수 있어 이를 분석하면 간접적으로 뇌 질환의 진행 정도를 파악할 수 있다.

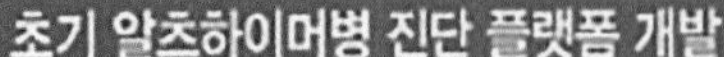

- 혈액 검사를 통한 초기 알츠하이머병 바이오마커 검출 시스템 개발
- 알츠하이머병 조기 진단 및 효율적 치매 환자 관리 기여 기대

▶ 혈액 내 유전자 검출 기술

-알츠하이머 치매의 조기 진단을 위해 치매 관련 유전자를 고감도 검출
-치매의 진행이 이뤄진 상태에서 확인 가능한 기존 검사법과 달리 혈액 검사를 통해 빠르게 이상 징후 확인 후 효과적 치료, 환자 케어에 도움

알츠하이머 치매의 조기 진단 및 치료 모니터링에 활용

▶ 혈액 내 알츠하이머병 유래 mircoRNA 검출시스템 개략도

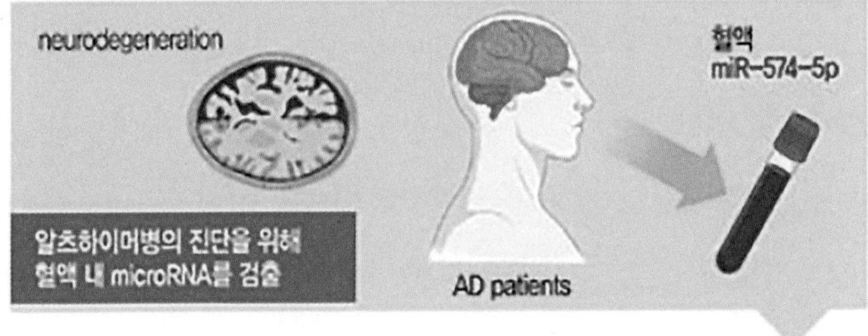

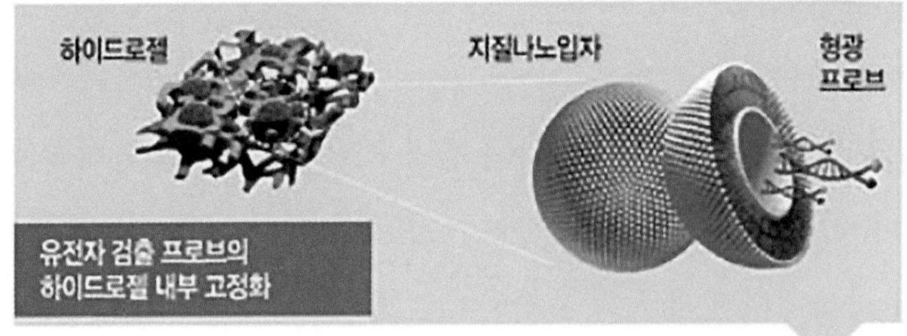

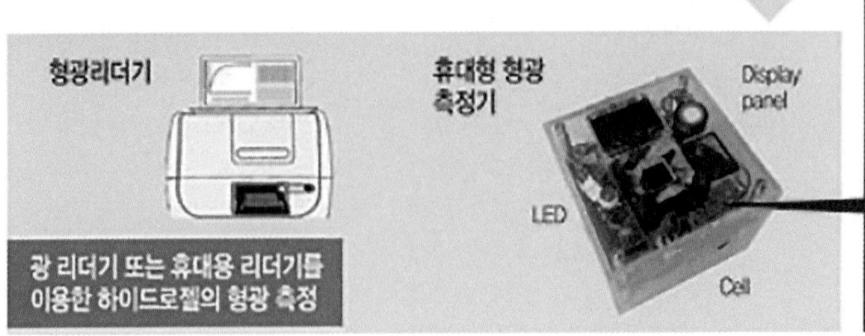

출처 : 한국생명공학연구원, 건양대

연구팀은 알츠하이머병 환자의 혈액에서 miRNA의 일종인 miR-574가 크게 증가하는 현상을 확인하고, 이를 검출할 수 있는 진단 시스템도 개발했다. 우선 젤리 형태의 하이드로젤 내부에 나노 크기의 원형 지질(脂質·lipid) 입자를 부착하고, 그 안에 머리핀 형태의 형광 신호 증폭 프로브(probe)를 집어넣었다. 프로브는 한쪽 끝에 형광체를 달고 있다가 타깃 DNA와 결합하면 빛을 내는 H1, 연쇄반응이 일어나도록 결합을 떼어 주는 H2의 두 가지 종류가 있다. 이런 설계로 인해 실온에서 추가적인 첨가물이나 별도의 열 조절 없이 자가 신호 증폭을 일으키는 CHA(Catalytic Hairpin Assembly) 현상이 일어난다.

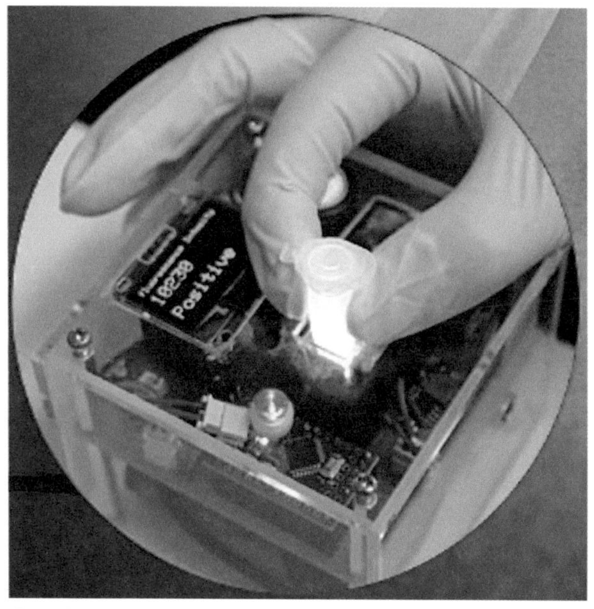

출처 : 한국생명공학연구원, 건양대

[임상병리학 진로 로드맵]

구분	고등1	고등2	고등3
자율 활동	과학 나눔 특강에서 혈액의 몸속 작용을 배우고 헌혈의 중요성 인식 후 캠페인 진행	심폐소생술 교육, 여드름의 원인과 예방법 탐구	약물중독 폐해 및 예방법 탐구, 폐의약품 수거 캠페인을 진행
동아리 활동	폐수 속 화학 물질의 정화의 문제점 탐구	혈액형 판정실험을 통해 혈액이 응집되는 원리와 관련된 이론을 학습, 손소독제를 만들어 지역아동센터 및 장애인센터에 전달	브로콜리의 DNA 추출실험 실패 원인 탐구, 봉합술의 종류와 봉합 방법에 대해 학습
진로 활동	진로토크쇼에 참가하여 의생명공학 분야에 대해 자세히 알게 됨, 임상학 진로 로드맵 작성	유전공학 전문가와의 만남에 참여하여 초파리 유전자 연구의 중요성을 알게 됨, 반성유전 실험	소수성 아미노산에 대해 조사, 재조합 바이러스 개발 탐구
특기 활동	진로 기사 신문스크랩 활동, 인공지능을 활용한 신약개발과 빅데이터를 통해 신약 재창출 탐구	2차 면역 반응 탐구, 자가면역질환의 원리 탐구	의약품과 첨단 약물치료 기술 주제 탐구, 유전자치료와 표적 항암치료 탐구

[창의적 체험활동]

구분		창의적 체험활동상황
2학년	자율 활동	심폐소생술 교육을 통해 잘못 알고 있었던 **심폐소생술 순서를 배워봄. 심폐소생술이 유아, 성인의 경우 방법이 다름**을 알고, **인공호흡의 경우 시간에 따른 횟수를 체크**하면서 중요성을 한 번 더 알게 되었다고 활동지에 어필함. 1인 1권 과학잡지 읽기 활동에서 여드름에 대한 주제로 조사하는 과정에서 **다양한 여드름의 원인과 예방법**을 알게 되고, 화장품의 성분 중 여드름에 좋은 성분이 무엇인지 알게 되었다고 하면서 이를 보고서에 작성하여 친구들에게 좋은 정보를 제공함.
	동아리 활동	혈액형 판정실험을 통해 혈액이 응집되는 원리와 관련된 이론을 학습함. 혈액에 떨어뜨린 혈청들의 변화에 대해 흥미를 느낌. 또한 **'적혈구 관찰 실험'**을 통해 적혈구의 모습을 현미경으로 관찰하고 현미경 사용 방법을 학습함. 현미경의 사용법에 어려움을 느꼈지만 계속해서 다뤄보며 노력을 통해 스스로 극복하려는 모습을 보임. 코로나-19의 심각성을 인지하고 이를 예방하기 위해 손소독제를 만들어 지역아동센터 및 장애인센터에 전달함.

2 학 년	진로 활동	생명과학 시간에 배운 유전자에 흥미를 느껴 유전공학 전문가와의 만남에 참여함. 희귀 질병 7천 개와 미진단 질환을 위해 '아무도'를 위한 '누군가'를 실천하는 강연자를 보고 자신의 분야에 최선을 다하는 부분에서 감명을 받았다고 소감문을 제출함. 초파리는 인간과의 유전자 동일성이 60%나 되는 것을 새롭게 배우고, 초파리 유전자 연구의 중요성에 대해 알게 되었음. 또한 초파리의 생식주기가 짧고 표현형으로 잘 드러나는 것을 근거로 생명과학Ⅰ에서 학습한 반성유전 실험에 많이 사용되는 것을 연관시켜 생각하는 모습이 인상적임.
3 학 년	자율 활동	약물오남용 교육을 통해 **약물중독폐해 및 예방법**에 대해 알게 되었으며 약물 내성의 문제점을 조사하여 발표함. 특히 피임약 때문에 수컷 물고기가 알을 낳는 사례를 제시하며 남은 약물을 함부로 버렸을 때 발생하는 문제의 심각성에 대해 알림. 이를 방지하기 위해 버려지는 약물에 대한 철저한 수거가 진행되어야 함을 주장하며 폐의약품 수거 캠페인을 진행함.
	동아리 활동	동아리 부장을 맡아 학생들을 성실하게 잘 이끎. 브로콜리의 DNA 추출실험에서 DNA가 잘 관찰되지 않는 변수가 생기는 문제 상황에 직면함. 원인을 찾기 위해 자료 조사를 추가로 하고 조원들과 토의한 결과 에탄올을 흘려보내는 과정에서 에탄올을 한꺼번에 넣어 문제가 생긴 것을 알게 됨. 주사기를 이용해 에탄올을 넣는 방식으로 다시 실험하여 DNA 추출에 성공함. 인공 피부를 이용한 피부 봉합술을 실행하여 봉합술의 종류와 봉합 방법에 대해 학습함.
	진로 활동	관심 신문기사 발표하기 시간에 **'발달과정 세포 간 정보전달 원리 규명'**이라는 기사를 소개함. 세포가 가진 호메오 단백질의 종류에 따라 유전자발현 양상이 달라지는 것과 친수성인 호메오 단백질이 소수성 세포막을 자유롭게 통과하여 주변 세포에 영향을 줄 수 있다는 점에 대해 흥미가 생겨 소수성 아미노산에 대해 조사하게 되었으며, 지방족과 방향족 아미노산 등이 있다는 것을 알게 되었다고 발표함. 또한 **'맞춤형 암 백신'**에 대한 기사를 소개하며 암의 원인 바이러스를 제거해 암을 원천적으로 차단할 수 있다는 사실과 **'암도 독감처럼 백신주사로 예방하는 시대가 온다'**라는 기사에서처럼 암세포 면역반응을 유발해 종양을 치료할 수 있는 재조합 바이러스 개발도 진행되고 있다는 것을 소개함.

[교과 세특]

구분		세부내용 및 특기사항
1 학 년	통합사회	과학잡지를 정기적으로 구독하고 꾸준한 신문스크랩을 진행하여 목표로 세운 의생명과학 분야의 배경 지식을 넓혀감. 논평 쓰기를 통해 자신의 생각을 체계적으로 정리하는 능력과 비판적 사고력을 향상시킴. 특히, **'4차 산업혁명과 백신'**에 대한 기사를 읽고 인공지능을 활용한 신약개발과 빅데이터를 통해 신약 재창출 연구 기반을 조성한다고 정리함.

2 학 년	생명과학 I	질병 조사하기 수행평가에서 **류마티스 관절염 탐구**를 수행함. 류마티스 관절염의 증상, 원인, 합병증 치료 방법을 나눠 보고서로 정리함. 특히, 추가로 병원 홈페이지를 조사해 관련된 정보를 추출하고, 인포그래픽으로 류마티스 관절염과 자가면역질환을 소개하는 시각적인 자료를 제작함. 다양한 영상자료와 자료조사에서 알아낸 자가면력질환의 원리를 그림을 활용해 설명함. 증상을 완화시킬 수는 있지만, 진행을 완전히 억제하지 못하는 질병에 답답함을 느껴 그런 환자에게 도움이 되고 싶다는 자기평가서를 제출함.
	사회 과제 연구	**'대중들의 코로나-19에 대한 인식과 코로나바이러스의 변이로 생성된 코로나-19'**를 주제로 탐구 활동을 실시함. 질문지법을 활용하기 위해 설문 조사지를 교사의 피드백을 받으면서 작성했으며, 이를 토대로 설문 조사를 실시한 결과, 많은 사람들이 바이러스의 변이를 잘 모르고 있다는 것을 밝히고 관련 내용들을 교내에 게시함. 1학년 때 배운 유전정보 전달 과정의 중심원리가 바이러스의 변이에도 사용된다는 것을 알고 이 과정이 일어날 때 각 단계별 error가 생긴다는 것을 배움. 이를 통해 DNA와 달리 RNA 바이러스가 변이가 쉬운 이유에 대해 알게 되었음.
	개인별 세특	2차 면역반응을 이용한 백신을 통해 치료가 되는 질병을 배우며 반대로 치료가 되지 않는 것들에는 무엇이 있는지에 관심을 가지고 조사함. 백신의 정의, 생성과정, 원리, 종류, 이용되는 사례를 나눠 보고서를 정리함. 백신의 종류를 형태와 항원성에 따라 나누어 특징을 설명함. 특히 백신을 이용할 수 있는 질병인 소아마비, 콜레라, 인플루엔자 백신과 백신을 아직 이용할 수 없는 질병인 흑사병, 조류독감에 대해 관심을 가지고 자세히 조사함. 백신의 종류에 대해 조사하고 사스, 메르스, 에볼라 등 RNA바이러스가 원인인 질병의 백신 개발이 어려운 이유가 돌연변이 때문임을 보고서를 통해 설명함. 백신을 맞은 후 나타나는 2차 면역 반응은 항원 특이성을 가지기 때문에 중요하다는 것을 강조함.
3 학 년	화학II	의약품이 유기화학 물질이라는 것을 깨닫고 자유 주제 발표시간에 **'의약품과 첨단 약물 치료기술'**이라는 주제를 가지고 발표함. 의약품의 효능을 의약품의 화학적 구조를 이용하여 설명하였으며, 의약품으로 시판되기까지의 과정을 일목요연하게 순서도를 이용하여 제시함. 또한 **SNP를 이용한 맞춤약품 치료, 약물유전체 진단칩**에 대해 소개함. 어려운 내용을 이해하기 쉽게 잘 풀어 설명하였으며 발표 후 서방형 정제약물에 궁금증이 생겨 정의, 종류 및 복용 주의사항에 대해 공부함.
	생명과학 II	생명공학 단원을 공부한 다음 **유전자치료와 표적 항암치료**에 대해 흥미를 느끼고 대학 소식지에 실린 기사를 탐색함. 약물 내성기전, 와버그 효과, 암 생체에너지대사를 설명하고, 기존 치료법의 한계를 극복한 항암표적 치료기술을 소개함. 맞춤형 암 백신 활용 치료법과 다중표적 유전가 가위 기술 등 최신 암 치료기술에 대해 발표 자료를 만들고 논리적으로 설명함. 유전자 단원에서 공부한 유전자조절 단백질과 관련해 **세포 간 정보 전달의 원리, 호메오 단백질의 DNA 유전자 발현조절**에 대해 스스로 공부하여 보고서를 작성함. 생명과학 분야에서 항암치료에 기여할 수 있는 연구자가 되고 싶다고 포부를 밝힘. 과학 글쓰기 수업에서 **'항생제 내성세균'**에 대해 조사하고 인돌의 특징과 기능, 인돌생성에 대해 글쓰기를 함.

➔ 임상병리학계열 추천도서와 탐구 주제 찾기

[임상병리학 추천도서]

[임상병리학 탐구 주제 찾기]

과목	단원	탐구 주제
통합 사회	인간, 사회, 환경과 행복	혈액의 품귀 현상을 조사하고 해결책 탐구
	미래 지속 가능한 삶	개인 맞춤형 헬스케어 방법 탐구
통합 과학	자연의 구성물질	탄소화합물에 대해 알아보고, 탄소화합물로 제조된 의약품 탐구
	자연의 구성물질	인공지능을 활용한 신약개발과 빅데이터를 통한 신약 재창출 탐구
	화학 변화	약물 오남용, 약물중독 폐해 및 예방법 탐구
	생명 시스템	의약품과 첨단 약물 치료기술 주제 탐구
	생명 시스템	유전자치료와 표적 항암치료 탐구
	생명 시스템	백신으로 치료되지 않는 질병 탐구
수학	함수(여러가지 함수)	인간의 유전자와 일치되는 생물들의 실험 빈도수와 정확도 상관관계 탐구
	함수(여러가지 함수)	폐기약물과 토양 및 하천의 오염도 수치적 분석 탐구
	경우의 수(경우의 수와 순열)	DNA칩기술에 의해 수십만이 되는 SNP 측정 및 하디-바인베르크 법칙 충족 여부 탐구

➔ 핵심 키워드로 알아보는 임상병리학

대사과정, 초음파, 진단법, 대사산물, 병리학, 가검물, 효소, 체액, 감염, 증후, 균주, 호르몬, 병원성, 검체, 사결, 심전도, 병원성, 뇌파

ⓐ DBpia에서 가장 많이 검색된 논문

㉠ 대학병원 임상병리사의 감정노동 및 직무만족도와 소진의 관련성, 한국산학기술학회

㉡ 과학수사와 증거재판에서 DNA프로필의 역할 (1), 경찰대학 경찰학연구편집위원회

㉢ 국내 연구에서 당뇨병 환자 건강관련 삶의 질 측정에 관한 모니터링, 한국간호과학회

㉣ 일부 한국여대생의 로마진단기준에 의한 변비 실태조사 및 변비에 영향을 미치는 생활요인, 한국영양학회

㉤ 약물 관련 정보를 이용한 약물 부작용 예측, 한국정보기술학회

ⓑ 시사를 활용한 탐구활동

임상병리

검체 또는 생체를 대상으로 신속하고 정확한 검사 결과를 제공하는 전문 의 과학

혈액학적 진단

혈액의 각종 세포들의 혈구 수를 측정하여 질병 진단

뇨 검사

요로계의 이상 뿐만 아니라 전신적인 내분비/대사 질환에 대한 질단

출처 : 사이언스on(KISTI)

논문

COVID-19 단일 감염 환자와 COVID-19 및 인플루엔자 바이러스 동시 감염 환자의 혈액 검사 결과 및 증상 비교 (2022)

성별에 따른 혈액 지표 및 스트레스가 비만에 미치는 영향 (2022)

65세 이상 고령자에서 대사증후군 예측을 위한 지질비율 지표의 유용성 비교 (2022)

특허

진단 시스템 (2021)

개인 맞춤형 헬스 케어 정보제공 시스템 및 방법 (2021)

손가락 바늘 천자 혈액 채취기 (2021)

보고서

질병 진단 및 치료 후 예후 관측을 위한 질량분석 분자태그의 개발과 유효성 검증 (2022)

마이크로 스케일 기계/물리적 거동 특성 분석을 적용한 혈액학적 성분 검사 및 진단시스템 개발 (2022)

바이오칩기반 혈유동 정량화를 통한 순환기질환 관련 혈유변량학적 연구 (2021)

생명연, 혈액검사로 초기 알츠하이머병 진단시스템 개발 (2022)

혈액 세균 감염 여부 3시간 안에 진단하는 기술 개발 (2022)

소변·침으로 당뇨 진단' 고감도 자가진단 키트 개발 (2022)

출처 : 사이언스on(KISTI)

임상병리학에서 수강하는 대표 과목

[임상병리학과 대학에서 이수하는 교과]

교양필수	임상병리학 개론, 의학용어, 인체해부학, 인체생리학, 생명과학, 면역학, 분자생물학, 생화학, 일반화학 및 유기화학 등
전공필수 및 전공선택	조직학, 조직검사학, 진단세포학, 임상화학, 기기분석 및 분석화학, 핵의학, 요화학, 임상혈액학, 병리학, 임상미생물학, 임상생리학 등

[임상병리학과 진학에 도움이 되는 교과]

교과영역	교과(군)	공통과목	선택 과목 I	
			일반선택	진로선택
기초	국어	국어	화법과 작문, 독서, 문학, 언어와 매체	
	수학	수학	수학 I, 수학 II, 미적분, 확률과 통계	실용수학, 기하, 수학과제 탐구, 인공지능 수학, 심화수학 I, 심화수학 II, 고급수학 I, 고급수학 II,
	영어	영어	영어 I, 영어 II, 영어 독해와 작문	
	한국사	한국사		

탐구	사회	통합사회	생활과 윤리, 윤리와 사상, 정치와 법, 사회문화	사회문제탐구, 사회과제연구
	과학	통합과학 과학탐구 실험	생명과학 I , 화학 I	생명과학 II , 화학 II , 고급화학, 화학실험, 고급생명과학, 생명과학실험, 과학과제연구
생활 교양	기술·가정		기술·가정	인체 구조와 기능, 기초 간호 임상 실무, 보건 간호
	교양		보건, 심리학	

※ 별색 : 핵심 권장 과목

보건행정 및 보건정책학 진로 로드맵

➔ 보건행정 및 보건정책학 합격자 선배들의 진로 로드맵과 세특

재난 발생은 일차적으로 보건의료서비스 수요를 급격하게 증가시키므로 의료기관이 단순히 기존 진료 시간과 의료 인력을 조율해서 운영하는 응급운영 체계만으로 대응할 수는 없다. 그래서 환자의 중증도 분류를 통해 우선순위를 정해 진료를 하게 되며, 환자에 따라 타기관으로 이송하거나 중증도가 높은 환자들은 퇴원을 통해 최대한 병상을 확보해야 한다. 만약 감염병과 같이 확산의 위험이 있는 경우는 미리 예방조치가 필요하다. 그래서 재난 발생 시에는 평상시 의료서비스 환경과는 달리 재난대응체계로 전환하여 운영한다.

이러한 변화는 의료기관의 재정적 측면에도 영향을 주게 된다. 의료공급 능력을 단기간에 키우기 위해서는 인력, 시설, 장비들이 갖추어져야 한다. 그리고 재난과 직접 관련이 없는 환자의 진료 지연이나 방문 감소로 인해 수입이 재난 발생 전보다 감소할 수도 있다. 따라서 신속하고 적극적인 재정지원이 이루어지지 않는 경우는 재난대응 체계로의 원활한 전환이 어려울 수도 있다.

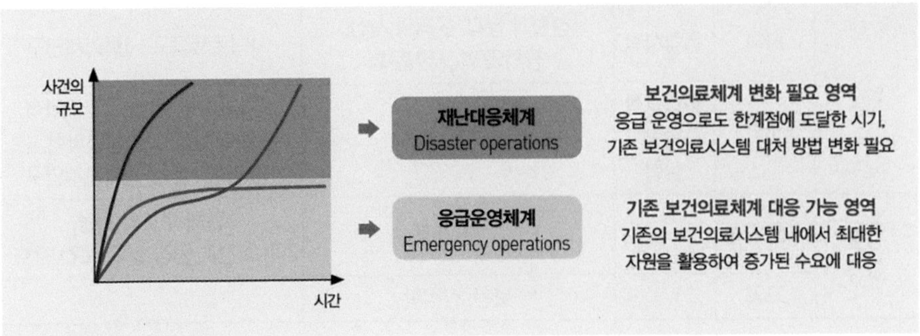

출처 : 건강보험심사평가원

최근에는 재난의 원인 확대와 복합재난의 위험성이 증가하고 있으므로 다양한 재난 형태에 대응할 수 있도록 모든 위험 접근법으로 전환하여 대비가 이루어져야 할 것이다. 이를 위해서는 감염병체계와 응급의료체계 연계성을 강화하고, 특수재난을 포함한 다양한 재난 상황에 지원을 해야 한다. 또한 재난별 특수한 상황과 특징에 대한 대처도 이루어져야 한다. 감염병 같은 경우는 감염병 환자에 대한 의료서비스 제공을 위한 역량 강화뿐만 아니라 감염 우려와 의료진 부족으로 인한 기존 환자들의 입장도 고려되어야 한다.

이런 상황에서도 안정적인 지원이 가능하도록 하기 위해서는 재원 확보가 필수적이다. 따라서 긴급상황에서 안정적 재원 확보를 위해 국고지원 확충 등 재원 확보를 할 필요가 있다. 또한 건강보험지원이 원활하게 진행되도록 거버넌스 체계 정비를 통해 절차의 투명성과 공정성을 확보하는 것도 중요할 것이다. 건강보험을 통한 지원이 긴급하게 이루어지더라도 그 지원의 내용과 목적이 국민의 보건 향상과 사회보장 증진이라는 건강보험의 목적에 벗어나지 않도록 유의할 필요가 있다.

구분		국내사례		건강보험 대응	
규모	주요 특징	재난 유형	대표 사례	공급자 측면	가입자 측면
소규모 부상 및 질병 발생 사건 (Relatively small-scale mass injury/illness events)	단기적 수요 급증	(사회재난) 화재	밀양 요양병원 (세종병원) 화재 ('18. 1월)	•급여기준완화 (급성기병원 입원료체감제 미적용)	
대규모 자연재난 (Large-scale natural disaters)	응급의료부문 환자급증	(자연재난) 산불	동해 (강릉, 동해) 화재 ('19. 4월)	•급여기준완화 (소실된 의약품 재처방시 미삭감)	•보험료 경감 •의료급여 제도 적용
대규모 사상 사건 (Complex mass casualty events)	특정 분야 의료서비스 수요 급증	(사회재난) 해양선박 사고	진도해상여객선 (세월호) 침몰 ('14. 4월)		•보험료 경감 •의료급여 제도 적용
치명적인 사건 (Catastrophic health events)	국가적 조정 및 증원 필요	(사회재난) 감염병	코로나19 ('20. 1월)	•수가인상, 급여기준 완화 등 포괄적 지원	•보험료 경감 •의료급여 제도 적용

출처 : 건강보험심사평가원

[보건행정 및 보건정책학 진로 로드맵]

구분	고등1	고등2	고등3
자율 활동	인공지능 발달에 의한 삶의 변화를 주제로 탐구를 진행, 소외계층을 위한 원격 맞춤형 플랫폼 서비스의 필요성 어필	'나는 행복한 여성 장애인이다' 라는 강의에 참여, 장애인들에 대한 개인적 노력과 사회적 노력의 조화의 필요성을 작성하여 소감문 제출	행동백신과 생태백신 탐구, 환경과 생태계 보호의 필요성 언급
동아리 활동	보장성 보험을 탐구하고, 4대 사회보험에 대해 심화 탐구를 진행	'비윤리적인 문화도 인정해야 하나?', '코로나-19로 인한 경영난과 해결책', '청소년 스트레스 원인과 해결 방안'을 주제로 쌍방향 온라인 토론 진행	사회, 정치, 세계 정세 등 다양한 방면의 토론 활동, 입법기관의 역할의 중요성 어필
진로 활동	블록체인을 활용한 의료데이터 분석	유전자가 있는 위치를 파악하는 실험 진행, 물벼룩의 심장 박동 변화를 관찰	국제기구와 비정부기구 탐구

특기 활동	지역조사보고서 발표 활동에서 OO지역성과 발전 방향 탐구	'우리나라의 세종시는 행정 수도로 적합한가?'를 탐구 주제로 설정	굿네이버스 활동을 소개하며 양질의 모자보건 서비스 향상의 필요성을 언급

[창의적 체험활동]

구분		창의적 체험활동상황
2 학년	자율 활동	지역 시민 협력센터와 결합된 '소통·공유·자치' 마을 학교의 다양한 주제 중 '나는 행복한 여성 장애인이다'라는 강의에 참여함. **사회적 약자인 장애인에 대한 편견과 차별**을 없애기 위한 개인적 노력과 사회적 노력을 구분해 제시하고, 두 노력이 조화를 이룰 때 좋은 사회를 만들 수 있음을 소감문으로 작성하여 발표함.
	동아리 활동	쌍방향 온라인 방식으로 토론을 진행하며 **'비윤리적인 문화도 인정해야 하나?'**를 주제로 토론을 진행하기 위해 영상자료를 준비하여 동아리원들의 관심을 끌고 이해를 돕고, 모든 동아리원들이 활발하게 의견을 낼 수 있는 편안한 분위기를 조성하는 모습을 보임. **'코로나-19로 인한 경영난과 해결책'**이라는 주제토론에서 정부의 긴급 경영지원금이 실질적인 효과가 있겠냐는 의문을 제기하며 정부로부터 지원을 받은 기업은 9.6%에 그쳤다는 IBK 경제연구소의 자료를 근거로 지원보다는 미래기술 유치가 필요하다는 대안을 제시함. **'청소년 스트레스 원인과 해결방안'**에서 전 세계의 학생들의 삶의 만족도를 근거로 아시아 국가들의 교육시스템에 변화가 필요하며 가장 높은 순위인 멕시코 교육에 대해 탐구하는 모습을 보임.
	진로 활동	심화실험토론캠프(의생명)에 참가하여 유전자가 있는 위치를 파악하는 활동의 일환으로 초파리의 유충으로부터 침샘 염색체를 추출, 염색하여 구조 및 염색체의 형태를 현미경으로 관찰하는 실험을 진행함. 호르몬에 의해 교감신경이 어떻게 조절되는지를 관찰하는 활동으로 물벼룩의 심장박동 변화를 관찰하여 에피네프린의 효과에 대한 역치를 조사하는 실험을 진행함.
3 학년	자율 활동	바이러스 사태와 관련하여 **'생태백신'**이라는 말과 관련된 영상과 책을 읽고 자료를 만들어 발표함. 마스크 쓰기가 **'행동백신'**이라면, 자연환경을 보호하는 일은 '생태백신'임을 강조하며, 바이러스 사태를 일회적인 상황으로 생각하지 말고 환경과 생태계를 보호하는 일이 결국 인간에게 좋은 일임을 설득력 있게 표현함.
	동아리 활동	토론동아리의 활성화를 위해 사회, 정치, 세계정세 등 다양한 방면의 토론주제를 제시함. 민식이법 폐지와 관련된 토론에서 법을 제정하거나 변화시키는 과정에서 다양한 상황과 입장을 고려한 법안이 마련되어야 함을 근거로 들며 민식이법 폐지를 주장함. 특히, 여론에 밀려 빠른 법안을 상정하기보다는 **법 제정으로 발생하는 다양한 경우의 수를 면밀히 고려하여 법을 제정**해야 하며, 이를 담당하는 입법기관의 역할이 매우 중요함을 논리적으로 설명하여 부원들의 호응을 얻음.

3 학 년	진로 활동	**비정부기구**를 주제로 발표하면서 국제기구와 비정부기구의 차이점, 비정부기구의 조건에 대해 설명함. 특히 아동보호, 의료지원, 주거문제 등 다양한 사회문제를 해결하고자 하는 여러 기구들에 대해서 자세히 설명하는 모습이 인상적이었고 이 분야에 관심 있는 친구들에게 큰 도움이 될 것이라고 예상함. 조사와 발표를 통해 해당 기구들에 대해 큰 관심을 가지고 있음을 알 수 있었으며, 많은 내용을 친구들에게 소개해주기 위해 요약 및 편집하는 태도가 성실한 학생임.

[교과 세특]

구분		세부내용 및 특기사항
1 학 년	통합사회	'뉴스읽기 뉴스일기' 활동에서 최근 늘어나는 다문화 가정에 관심을 가짐. 이주여성의 폭행 문제에 관한 기사를 읽고 **다문화 가정을 위한 정책과 법의 중요성**에 대해 자신의 생각을 정리하여 발표함. 또한 홍콩과 중국의 범죄 인도 법안 대립, 미국과 중국의 무역 전쟁, 북한과 미국의 관계 등 주변 국가의 상황에 대해 깊은 관심을 갖고 관련 뉴스 기사를 찾아 스크랩하며 시사상식을 급우들과 공유함. 지역조사보고서 발표 활동에서 모둠원들과 협의하고 정리하여 OO지역성과 발전 방향에 대해 발표하여 큰 호응을 이끌어 냄.
2 학 년	수학Ⅰ	프로젝트 수업 '나의 진로와 수학'에서 행정직 공무원을 주제로 참여하여 인터넷 검색 등을 통해 행정공무원이 하는 일에 대해 조사한 자료를 분석, 해석하여 활용함으로써 정보처리역량을 발휘함. 나라의 정책을 세우고 예산을 계획할 때 지난 연도의 예산 통계를 활용함으로써 더 좋은 방향의 예산을 계획함. 이를 통해 통계와 행정은 밀접한 관계가 있음을 수치를 이용하여 설명함.
	세계지리	**'몬순 아시아와 오세아니아의 산업 구조'**에 대해 발표함. 일본, 중국, 인도네시아, 인도 등 몬순아시아 지역의 산업 구조를 다양한 그래프를 제시하여 분석함. 특히 일본의 에니메이션이나 가상현실에 대한 산업 발달은 급우들의 많은 관심을 이끌어 냄. 오세아니아 지역 중 오스트레일리아의 석탄과 철광석 수출을 강조하고, 뉴질랜드의 북섬과 남섬의 화산지형 및 빙하지형을 이용한 관광산업 등을 이전에 배운 내용과 연관시켜 체계적이고 알차게 수업을 진행함. '관심 지역 표현하기' 활동에서 세계의 행정 수도에 관심을 가지고 **'우리나라의 세종시는 행정 수도로 적합한가?'**라는 주제를 설정하여 세종시의 자연환경과 인문환경을 조사하고, 현재 세종시로 이전한 정부 부서를 소개하며 이에 따른 변화를 알아보는 활동지를 제출함.
	중국어Ⅰ	'중국문화 발표 프로젝트' 수업에서 **'중국의 IT발전으로 인한 스마트 의료시장의 발전'**을 주제로 중국의 스마트 의료시장이 확대되는 원인으로 고령화 사회를 지목하고 중국 정부의 IT의료 산업 투자를 보여주는 자료를 제시함. 중국에서 이뤄지는 '의련체', '모바일 플랫폼', '스마트 양로원' 등을 소개하고 **고령화 문제로 인한 건강 문제의 해결방법**으로 스마트 의료시장에 대한 적극적인 투자와 이용 정책이 중요하다는 소감을 발표함.

3 학 년	화법과 작문	진로 관련 독서 및 글쓰기 활동으로 **'관료제에서의 책임성'**이라는 글을 읽고, 관료의 책임의식의 중요성을 어필함. 관료는 국가의 권한을 위임받아 정책을 수립하며, 이러한 관료에게 책임을 부여하지 않으면 정책 실패가 반복될 수 있고 그 피해가 고스란히 국민들에게 전가될 수 있다는 점에서 책임이 크다는 것을 알게 되었다고 표현함. 관료가 져야 할 계층적, 법적, 전문가적, 정치적 책임 중에서 현대사회에서는 정치적 책임이 매우 중요하다는 자신의 생각을 정리하며, 정책과 관련한 관계자 및 전문가로서 주민들과 끊임없이 소통하며, 상호 상치되는 이해 문제를 조율할 수 있는 자질을 어필함. 관료제가 가진 계층 서열의 경직성과 무사안일주의 등의 한계를 극복하고, 공공의 목적을 달성하기 위해 노력하는 것이 중요함을 피력하며, 공무원이 되어 국가와 국민을 위해 봉사하고 싶다는 소망을 드러냄.
	보건	세계 보건의 문제점을 발표하는 활동에서 보건위생환경과 기초 보건의료서비스의 부재가 심각한 나라들을 선별하여 질병 발생 현황을 분석하여 발표함. 굿네이버스 활동을 소개하며 양질의 모자보건 서비스 향상의 필요성을 언급함. 사업을 진행한 지역의 산전관리 및 산후관리 비율, 숙련된 보건인력에 의한 출산 비율, 임산부 가족들의 인식이 개선되었음을 확인하고, 사업이 필요한 나라들을 정리하는 열정을 가진 학생임.

➔ 보건행정 및 보건정책학계열 추천도서와 탐구 주제 찾기

[보건행정 및 보건정책학 추천도서]

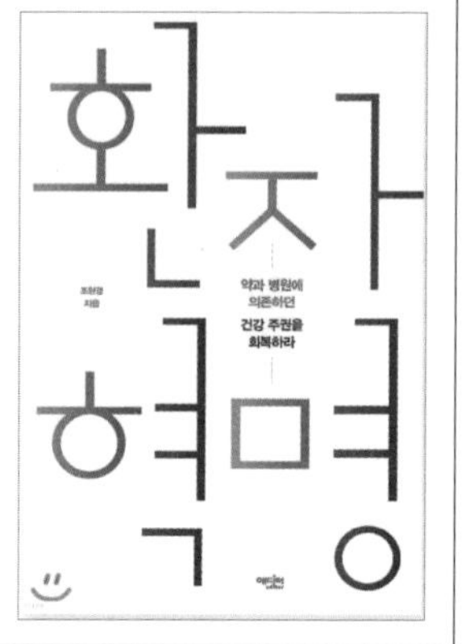

[보건행정 및 보건정책학 탐구 주제 찾기]

과목	단원	탐구 주제
통합사회	산업화와 도시화	지역 발전으로 인해 변화된 의료기관 탐구
	생활 공간과 사회	지역 특성이 취약집단 건강에 미치는 영향
	다양한 정의관과 불평등의 해결 노력	백신 접종 이슈를 활용한 정의관의 입장 탐구
	세계화와 평화	국제기구와 비정부기구 탐구
	미래와 지속 가능한 삶	인공지능 발달에 의한 삶의 변화
통합과학	생태계와 환경	행동백신과 생태백신 탐구
	생태계와 환경	지역사회의 많은 질병을 조사하고, 환경과 생태계 보호의 필요성 탐구
	생태계와 환경	녹지를 많이 접한 청소년의 인지 발달 능력 탐구
수학	집합과 명제(집합의 뜻과 포함관계)	보건위생환경과 기초 보건의료서비스 통계 자료 분석 후 보완할 부분 해결책 탐구
	함수(여러가지 함수)	보장성 보험을 탐구하고, 직업별, 연령별 4대 사회보험액을 조사하고 보완점 탐구

핵심 키워드로 알아보는 보건행정 및 보건정책학

전염병, 보건기록, 질병, 성인병, 위생관리, 의사소통, 보험, 보건행정서비스, 건강보험공간, 보건복지부, 보건소, 질병, 장애, 보건통계, 환경위생, 보건교육, 공중보건학개론, 영유아검진

ⓐ DBpia에서 가장 많이 검색된 논문

㉠ 우리나라 복지서비스 현황과 정책과제 : 지역 간 노인복지시설 차이를 중심으로, 한국사회복지행정학회

㉡ 지역 간 건강 불평등의 현황과 정책과제, 비판과 대안을 위한 사회복지학회

㉢ '의료민영화'정책과 이에 대한 사회적 대응의 역사적 맥락과 전개, 비판과 대안을 위한 사회복지학회

㉣ 고령시대 공공데이터기반 지역사회 보건 - 복지 돌봄 방안 모색 : 커뮤니티케어를 중심으로, 한국사회복지행정학회

㉤ 지역 특성이 취약집단 건강에 미치는 영향 분석, 한국인구학회

ⓑ 시사를 활용한 탐구활동

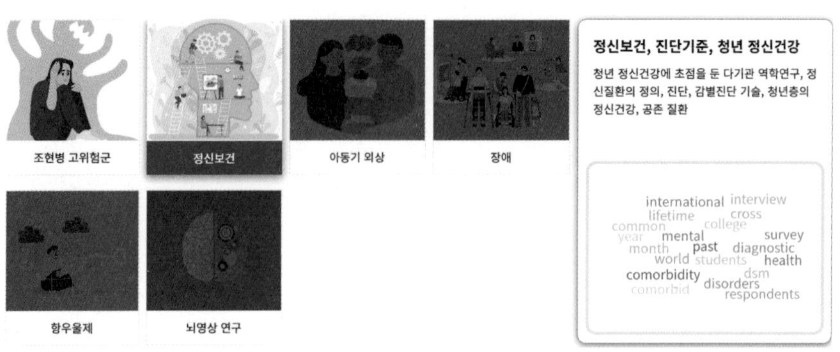

출처 : 사이언스on(KISTI)

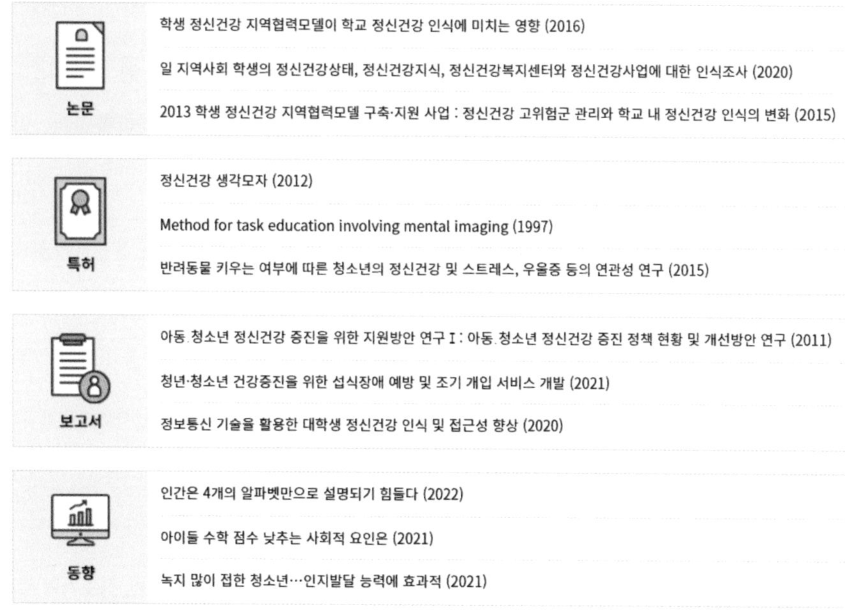

논문	학생 정신건강 지역협력모델이 학교 정신건강 인식에 미치는 영향 (2016) 일 지역사회 학생의 정신건강상태, 정신건강지식, 정신건강복지센터와 정신건강사업에 대한 인식조사 (2020) 2013 학생 정신건강 지역협력모델 구축·지원 사업 : 정신건강 고위험군 관리와 학교 내 정신건강 인식의 변화 (2015)
특허	정신건강 생각모자 (2012) Method for task education involving mental imaging (1997) 반려동물 키우는 여부에 따른 청소년의 정신건강 및 스트레스, 우울증 등의 연관성 연구 (2015)
보고서	아동.청소년 정신건강 증진을 위한 지원방안 연구 I : 아동.청소년 정신건강 증진 정책 현황 및 개선방안 연구 (2011) 청년·청소년 건강증진을 위한 섭식장애 예방 및 조기 개입 서비스 개발 (2021) 정보통신 기술을 활용한 대학생 정신건강 인식 및 접근성 향상 (2020)
동향	인간은 4개의 알파벳만으로 설명되기 힘들다 (2022) 아이들 수학 점수 낮추는 사회적 요인은 (2021) 녹지 많이 접한 청소년…인지발달 능력에 효과적 (2021)

출처 : 사이언스on(KISTI)

보건행정 및 보건정책학에서 수강하는 대표 과목

[보건행정 및 보건정책학과 대학에서 이수하는 교과]

교양필수	보건행정학, 보건의료제도론, 보건사업계획, 병원행정, 병원경영, 보건행정조사방법론 등
전공필수 및 전공선택	건강증진학, 보건경제학, 비교의료제도론, 보건정책학, 의료재무관리, 건강형평성연구, 보건학조사 및 연구방법, 보건정책변동론, 보건의료인적자원관리, 보건데이터베이스, 보건정책관리실습, 역학과 정책, 보건프로그램계획 및 평가, 보건정책분석 및 평가, 보건의료마케팅론, 유헬스케어, 보건산업론, 국제보건론, 보건의료전략경영론, 보건의료전략경영론 등

[보건행정 및 보건정책학과 진학에 도움이 되는 교과]

교과영역	교과(군)	공통과목	과목	
			일반선택	진로선택
기초	국어	국어	화법과 작문, 독서, 문학, 언어와 매체	
	수학	수학	수학 I, 수학 II, 미적분, 확률과 통계	실용수학, 기하, 수학과제 탐구
	영어	영어	영어 I, 영어 II, 영어 독해와 작문	
	한국사	한국사		
탐구	사회	통합사회	생활과 윤리, 정치와 법, 사회문화, 경제	사회문제탐구, 사회과제연구
	과학	통합과학 과학탐구 실험	생명과학 I, 물리학 I, 화학 I	화학 II, 생명과학 II, 융합과학, 생활과 과학, 과학과제연구
생활 교양	기술·가정		기술·가정, 정보	지식재산일반, 정보과학, 정보 보호 관리, 정보 처리와 관리, 빅데이터분석
	교양		보건	공중 보건, 인체 구조와 기능, 기초 간호 임상 실무, 보건 간호

※ 별색 : 핵심 권장 과목

부록

고교학점제 들여다보기

고등학교 교육과정의 이해

- 고등학교 교육과정은 교과(군)와 창의적 체험활동으로 편성한다.
- 고등학교 교육과정의 총 이수 학점은 192학점이며 교과(군) 174학점, 창의적 체험활동 18학점(306시간)으로 나누어 편성한다. 단, 특성화고와 산업수요맞춤형고는 창의적 체험활동을 18학점(288시간)으로 편성한다.
- 학교는 학생이 3년간 이수할 수 있는 과목을 학년별, 학기별로 편성하여 학생과 학부모에게 안내하도록 한다.

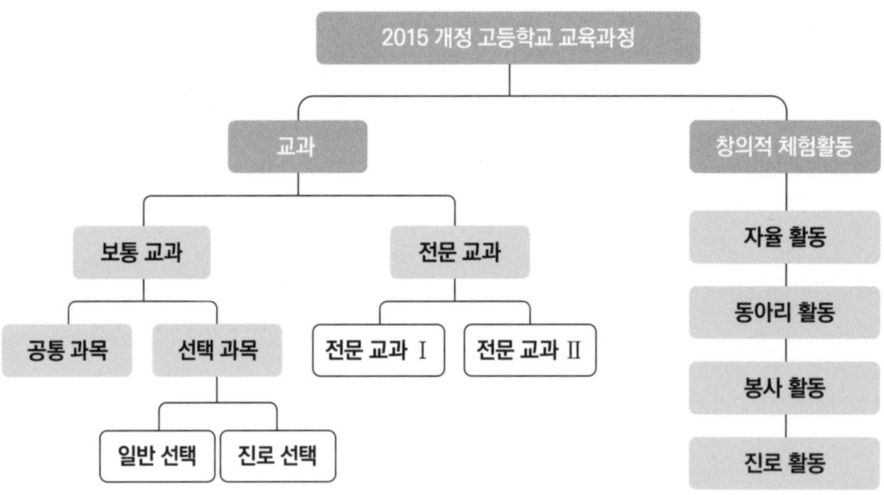

- 교과는 보통 교과와 전문 교과로 구분한다.
- 보통 교과의 영역은 기초, 탐구, 체육·예술, 생활·교양으로 구성하며, 교과(군)는 국어, 수학, 영어, 한국사, 사회(역사/도덕 포함), 과학, 체육, 예술, 기술·가정/제2외국어/한문/교양으로 한다.

- 보통 교과는 공통 과목과 선택 과목으로 구분한다. 공통 과목은 국어, 수학, 영어, 한국사, 통합사회, 통합과학(과학탐구실험 포함)으로 하며, 선택 과목은 일반 선택 과목과 진로 선택 과목으로 구분한다.
- 전문 교과는 전문 교과Ⅰ과 전문 교과Ⅱ로 구분한다.
- 전문 교과Ⅰ은 과학, 체육, 예술, 외국어, 국제 계열에 관한 과목으로 한다.
- 창의적 체험활동은 자율활동, 동아리활동, 봉사활동, 진로활동으로 한다.

[전문 교과 Ⅰ]

교과(군)	과목			
과학 계열	심화 수학Ⅰ 고급 물리학 물리학 실험 정보과학	심화 수학Ⅱ 고급 화학 화학 실험 융합과학 탐구	고급 수학Ⅰ 고급 생명과학 생명과학 실험 과학과제 연구	고급 수학Ⅱ 고급 지구과학 지구과학 실험 생태와 환경
체육 계열	스포츠 개론 체조 운동 체육 전공 실기 기초 스포츠 경기 체력	체육과 진로 탐구 수상 운동 체육 전공 실기 심화 스포츠 경기 실습	체육 지도법 개인·대인 운동 체육 전공 실기 응용 스포츠 경기 분석	육상 운동 단체 운동
예술 계열	음악 이론 합창 미술 이론 입체 조형 무용의 이해 무용 음악 실습 문예 창작 입문 고전문학 감상 극 창작 연극의 이해 연극 감상과 비평 영화 제작 실습 사진의 이해 사진 표현 기법	음악사 합주 미술사 매체 미술 무용과 몸 안무 문학 개론 현대문학 감상 연기 영화의 이해 영화 감상과 비평 기초 촬영 영상 제작의 이해	시창·청음 공연 실습 드로잉 미술 전공 실기 무용 기초 실기 무용과 매체 문장론 시 창작 무대기술 영화기술 암실 실기 사진 영상 편집	음악 전공 실기 평면 조형 무용 전공 실기 무용 감상과 비평 문학과 매체 소설 창작 연극 제작 실습 시나리오 중급 촬영 사진 감상과 비평

외국어 계열	심화 영어 회화Ⅰ 심화 영어 독해Ⅰ 전공 기초 독일어 독일어 독해와 작문Ⅱ 전공 기초 프랑스어 프랑스어 독해와 작문Ⅱ 전공 기초 스페인어 스페인어 독해와 작문Ⅱ 전공 기초 중국어 중국어 독해와 작문Ⅱ 전공 기초 일본어 일본어 독해와 작문Ⅱ 전공 기초 러시아어 러시아어 독해와 작문Ⅱ 전공 기초 아랍어 아랍어 독해와 작문Ⅱ 전공 기초 베트남어 베트남어 독해와 작문Ⅱ	심화 영어 회화Ⅱ 심화 영어 독해Ⅱ 독일어 회화Ⅰ 독일어권 문화 프랑스어 회화Ⅰ 프랑스어권 문화 스페인어 회화Ⅰ 스페인어권 문화 중국어 회화Ⅰ 중국 문화 일본어 회화Ⅰ 일본 문화 러시아어 회화Ⅰ 러시아 문화 아랍어 회화Ⅰ 아랍 문화 베트남어 회화Ⅰ 베트남 문화	심화 영어Ⅰ 심화 영어 작문Ⅰ 독일어 회화Ⅱ 프랑스어 회화Ⅱ 스페인어 회화Ⅱ 중국어 회화Ⅱ 일본어 회화Ⅱ 러시아어 회화Ⅱ 아랍어 회화Ⅱ 베트남어 회화Ⅱ	심화 영어Ⅱ 심화 영어 작문Ⅱ 독일어 독해와 작문Ⅰ 프랑스어 독해와 작문Ⅰ 스페인어 독해와 작문Ⅰ 중국어 독해와 작문Ⅰ 일본어 독해와 작문Ⅰ 러시아어 독해와 작문Ⅰ 아랍어 독해와 작문Ⅰ 베트남어 독해와 작문Ⅰ
국제 계열	국제 정치 한국 사회의 이해 현대 세계의 변화	국제 경제 비교 문화 사회 탐구 방법	국제법 세계 문제와 미래 사회 사회과제 연구	지역 이해 국제 관계와 국제기구

① 전문 교과Ⅰ과목의 이수 학점은 시·도 교육감이 정한다.
② 국제 계열 고등학교에서 이수하는 외국어 과목은 외국어 계열 과목에서 선택하여 이수한다.

고교학점제란 무엇인가?

- 고교학점제란 학생이 자신의 진로에 따라 과목을 선택·이수하고, 누적 학점이 기준에 도달하면 졸업을 인정받는 제도를 말한다.
- 산업수요맞춤형고(마이스터고)는 2020학년도 입학생부터, 특성화고는 2022학년도 입학생부터 시행 중이다.
- 일반고는 2023학년도(현 중3)부터 단계적으로 시행되며, 2025년(현 중1) 전면 적용된다.

- 2023, 2024학년도 입학생(현 중2, 3)은 3개년 간 총 이수학점이 192학점(교과 174학점, 창의적체험활동 18학점)이다.
- 1학점은 50분 17회(16+1회) 수업량이다. 2025학년도 입학생(현 중1)부터는 1학점이 50분 16회이다.

[고교학점제 전면 적용을 위한 단계적 이행계획(일반고 기준)]

구분	단계적 이행		전면 적용
적용 대상	'22이전 고등학교 입학생 (현 고1, 2, 3)	'23~'24고등학교 입학생 (현 중2, 3)	'25이후 고등학교 입학생 (현 중1)
수업량 기준	단위	학점	학점
1학점 수업량	50분 17(16+1)회	50분 17(16+1)회	50분 16회*
총 이수학점 (이수 시간)	204단위 (204×17시간)	192학점 (192×17시간)	192학점 (192×16시간)
교과 창의적 체험활동(창체)	교과 180 창체 24	교과 174 창체 18	교과 174 창체 18

* 교과 수업 횟수는 감축되나, 현행 수업일수(190일 이상, 초중등교육법시행령 제45조)는 유지하여 학교가 교과 융합 수업, 이수 보충지도 등 다양한 프로그램을 자율적으로 운영할 수 있다.

출처 : 2025년 고교학점제 전면 적용을 위한 단계적 이행 계획(안)(2021.8.23., 교육부)

[고교학점제 도입 및 고교 교육 혁신에 따른 변화]

구분	과거 경향	고교 학점제
학생상	•타율적 관리의 대상	•자율적 존재로서 본인의 진로 개척에 필요한 역량을 갖추어 가는 자기 주도적 학습자
	•학교에서 제시하는 교육과정을 이수하는 수동적 존재	•자율(과목 선택)과 그에 따른 책임(이수)을 통해 민주시민으로 성장
교사상	•교과 지식 전달자, 학생 관리자로서의 역할 중시	•모든 학생의 성장과 학습을 지원하는 조력자
	•대학입시 및 진학 지도 전문가	•교수학습 전문가로서의 역할 확대

교육과정	•(운영 단위) 학년 및 학급 ※ 문·이과, 진로 집중과정에 근거한 학급 편성 및 학급을 기준으로 한 교육과정 운영	•(운영 단위) 과목을 선택한 학생 그룹 ※ 적성, 흥미 등에 따른 개인별 과목 선택에 의한 교육과정 운영
	•(편성 준거) 교원 수급 상황에 따라 교원이 가르칠 수 있는 과목 위주 편성(공급자 중심)	•(편성 준거) 학생의 진로와 적성, 흥미 중심(수요자 중심)

출처 : 고교학점제 추진 방향 및 연구학교 운영 계획(안)(2017.11.27., 교육부)

고교학점제 평가 체제

현재 및 2023, 2024학년도 고등학교 입학생(현 중2, 3 대상)

• 모든 과목(단, 보통 교과 일반선택과목 중 교양 제외)은 성취도 평가를 하는데, 3단계(A-B-C) 과목과, 5단계(A-B-C-D-E) 과목이 있다

• 과목 중에는 석차등급 산출을 하는 과목이 있다. 석차등급은 상대평가로 1~9등급을 산출한다.

[석차등급 비율 및 누적 비율(%)]

등급	1	2	3	4	5	6	7	8	9
비율	4	7	12	17	20	17	12	7	4
누적 비율	4 이하	4 초과 ~11 이하	11 초과 ~23 이하	23 초과 ~40 이하	40 초과 ~60 이하	60 초과 ~77 이하	77 초과 ~89 이하	89 초과 ~96 이하	96 초과 ~100 이하

• 공통과목은 5단계 성취도와 석차등급을 산출한다. 단, 과학탐구실험은 3단계 평가이며 석차등급은 산출하지 않는다.

• 보통 교과 일반선택과목 중 기초, 탐구, 생활·교양 교과(군)(단, 교양은 제외)의 과목은 5단계 성취도와 석차등급을 산출한다.

- 일반선택과목 중 체육·예술 교과(군), 진로선택과목(전문교과Ⅰ·Ⅱ에서 진로선택과목으로 편성된 과목 포함)은 3단계 성취도 평가를 하며, 석차등급은 산출하지 않는다.
- 특목고 학생이 전문교과Ⅰ의 과목을 배우면 5단계 성취도와 석차등급을 산출한다. 단, 과학 융합과학 탐구, 과제 연구, 물리학 실험, 화학 실험, 생명과학 실험, 지구과학 실험, 사회탐구 방법, 사회과제 연구는 3단계 성취도 평가를 하며 석차등급은 산출하지 않는다.
- 특성화고(산업수요맞춤형고 포함) 학생이 전문교과Ⅱ 과목을 배우면 5단계 성취도를 산출하며, 석차등급은 산출하지 않는다.